CB049826

A Gnosis Chinesa

道德經

A Gnosis Chinesa

PRIMEIRA PARTE DO TAO TE KING
DE LAO TSÉ COMENTADA

POR

J. VAN RIJCKENBORGH
E
CATHAROSE DE PETRI

Tradução: Helena Guyon

3.ª EDIÇÃO

Pentagrama
publicações

2017

Copyright © 1987 Rozekruis Pers, Haarlem, Holanda

Título original:
De Chinese Gnosis

3.ª edição corrigida e revisada pela edição holandesa de 1989

2017
IMPRESSO NO BRASIL

LECTORIUM ROSICRUCIANUM
ESCOLA INTERNACIONAL DA ROSACRUZ ÁUREA

Sede Internacional
Bakenessergracht 11-15, Haarlem, Holanda
www.rozenkruis.nl

Sede no Brasil
Rua Sebastião Carneiro, 215, São Paulo, SP
www.rosacruzaurea.org.br

Sede em Portugal
Travessa das Pedras Negras, 1, 1.º, Lisboa, Portugal
www.rosacruzaurea.org/pt-pt/

Dados Internacionais de Catalogação na Publicação (CIP)
(Câmara Brasileira do Livro, SP, Brasil)

Rijckenborgh, J. van, 1896–1968.
A gnosis chinesa : primeira parte do Tao de Te King de Lao Tsé comentada / J. van Rijckenborgh e Catharose de Petri ; tradução Helena Guyon. – 3. ed. – Jarinu, SP : Pentagrama Publicações, 2017.

Título original: *De Chinese Gnosis*
ISBN: 978-85-67992-67-9

1. Filosofia chinesa 2. Gnosticismo 3. Lao-Tzu 4. Rosacrucianismo 5. Tao 6. Taoismo I. Petri, Catharose de. II. Título.

17-03556   CDD-181.114

Índices para catálogo sistemático:

1. Gnosis chinesa : Filosofia taoista 181.114

Todos os direitos desta edição reservados a
PENTAGRAMA PUBLICAÇÕES

Caixa Postal 39 — 13.240-000 — Jarinu — SP — Brasil
Tel. (11) 4016.1817 — FAX (11) 4016.3405
www.pentagrama.org.br
livros@pentagrama.org.br

Sumário

	Prefácio	9
	Introdução: A sublime sabedoria de Lao Tsé	13
1	Ser e não ser	25
2	*Wu wei*	33
3	Não te deixes impressionar por honrarias	43
4	O Tao é vazio	51
5	A onimanifestação não é humanitária	57
6	O espírito do vale não morre	67
7	O macrocosmo dura eternamente	73
8	O coração do sábio é profundo como um abismo	79
9	Não toques no vaso cheio	89
10-I	Quem domina o eu governa o reino com amor ...	99
10-II	O sábio permanece em perfeita quietude	105
10-III	A virtude misteriosa	113
11	Não há espaço vazio	121
12	Visão, audição e paladar	127
13	Elevada honra e desonra são coisas temíveis	133
14-I	Olha para o Tao, e não o vês	141
14-II	O fio do Tao	149
15-I	As cinco qualidades dos bons filósofos	153
15-II	As impurezas do coração	159
16	A vacuidade suprema	165
17	O povo e seus príncipes	173
18	Quando o Tao foi negligenciado, surgiram o humanitarismo e a justiça	181
19-I	Bane o saber!	189

19-II	Afasta-te dessas coisas	195
20-I	Abandona os estudos	201
20-II	O mundo tornou-se uma selva	205
20-III	Somente eu sou diferente dos homens comuns	211
21-I	Em sua criação, o Tao é vago e confuso	215
21-II	Tao, a grande força no centro	221
21-III	O renascimento no Tao	227
22-I	As quatro grandes possibilidades	233
22-II	O sábio faz de si mesmo um exemplo para o mundo	239
22-III	O imperfeito tornar-se-á perfeito	245
23-I	Quem fala pouco é "espontâneo" e natural	251
23-II	Quem é semelhante ao Tao recebe o Tao	257
23-III	Não ter fé suficiente é não ter fé	261
24-I	O egoísmo	267
24-II	Os muros de Jericó	273
24-III	Devotamento ao Tao	281
25-I	Religião e teologia	287
25-II	Antes que céu e terra existissem, havia um ser indefinido	293
25-III	A lei quádrupla do Tao	299
26-I	O pesado é a raiz do leve	305
26-II	As três cruzes	311
26-III	O tríplice domínio	319
27-I	O único bem	325
27-II	Quem caminha bem não deixa rastros	331
27-III	Quem fala bem não dá motivos para censura	337
27-IV	Por isso o sábio sempre sobressai ao ajudar os homens	341
27-V	Ser duplamente iluminado	345
27-VI	Quem não dá nenhum valor ao poder adquiriu a onisciência	349

28-I	O vale do reino	355
28-II	A virtude constante	361
28-III	O sábio será o cabeça dos trabalhadores	369
29-I	O vaso sagrado de oferenda	375
29-II	O caminho da vitória	381
29-III	Ninguém pode servir a dois senhores	389
30-I	Não à violência das armas!	395
30-II	O homem verdadeiramente bom dá um único golpe certeiro	401
30-III	No auge de suas forças, os homens e as coisas declinam	409
31-I	As melhores armas são instrumentos de calamidade	417
31-II	O envenenamento do campo de vida humano	427
31-III	Amai vossos inimigos!	433
31-IV	O amor do homem gnóstico-mágico	437
31-V	Vós sois o sal da terra	445
31-VI	O sal purificador	453
32-I	O céu e a terra se unirão	457
32-II	O povo se harmonizará	463
33-I	Quem conhece a si mesmo é iluminado	469
33-II	Quem vence a si mesmo é onipotente	475
33-III	Quem morre e não se perde gozará da vida eterna	481
	Glossário	485

Prefácio

A partir do momento em que o *Tao Te King*, a obra clássica do sábio chinês conhecido há séculos como Lao Tsé, foi trazida ao conhecimento do mundo ocidental, em 1823, graças à primeira tradução (parcial) feita pelo francês Abel Rémusat, seguiu-se um número considerável de traduções, explicações e comentários, nos quais os autores, cada qual a seu modo, tentavam tornar um tanto compreensível ao homem ocidental esse texto pequeno, porém de grande profundidade.

Todavia, parece-nos que nunca foi publicado um comentário do *Tao Te King* em que este seja analisado do ponto de vista gnóstico tal como acontece neste livro. Isso explica o seu título: *A Gnosis Chinesa*.

Que é Gnosis?*[1] Em uma de suas obras anteriores, *A Gnosis Universal*,[2] os autores assim se exprimem: "Originalmente, a Gnosis era a síntese da sabedoria primordial, a soma de todo o conhecimento, que dirigia a atenção diretamente para a vida primordial divina. Essa vida original manifestava-se em uma verdadeira onda de vida humana não terrena. Os hierofantes da Gnosis eram — e ainda são — os enviados do Reino Imutável, que trazem a sabedoria divina para a humanidade perdida e indicam a

---
[1]Ver glossário, na p. 485.
[2]Rijckenborgh, J. van e Petri, C. de. *A Gnosis Universal*, São Paulo: Lectorium Rosicrucianum, 1985, p. 1.

senda única para os que, na qualidade de filhos perdidos, anseiam por retornar à pátria original".

Segundo essa descrição, torna-se claro que a verdadeira Gnosis — o Conhecimento original de Deus, Conhecimento esse que coloca o homem perante o caminho da libertação — jamais se limitou a determinado país ou certo povo, como ouvimos afirmar por toda parte, principalmente em nossa época. Ao contrário, a Gnosis é universal e engloba a humanidade inteira. Hoje, como no passado, ela é revelada em todas as partes do mundo onde trabalham os Mensageiros da Luz.

Assim sendo, ela surgiu não somente em países como o Egito, a Índia e a Palestina, mas também, há muito tempo, na China de Lao Tsé, através do *Tao Te King*, obra que, na China atual, é ainda tida em alta consideração.

Em nossos tempos, a sabedoria do *Tao Te King* é possivelmente ainda mais atual do que na época de Lao Tsé. Lemos, por exemplo, no capítulo 31:

As melhores armas são instrumentos de calamidade.
Portanto, quem possui o Tao não faz uso delas.

Ou, no capítulo 33, o último comentado pelos autores:

Quem vence outros homens é forte,
mas quem vence a si mesmo é onipotente.

Sobre este último versículo, os autores dizem: "Tornar-se onipotente significa penetrar a essência fundamental da Divindade e dela fazer parte". É preciso levar em conta que essas palavras resumem a grande e elevada missão perante a qual os autores colocam os leitores desta obra.

Eles não apenas mostram essa missão, como também o caminho para cumpri-la. E o resultado, dizem eles, é que "veremos o mundo inteiro, a humanidade inteira e nossa sociedade inteira mudar".

*Quem se liberta das aparências
encontra a senda para o ser interior.
Quem alcança o não fazer
é admitido na corrente.*

Os editores

Introdução:
A sublime sabedoria de Lao Tsé

Se tendes algum conhecimento acerca da literatura esotérica, então é possível que saibais que, na Idade Média, algumas regiões do sul da França possuíam um maravilhoso segredo. Lá, na região do Sabartez, berço dos cátaros — bendito seja seu nome — dispunha-se de um poder supraterreno, o poder do *consolamentum*. Através dele era realizada a separação entre o homem-animal e o homem-espírito; entre o homem desta natureza e a figura do ser original do passado remoto.

O *consolamentum* era mais que um simples selo sacramental. Era mais que uma simples efusão de força mágica, pois para os cátaros ele implicava numa ruptura definitiva com a vida dialética.* Os que o haviam recebido já não eram, no sentido absoluto, habitantes da terra. Na verdade, eles ainda estavam *no* mundo, mas já não eram *do* mundo.

Inúmeros buscadores se perguntaram quais poderiam ser as forças espirituais que sustentavam esse movimento no sul da França, na Idade Média. Eles perceberam claramente que, se esse despertar espiritual tivesse podido desenvolver-se sem obstáculos, teria envolvido toda a Europa, provocando um renascimento jamais visto no mundo. Mas, quem foram esses iniciados inspiradores que provocaram mudanças em dezenas de milhares e contra quem se voltou o ódio terrível e sangrento da antiga Igreja?

Essas forças eram, no melhor dos sentidos, cidadãos do mundo, que realmente amavam a humanidade inteira e, ainda em nossos dias, se manifestam e atuam em todos os lugares onde veem a possibilidade de agir. Seguimos seus traços de norte a sul, de leste a oeste. A história do mundo é a sua história, e nela descobrimos as relações entre os diversos acontecimentos e desenvolvimentos dos quais eles foram os autores.

Todavia, desde o mais longínquo passado até este momento, eles se mantêm envoltos em mistério. Existe entre eles e as massas um véu hermético, e mesmo todas as investigações da obstinada ciência para penetrar a fonte desse mistério continuam fracassando.

Cremos poder afirmar que o conhecimento, o saber e os poderes dos cátaros eram universais. Sua fonte não pode ser encontrada na terra, mas somente no Reino Imutável.

Existem autores que deploram seu declínio, sua aparente derrota e lamentam a perda de sua sabedoria e de sua força. Porém, essa tristeza é puramente dialética, pois uma força que jorra da própria vida universal, uma sabedoria tão sublime, não pode perder-se. Trata-se de nada menos que o alento de Deus, que toca a humanidade repetidamente, num esforço de amor para salvá-la, e que, quando o ódio e o apetite sanguinário dos materialistas tentam violentá-lo, se retira novamente.

Gostaríamos de refletir por um instante sobre esse toque do impulso do amor universal na Europa e compará-lo a um toque divino semelhante no Extremo Oriente, revelado pelo Sublime Lao Tsé.

Não se sabe se ele existiu ou não. Também não se sabe se era um homem. O véu das lendas o encobre aos nossos olhos. Todavia, incontestavelmente sua sabedoria é capaz de remover a tristeza dos que observam e pesquisam o drama medieval do sul da França. Com efeito, pode-se dizer que o mistério do *consolamentum* é o mistério do *Tao*.

O Tao não virá, e não era, o Tao *é*. Porém, acrescenta Lao Tsé:

Introdução: A sublime sabedoria de Lao Tsé

*Os anciãos experientes, que possuíam o Tao,
silenciavam sobre esse misteriosíssimo santuário,
sabendo bem que os profanos se voltam para as trevas
porque transformam as forças de vida em destruição.*

*Quando determinadas forças despertam no homem
e ele se torna consciente de seu grande poder
sem que tenha se libertado de seu egoísmo inferior,
então, o fogo torna-se um incêndio
e se extingue em suas cinzas.*

*Portanto, não se deve desvelar o mistério ao profano;
não é o olho nu ofuscado por um brilho muito forte?
Conduzir um povo é cumprir uma grande tarefa;
quem se mantém na sombra é iluminado.*[3]

Conseguis penetrar essa linguagem da sabedoria? Então, talvez a compreendais.

Fala-se e escreve-se sobre livros secretos dos cátaros que traziam a Doutrina* Universal e a verdadeira vida, os quais teriam sido destruídos pelo clero da época. Todavia, o livro secreto dos cátaros não é um livro escrito, tampouco o livro do Tao, nem o Livro "M" de Cristiano Rosa-Cruz, nem o livro selado com sete selos do Apocalipse de João. Esse livro, esse saber universal, não foi escrito e permanece escondido do profano. No entanto, ele existe em letras flamejantes e irradiantes e se abre a todos os que se libertaram de seu egoísmo inferior.

Eis por que, para os cátaros, a *endura* vinha antes que se pudesse falar em *consolamentum*. A endura consiste especificamente em

---

[3]Estas citações de Lao Tsé e as seguintes foram traduzidas de Dijk, C. van. *Teh, universele bewustwording, 319 parafrasen op de Tao Teh King van Lao Tse*, Amsterdã: 1934.

demolição segundo a natureza, em libertar-se completamente do ser-eu e preparar-se inteiramente para o renascimento.

Não obstante vosso interesse por esses temas, damo-vos o seguinte conselho: não desperdiceis vosso tempo e vossa energia na busca de livros ou de escritos, dos quais esperais encontrar uma eventual libertação. O Tao não pode ser expresso por palavras nem por escritos. O Tao, a senda, o caminho, pode unicamente ser vivenciado.

Estas poucas indicações mostram, em toda a sua crueza, a penúria do conhecimento e do raciocínio, a pobreza da compreensão intelectual e a estupidez da consciência cerebral. Nada podeis saber, possuir e compreender que tenha valor, antes que tenhais morrido para esta natureza, antes que a tão perniciosa ilusão-eu tenha se extinguido em vosso microcosmo.* Enquanto permanecerdes diante disso, continuareis profanos, ímpios e, consequentemente, imaturos, e, no final, fixar-vos-eis na razão obscurecida, e nada tereis, absolutamente nada.

O que tendes, porém, é aflição, a excruciante dor da dialética. Isto é, um fogo, um terrível fogo, um incêndio que se extingue em suas próprias cinzas para, em seguida, irromper novamente. A natureza dialética é decadência e intermináveis dores infernais, das quais deveis libertar-vos seguindo o caminho, a senda, o Tao. Tendes de passar pela endura, pela demolição, pela morte da natureza inferior.

Todavia, não podeis fazer isso sozinhos, o que tampouco é necessário, pois a força indispensável para tanto existe! E as palavras libertadoras ressoam! Se quiserdes abandonar tudo o que tendes, vereis, como Lao Tsé:

Força oculta, segredo, eternamente intangível.
Ó, clara, silenciosa fonte de onde jorra a vida.
Do mais profundo do ser estamos ligados a ti.
Do Uno imenso flui a variedade incontável.

Introdução: A sublime sabedoria de Lao Tsé

É incompreensível que tantos alunos da Escola Espiritual, que se dirigem para essa única verdadeira vida, essa única realidade essencial, não consigam vê-la, embora a busquem, embora anseiem por ela.

Isso deve ter uma causa e essa causa deve-se unicamente ao fato de que eles ainda se agarram demasiadamente às coisas da antiga vida e, além disso, esperam, sem seguir nenhum processo, ver a revelação divina penetrar o interior de seu ser terreno para estabelecer em seu microcosmo a única verdadeira vida.

Na verdade, porém, não é assim que as coisas acontecem! Se desejardes viajar em direção à nova terra prometida, devereis levantar as pesadas e numerosas âncoras que vós mesmos haveis lançado ao longo das margens de vossa vida, e também devereis desligar-vos delas por vós mesmos. Que isso é possível é confirmado pela escritura sagrada que diz: "Aquele que te chama está mui próximo". Sim, mais próximo do que mãos e pés. Por isso:

Quem avança no caminho que liberta do ser inferior
renuncia a seus desejos como sendo uma carga inútil;
entra, portanto, despido,
no templo da suprema iniciação:
o vestíbulo do tabernáculo é o sepulcro.

Como aluno ou interessado gnóstico, deveis saber como ser um franco-maçom; como erigir, pedra por pedra, a santa catedral. O santo *Mont Salvat* é invisível na matéria, mas podeis nele penetrar através da caverna sepulcral da natureza inferior e, como companheiro, juntar-vos a todos os mestres construtores. Aprendei, pois, com Lao Tsé quais são os obstáculos fundamentais e qual é a chave do Tao:

O mais elevado saber é reconhecer que nada sabemos.
Essa ciência negativa

*torna o homem silencioso e devoto;
conhecemos nossos caracteres
melhor do que um analfabeto,
porém sequer uma letra
do profundo mistério da vida e da morte.*

A verdadeira doença do homem é "não reconhecer sua ignorância". Todavia, não presumais que devemos enfatizar, na vida, uma dependência puramente mística e negativa e rejeitar misticamente a compreensão. Trata-se, segundo Lao Tsé, de compreender que os pensamentos materiais erguem um dique diante da verdadeira corrente espiritual, razão pela qual deveis libertar-vos do pensamento material.

Deveis indagar-vos de que forma, de fato, empregais vosso pensar* material. Reconhecereis, então, que com vosso pensar intelectual pensais na Gnosis e que com vosso pensar sentimental mistificais em vosso coração. Este é o dique que ergueis diante de toda corrente espiritual. No entanto, o ensinamento da sabedoria não vos revelou que a cabeça e o coração devem formar uma perfeita unidade?

Além disso, enquanto o homem não quiser reconhecer que nada sabe, e também por causa disso, a realidade superior permanecerá, para ele, um belo sonho, e ninguém, a não ser ele mesmo, poderá curá-lo dessa carência da renovada vida da consciência.

*Quem reconhece essa situação doentia
já está, portanto, curado.
Reconhecimento é o arcano
contra essa sombria enfermidade.
Pelas vias do pensamento intelectual,
o ser não é tocado.
Muito menos se alcança, através de atos,
um ideal sublime.*

Introdução: A sublime sabedoria de Lao Tsé

Desse modo, estais aqui novamente diante de uma concepção da nova realidade: a negação do ato dialético pelos irmãos e irmãs de todos os séculos, que ninguém compreendeu.

Esses iluminados conheciam uma ação diferente da do homem dialético, um idealismo totalmente diferente, um amor humano completamente outro.

Esses iluminados conheciam somente a atividade vivente e vibrante de uma nova realidade de vida, uma atividade que, ao homem desta natureza, parece um vazio ilimitado, uma desesperadora ausência de forma.

Muitos se fecham hermeticamente
e, cegos, prosseguem assim em seus caminhos.
Para eles, cada caminho vai do berço ao túmulo.
Seu destino é mais maldição do que bênção.

E todos os que vivem no século XX[4] têm consciência do que seja sofrer a maldição da vida. Infelizmente, parece que quanto mais a vida se torna uma maldição, mais nos agarramos a ela e mais queremos obter a força da bênção desejada. Evidentemente, sem nenhum resultado.

A bênção se afasta como um navio na escura noite, porque, como a essência da Doutrina Universal não foi reconhecida, a reta ação não pode sobrevir. Eis por que o sábio diz há mais de dois mil e quinhentos anos:

Meu ensinamento é dito de modo simples.
Meus atos são estritamente ligados a isso.
Mas, interpretado pelos homens de múltiplas formas,
ele é enrolado como um novelo
ao redor de seu centro.

---

[4]A primeira edição do original holandês é de 1987 (N.E.).

19

Não é verdade que muitos vivem a única e simples verdade essencial, chave da verdadeira vida, encapsulada num novelo de aparente sabedoria e de agitação? Mas, Lao Tsé diz:

Mas eu, que conheço o caminho dentro do labirinto, não me deixo enganar por fogos-fátuos.
Seguro o fio que me liga ao centro.
Observo calmamente, onde outros lutam em vão.

Não desempenho nenhum papel na pomposa cena do mundo.
Por isso nada aparento aos homens vãos.
A maioria corre atrás de uma parte do todo.
Meu é o Universo. Que mais posso desejar?

Vede, eis do que se trata: ganhar o Universo! Isso pode soar de maneira estranha a ouvidos ocidentais, mas aqui a intenção é a mesma da santificação cristã, que encontra sua expressão na força mágica de um espírito santificado em Cristo.* "Santo" está ligado ao conceito tornar-se "são". Ganhar o Universo é tornar-se novamente "santo" ou "são", íntegro. A Doutrina Universal mostra ao aluno que seu microcosmo já não está "são", porém está muito danificado. Na maldição desse dano, ele persegue uma parte insignificante do todo, razão pela qual sua maldição não pode transformar-se em bênção. Essa é a razão pela qual ele se envolve cada vez mais na matéria.

Quando o aluno desiste desse trabalho inútil, ele nega essa atividade e, convencido do fato de que a realização de todas as elevadas expectativas não deve provir do eu dialético, constrói para si mesmo uma armadura espiritual invulnerável e pode seguir o caminho, a senda, o Tao, porque nele a ilusão-eu está morta. O microcosmo retorna, então, ao seu estado original, e o Universo torna-se sua herança.

Introdução: A sublime sabedoria de Lao Tsé

Assim, fica claro que a mensagem da Rosa-Cruz moderna também é a mensagem de todos os tempos desde a queda; é a mensagem de Lao Tsé, de mais de 2500 anos, que continua a soar até que o buscador veja diante de si o caminho e diga à sabedoria universal:

Quero viver segundo vosso mui sábio exemplo
e saber-me integrado no plano divino de criação.

Para encerrar, ainda um ponto: o pesquisador só vê o caminho, só vê o Tao, quando descobre, conforme diz Lao Tsé, que "sofre dor no ego", quando descobre que nada nem ninguém pode curá-lo dessa dor, que ninguém pode extinguir esse fogo até que ele mesmo diga adeus ao ser-eu. Então "a grande lâmpada da oniconsciência" arderá diante do peregrino e o dessedentará com sua irradiante luz divina que, como um *consolamentum,* o elevará da noite de seu sofrimento.

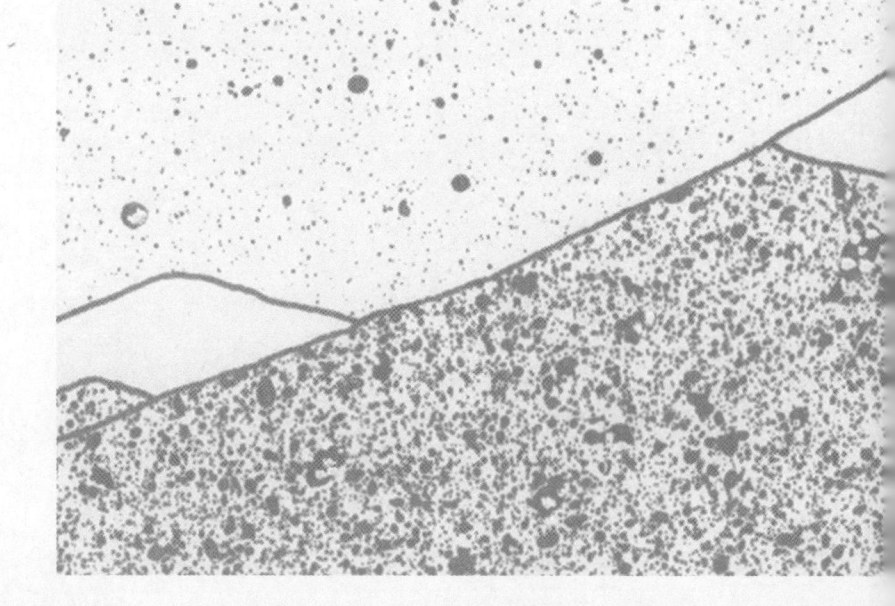

道德經

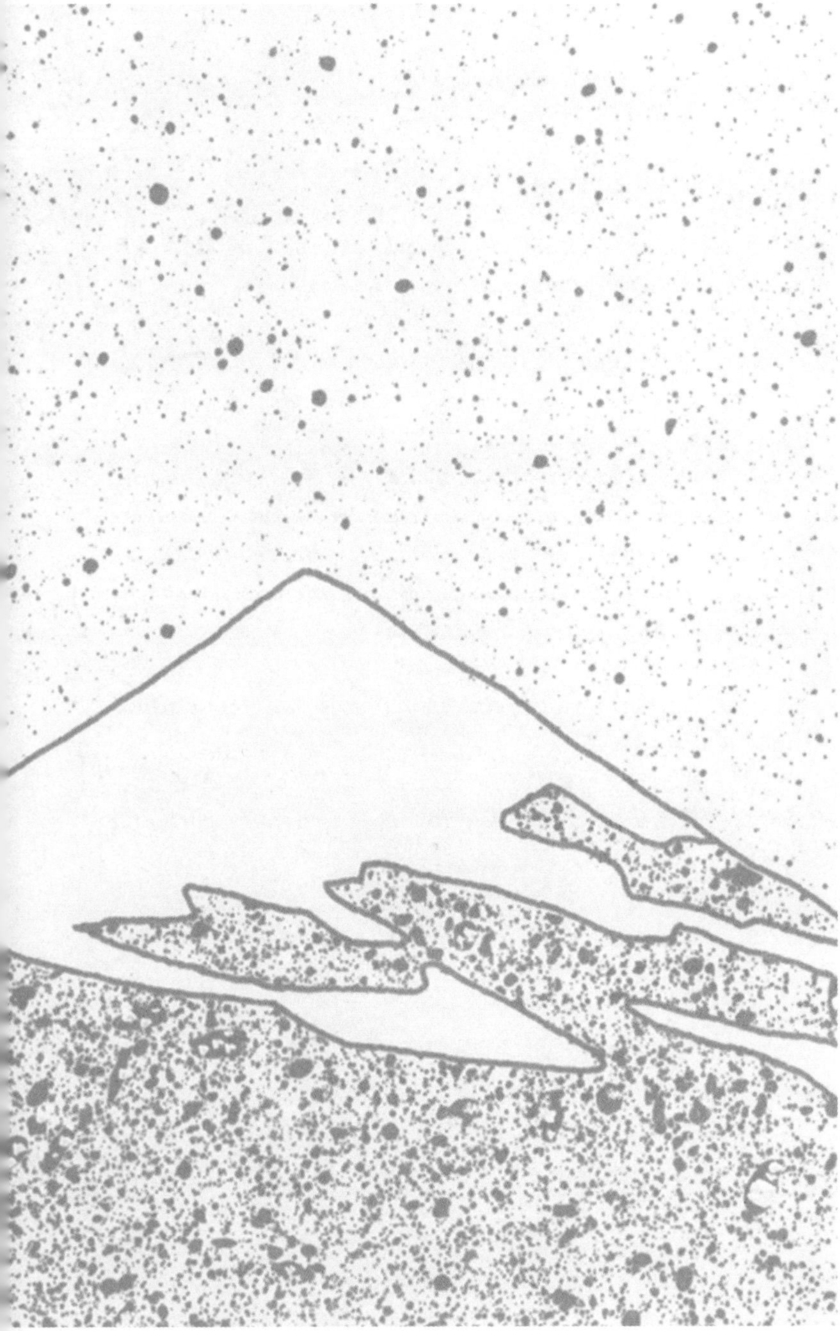

Se o Tao pudesse ser definido, ele não seria o eterno Tao.
Se o nome pudesse ser pronunciado, não seria o nome eterno.

Na condição de não ser, pode-se dizer que ele é o fundamento da onimanifestação. Na condição de ser, ele é a Mãe de todas as coisas.

Portanto, se o coração permanentemente "não é", se ele permanece livre de todos os desejos e interesses terrenos — é possível contemplar o mistério da essência espiritual do Tao. Se o coração permanentemente "é", se ele se mantém cheio de desejos e interesses terrenos — só é possível ver formas limitadas, finitas.

Ambos, ser e não ser, provêm da mesma fonte, mas têm efeitos e objetivos diferentes.

Ambos são preenchidos pelo mistério, e esse mistério é o portal da vida.

Tao Te King, capítulo 1

I

SER E NÃO SER

O *Tao Te King* que vos apresentamos pode ser chamado, com toda razão, de Bíblia Chinesa. Seu autor tem a mesma assinatura de todos os grandes mestres da humanidade. Inúmeras são as lendas que existem sobre Lao Tsé, porém nenhuma se baseia em fatos históricos, razão pela qual não vos falaremos sobre isso. Toda a vida de Lao Tsé permanece envolta em mistério. Alguns negam que ele tenha vivido, outros o afirmam categoricamente. É, portanto, precisamente a mesma história que ocorreu com Buda, Jesus, o Senhor, e Hermes Trismegisto. Não precisamos, pois, enfocar tudo isso nem dedicar um segundo sequer de nossa atenção a esse assunto. Queremos apenas salientar as palavras de Ângelo Silésio: "Mesmo que Cristo nasça mil vezes em Belém e não em ti, continuarás perdido pela eternidade".

O essencial é que temos o *Tao Te King*. Sua assinatura é tal que podemos afirmar: esta é a Doutrina Universal da Fraternidade* Universal, revelado para a humanidade com incomparável amor. Quem fez surgir essa irradiação de amor não tinha a intenção de se colocar em primeiro plano. Ele se perdeu na impessoalidade, ele veio e partiu; seu reino não era deste mundo. O Verbo desceu na China seiscentos anos antes de Cristo, e o portador desse Verbo passou, a seguir, "para além das fronteiras", o que significa, evidentemente, que ele passou para além das fronteiras do mundo dialético, para a única Pátria.

Acreditamos que essa linguagem sagrada tenha sido pouco ou nada mutilada. A razão disso é que pouquíssimos compreenderam o *Tao Te King,* escrito em chinês. A obra é compacta, muito velada e se compõe de oitenta e um aforismos ou ensinamentos, divididos em duas partes: a parte do Tao e a parte do Te. Dizemos que o *Tao* é "a senda de libertação" e o *Te,* "a utilidade e a consequência da senda de libertação", ou seja, o resultado. A palavra *King* indica que ambos, Tao e Te, contêm o método que leva à libertação.

Como não somos sinólogos, não daremos uma tradução literal do *Tao Te King,* porém uma paráfrase. Além disso, diríamos que quase todos os sinólogos estão em desacordo e não fornecem traduções iguais nem do título nem do texto. Para nossa análise, seguimos aproximadamente o texto de Henri Borel, que temos razões de considerar a tradução mais fiel.[5]

A Europa só tomou conhecimento do *Tao Te King* recentemente, aproximadamente há um século e meio. A primeira tradução foi publicada na França em 1823 e, a partir daí, inúmeros livros foram escritos a respeito dessa obra. E agora nós também vamos falar sobre o *Tao Te King.* A razão para isso repousa no fato de que uma nova e poderosa Fraternidade taoísta surgiu no Oriente. Uma fraternidade, uma escola, que tem a mesma assinatura e os mesmos objetivos que a nossa. Uma fraternidade que, como nós, inaugurou seu templo em dezembro de 1951 e que, como nós, ocupou seu lugar na Corrente das Sete. Torna-se evidente que, com a era que está começando, todo o movimento da sétupla corrente de Fraternidades crescerá e as levará a se aproximarem umas das outras. Leste e oeste, norte e sul se reencontrarão nos

---

[5]Borel, H. *De Chinese filosofie toegelicht voor niet-sinologen* (A filosofia chinesa explicada para não sinólogos). Amsterdã: Van Kampfen, 1897. vol. II.

1 · SER E NÃO SER

filhos de Deus novamente despertos, os quais se reconhecerão não somente devido à sua assinatura como também devido à sua linguagem interior.

É por essa razão que deveis conhecer e provar o Tao, bem como todos os demais ensinamentos da sabedoria, a fim de que possais viver, falar e agir a partir de sua síntese e libertar-vos de vossa raça para, como verdadeiros cidadãos do mundo, pertencerdes ao povo universal de Deus. Essa análise deve, pois, entre outras coisas, servir de preparação para o encontro dos que serão congregados, provenientes de todos os cantos da terra. Trata-se de realizar uma tarefa para a qual vos convidamos, também a vós, de coração. Levai conosco essa missão a bom termo!

Dissemo-vos que pouquíssimos são os que compreenderam o Tao e que, ainda hoje, o compreendem. Os maiores absurdos foram publicados sobre o seu conteúdo. Estaríamos nós entre os que dizem compreendê-lo e afirmam com segurança: "Vamos explicar-vos seu sentido mais profundo"? Não! Empreendemos este trabalho com a maior humildade, tendo em mente o último aforismo dessa Bíblia Chinesa: Os que conhecem o Tao não são eruditos; os que são eruditos não conhecem o Tao (Aforismo 81). Se nossa alma* for receptiva à nova vida, sem dúvida o compreenderemos.

Relembremos mais uma vez o primeiro capítulo do *Tao Te King*:

Se o Tao pudesse ser definido, ele não seria o eterno Tao. Se o nome pudesse ser pronunciado, não seria o nome eterno. Na condição de não ser, pode-se dizer que ele é o fundamento da onimanifestação. Na condição de ser, ele é a Mãe de todas as coisas.

Portanto, se o coração permanentemente "não é", se ele permanece livre de todos os desejos e interesses terrenos — é

27

possível contemplar o mistério da essência espiritual do Tao. Se o coração permanentemente "é", se ele se mantém cheio de desejos e interesses terrenos — só é possível ver formas limitadas, finitas.

Ambos, o ser e o não ser, provêm da mesma fonte, mas têm efeitos e objetivos diferentes.

Ambos são preenchidos pelo mistério, e esse mistério é o portal da vida.

O primeiro capítulo do *Tao Te King* mostra a característica essencial da Doutrina Universal: ela permanece inalterada através dos tempos. Lao Tsé designa o *Tao* como o fundamento primordial de todas as coisas. Poder-se-ia simplesmente traduzir Tao por Deus, ou, como João, por "o Verbo". "No princípio era o Verbo" para o qual tudo deve retornar; trata-se, pois, de uma corrente, um caminho, uma senda.

Esse Verbo, esse Tao, é inexprimível. Nenhum mortal poderia descrevê-lo perfeitamente. No máximo, poderia falar e aproximar-se um pouco dele. "Ninguém jamais viu a Deus", diz João, fazendo-nos lembrar de Lao Tsé. Se fosse possível determinar perfeitamente o Tao nos planos intelectual e filosófico, ele não seria o eterno Tao. Somente o que está nos limites dialéticos pode ser expresso. Essa verificação mostra de imediato que o ser do homem terreno, do homem dialético, é nitidamente limitado, delimitado. Ninguém jamais viu a Deus, nenhum mortal seria capaz de vê-lo. Somente o Filho, que está no coração do Pai, pode explicá-lo, o que quer dizer, manifestá-lo através de si mesmo.

Mas, quem é esse Filho? Esse Filho é uma figura histórica e, ao mesmo tempo, uma realidade vivente e atual. Esse Filho é embrionariamente o átomo original, que muitos manifestaram no passado, mas que muitos manifestam também no presente vivente. O Filho é sempre quem sabe despertar o átomo original, a rosa, a semente divina. Ele encontra Deus; ele se aproxima da Gnosis, como a Gnosis, o Tao, dele se aproxima.

Na qualidade de aluno da Escola Espiritual da Rosacruz Áurea, conheceis a chave desse mistério da salvação. Há vinte e cinco séculos, Lao Tsé já a transmitia à humanidade.

Portanto, se o coração permanentemente "não é", se ele permanece livre de todos os desejos e interesses terrenos — é possível contemplar o mistério da essência espiritual do Tao.

Já não vos disse a Escola Espiritual, com frequência, que quem abre o santuário do coração para a força de irradiação da nova vida será atraído pela essência espiritual? O coração deve viver no estado de *não ser*. Quando ele *"é"*, ele está repleto de mil e uma preocupações, desejos e ocupações da natureza comum. Então, os pensamentos colocam a cabeça continuamente em comoção e todo tipo de sentimentos e de desejos preenche o coração.

Pensar, querer, sentir e desejar formam um dos lados do triângulo de luz terreno. E quem pode, aqui nesta natureza, dizer que está no silêncio perfeito, o silêncio do não ser, do não fazer? O afã dialético, as ocupações contínuas no plano de atividade da consciência, contrapõe-se à atividade do átomo original. Unicamente o silêncio do não fazer, o fechar-se à natureza dialética,* abre um caminho através do deserto da vida. O silêncio é o precursor da essência espiritual do Tao, da mesma forma que João é o precursor de Jesus. Pelo silêncio, o átomo original é despertado de seu sono de éons.*

Com que finalidade, perguntamos? A resposta soa: "A nova vida, a vida original". A senda conduz ao não ser e ao ser, responde Lao Tsé. O não ser é o fundamento da onimanifestação; o ser é a Mãe de todas as coisas. O não ser não significa não existir ou não ser de modo algum; trata-se, porém, do estado absoluto original, da glória original, imortal. Trata-se de um novo ser no estado original do Reino Imutável. O ser, tal como o conhecemos, é o ser da morte, dos sofrimentos e das lágrimas. Este ser não provém do Tao. Portanto, existe um ser original, proveniente da própria fonte do absoluto, como o verdadeiro não ser.

Lao Tsé dirigiu essa mensagem à humanidade há alguns milhares de anos. Atualmente essa mensagem soa familiar aos nossos ouvidos, pois ela voltou a ser anunciada. Do Tao, da Gnosis, provém uma fonte, e dessa fonte jorram o não ser e o ser; uma força eterna e irresistível, no interior da qual se mantém, qual rocha, o Reino Imutável. E o coração que se tornou silencioso sente vibrar a essência espiritual do Tao. Esse coração constitui o mistério do portal da vida.

道德經

Quando todos sob o céu afirmam que o belo é belo, o feio se manifesta. Quando todos pensam saber tão bem o que é bom, o mau se manifesta.

O ser e o não ser geram um ao outro.

O difícil e o fácil produzem um ao outro. O comprido e o curto provocam mutuamente as diferenças na forma. O alto e o baixo criam sua desigualdade recíproca. O som e a voz se harmonizam mutuamente. O antes e o depois sucedem um ao outro.

Por isso, o sábio faz do não fazer sua tarefa; ele ensina sem usar palavras.

Quando a obra está terminada, ele não se prende a ela; e justamente por não prender-se a ela, ela não o abandona.

Tao Te King, capítulo 2

2

WU WEI

Consideremos especificamente as seguintes palavras: *Por isso, o sábio faz do não fazer sua tarefa; ele ensina sem usar palavras.* Baseado no primeiro capítulo, o segundo capítulo do antigo evangelho chinês desvenda, progressivamente, a essência da ordem* de natureza dialética. Ele mostra que todas as entidades desta ordem de natureza sustentam-na, obedecendo em tudo à lei dos opostos, alimentando-a. Lao Tsé mostra que, nesta ordem de natureza, tudo é engano e ilusão, isto é, irreal no que se refere ao essencial, ao absoluto, ao divino. Em certo sentido, existe sem dúvida uma realidade na dialética, mas ela em nada se harmoniza ou se compara com o absoluto, o original. Lao Tsé mostra que tudo neste mundo está sujeito à lei dos opostos e, portanto, a mudanças, e que é insensato nos agarrarmos a esta transitoriedade. Não obstante, neste mundo fundamentalmente irreal, contrário à lei, sempre tentamos estabelecer algo real, embora saibamos, por experiência, que tudo sempre se transforma em seu oposto.

Todos os homens têm certa concepção de beleza. Todavia, suas percepções e seus padrões estéticos diferem muito uns dos outros. Eles dependem não somente do tempo, do povo, da raça, dos usos e costumes, da educação e da cultura, como também são, acima de tudo, muito pessoais. Além disso, eles são geralmente influenciados por todo tipo de autoridades ou homens respeitados, como professores, pais e artistas. Assim, os homens chegam a discutir violentamente quando uns acham belo o que outros acham feio. Todavia, ninguém sabe verdadeiramente o que é a beleza.

Desse modo, é possível que vos apegueis a certas coisas que achais muito bonitas e que, por esse motivo, as acalenteis dia a dia, simplesmente porque vossos sentimentos vos impelem a isso. E certamente ficaríeis desesperados e muito chocados se alguém vos dissesse, talvez inocentemente: "Eu não acho isso bonito; como você pode gostar disso tanto assim?" Sim, pode até ser que vos sentísseis profundamente feridos. Por quê? Porque, intuitivamente, percebeis que a beleza, na natureza dialética, não passa de aparência. Desconheceis a realidade da beleza com a qual poderíeis comparar vossa percepção de beleza.

Tendeis a ver a beleza na natureza, como por exemplo, numa floresta. Porém, se a olhais mais de perto, não seria exagero dizer que ela deixa muito a desejar. Diante de uma paisagem, exclamais, entusiasmados: "Que linda!" Mas, quando vos aproximais e a observais com atenção, seguramente o feio se manifestará, às vezes de forma tão consternadora que, decepcionados, vos afastareis. Durante uma excursão nas montanhas, é possível, de repente, avistar um vale de impressionante beleza pela composição da paisagem e das cores. Edgar Allan Poe, numa de suas obras, descreveu isso de maneira incisiva. Quando os visitantes desse vale, admirados, desceram até o vilarejo, descobriram que literalmente tudo estava em conflito com a beleza e a harmonia. Tiveram, então, de curvar-se diante da contundente realidade da feiura.

O homem é terrivelmente pobre em beleza, em real *beleza,* por isso ele venera as aparências. E, por ser muito infeliz, ele nega o feio. Inutilmente, pois construir sua vida sobre aparências, sobre o irreal, provoca fortes reações contrárias. Quando descobris que determinada situação que, de todo coração e cheios de convicção, consideráveis bela, na verdade não o é, vossa primeira reação é repelir essa descoberta. Todavia, à medida que prosseguis, a realidade dessa feiura vos sufoca. Isso significa, então, mergulhar na aparência e degenerar através dela. Ambas, a aparência do belo e do bem, fazem surgir o feio.

Talvez objeteis: "Se o belo e o bom não passam de aparências em nossa natureza, o mesmo deve ser dito do mau e do feio. Trata-se, portanto, também, de aparências. Se continuássemos assim, baseando-nos na mesma lei e no mesmo direito, poderíamos qualificar de belo o que é feio e de bom o que é mau". Mas isso seria um erro, um tremendo equívoco! Tenta-se fazer isso no mundo, e existem diversos grupos que se esforçam por negar a feiura, a imperfeição, a doença e o sofrimento, dizendo: "Tudo o que é desagradável e feio não é real. Se vos agarrardes a esta ideia, as coisas mudarão para o oposto e melhorareis". Não obstante, essas pessoas também contraem todo tipo de doenças, às quais sucumbem, cedo ou tarde.

Se tentarmos negar a feiura da vida, isso acarretará consequências desagradáveis, pois o belo e o feio, o bom e o mau não são equivalentes. Se dizemos: "o belo é aparência", não se pode concluir o mesmo do feio. Não, o feio é a prova de que o belo não passa de aparência. Se vos apegais à aparência, o feio vos mostrará que essa aparência não passa de ilusão. O feio é a prova de que o belo não é belo, do mesmo modo que o mau é a prova de que o bom não é bom. O belo e o bom desta natureza são, portanto, enganosos; o feio e o mau são a prova disso. Pode-se dizer, portanto, que o mau e o feio são a essência desta ordem de natureza, que o mau e o feio são totalmente inerentes a esta natureza. Na verdade, este mundo é uma grande miséria. Talvez não estejais de acordo com esta ideia, talvez ainda não estejais conscientes dela. Todavia, prosseguindo no caminho da vida, um dia aceitá-la-eis interiormente.

O belo e o bom desta natureza são mentiras. Se não fosse assim, o belo e o bom deveriam gerar o belo e o bom! Credes que, se possuísseis algo verdadeiramente bom, isso poderia transformar-se em algo feio, mau? É claro que não! Porém, o que considerais belo não passa de ilusão, de aparência, por isso o feio sempre aparece.

Uma pergunta poderia surgir: "Caso atacássemos tudo o que é feio e mau neste mundo, não poderíamos transformá-lo em belo e bom? Não poderíamos elevar à luz esta sociedade, este mundo, esta natureza?"

Sabeis que a humanidade tentou fazer isso várias vezes, e muitos até hoje se esforçam regularmente nesse sentido. E também sabeis que, no decorrer dos séculos, essas tentativas revelaram-se negativas. Não, se quereis realmente encontrar uma solução, então tereis de, primeiro, abandonar todas as formas de apreço pela aparência. Isso talvez vos pareça simples e, sem vacilar, respondais: "Claro, evidentemente essa é a solução! Neste mundo, sempre tentamos esconder sob o manto das aparências tudo o que é feio e mau, esses aspectos fundamentais de nossa ordem de natureza. Portanto, abaixo as aparências!" Todavia, quando neutralizais todas as aparências da vida comum, que vos resta? Nada além do feio, da solidão, do abandono: a tristeza, a feiura absoluta e monótona! Observai ao vosso redor: no mundo todo atualmente rejeitam-se as aparências. E o que surgiu? O homem desumanizado, o horror, a bestialidade.

Neste ponto, Lao Tsé já encosta o homem na parede. Muitos combatem as aparências e se defrontam, infalivelmente, com o feio, o indescritivelmente feio. Portanto, vós, como buscadores sinceros, no beco sem saída onde a antiga Bíblia chinesa vos levou, se, através das aparências e dos falsos semblantes, reconheceis e sentis a miséria, a tristeza e a ausência de perspectiva desta ordem de natureza, só vos resta uma saída: desligar-vos desta ordem dialética, dar as costas de forma absoluta a este mundo das aparências e seguir o caminho da reversão transfigurística, o regresso à Casa do Pai. Vede a vós mesmos como o filho pródigo, que vive com os porcos e come com eles no mesmo cocho. Só resta uma saída: abandonar esta vida de ilusões e dizer, agindo de forma a renovar a vida: "Estou retornando ao Pai, à Casa do Pai, à Pátria original". Essa reversão deve, evidentemente, ter um começo e seguir um método inicial, que descreveremos à luz do texto de Lao Tsé. Segundo ele, esse método é o não fazer, o *wu wei*. Já falamos sobre isso na Escola Espiritual nos últimos anos. Porém, descobrimos que a maioria dos alunos absolutamente não o havia entendido. Evidentemente, é possível dar-vos uma descrição intelectual do *wu wei*, mas de que isso vos serviria? Em que isso seria libertador? Tentaremos fazer-vos realmente compreender o ensinamento do não fazer e gravá-lo em vossa alma. Tentaremos fazer penetrar profundamente em vós os ensinamentos do *wu wei*, porque a alma sábia toma o partido do não fazer.

Suponhamos que entreis na Escola Espiritual da Rosacruz Áurea como alunos iniciantes e que estejais cheios de entusiasmo, de uma intensa alegria e imbuídos das melhores intenções. Como vosso entusiasmo suscita em vós uma grande exuberância, precipitai-vos sobre os ensinamentos da Escola e sobre a vida que ela vos revela. Esse ardor irradiante e o dinamismo que dele decorre, que verificamos em quase todos os alunos novos, não estão, todavia, de acordo com o método libertador do não fazer! Absolutamente não! Começando dessa maneira tipicamente dialética, atraís sobre vós a lei dos opostos: vós a ativais. Achais a Escola bela, boa, e a cercais de uma auréola dourada. Porém, no mundo dialético, o belo e o bom geram inexoravelmente o feio e o mau, e o belo revela-se como uma ilusão, uma irrealidade.

Perguntamos a vós, alunos antigos, que estais, talvez, há anos na Escola, se não conhecestes momentos em que o belo se tornou feio e monótono e onde, abatidos, vos perguntastes: "Fiz o melhor que pude durante todos estes anos e, no entanto, o que me resta agora nas mãos?" Sois remetidos ao ponto de partida, na solidão, na feiura e na tristeza. E, como reação, pensais que algo está errado na Escola! Porque, como tentamos demonstrar, é a lei dos opostos que transforma o belo em feio. E, portanto, vosso entusiasmo, vosso dinamismo apaixonado pelo trabalho, parece não ser real com relação à única realidade divina, a qual, só ela, existe. Em certo sentido, vosso entusiasmo foi provocado por uma reação puramente dialética, uma reação de vossa natureza-eu. Em vista disso, em dado momento, vossa alegria provoca decepção, tristeza, solidão e desânimo; deixai-vos levar pela força do hábito e vos cristalizais. Um novo impulso é, então, necessário para devolver-vos o entusiasmo e a alegria, frequentemente com o mesmo resultado.

Assim, sois tomados por uma espécie de espasmo psicológico com todos esses altos e baixos. E prosseguis assim. Porém, ao refletirdes melhor, espantados, perguntareis a vós mesmos — ou a nós: "Então não deveria eu sentir-me feliz, alegre e entusiasmado por ter encontrado a Escola Espiritual? Não posso me regozijar e me sentir grato por ver diante de mim o caminho da libertação? Se essa graça e minha alegria acarretam tais desmoronamentos, em nome do céu, que devo fazer?"

Ninguém, muito menos a Fraternidade da Salvação, quer tirar de vós essa alegria. Mas devemos aconselhar-vos urgentemente a submeter a um sério exame vossas reações psicológicas referentes a essa alegria; a refletir sobre o comportamento de um homem feliz e grato neste mundo, sobre o que ele faz, seja em público, seja em particular. Por vezes seu entusiasmo o leva a fazer as coisas mais absurdas. Ele acha tudo bom e belo e quer estreitar a todos em seu coração. Semelhante pessoa terá a tendência, insensata e ridícula, de se atirar totalmente na vida libertadora.

Ora, quando o que é santo penetra em vossa vida, é gratificante sentir aquilo que a Bíblia chama de alegria silenciosa, ter uma percepção do ensinamento sem palavras. O não fazer não consiste, como poderíeis talvez imaginar, em retirar-se do mundo dialético, apartar-se da vida terrena, tornar-se anticonformista, já não aceitar a monotonia da vida cotidiana. Se sois um verdadeiro aluno, tudo isso é evidente. Se tiverdes reconhecido a feiura, a corrupção, as aparências enganadoras do mundo dialético, se tiverdes sondado a natureza da morte em sua essência mais profunda, por acaso não vos despedireis dela? É evidente que sim. O não fazer de Lao Tsé significa não agarrar com vosso eu os valores, as forças e a essência do Reino Imutável. É-vos dito: "Não façais". Portanto, não o façais! Se tocais com vossas mãos as coisas do Reino Imutável, se vosso eu se precipita sobre elas, sereis violentamente rejeitados.

"A carne e o sangue não podem herdar o reino de Deus." O ser humano, sob o impulso de sua própria natureza, sempre tenta apossar-se desse Reino. Essa é sua predisposição natural. Todavia ele não pode agarrar com suas mãos as coisas do Reino Imutável. Não fazer! Em virtude de seu estado natural, não lhe é possível apossar-se do que é divino; tudo o que ele fizer para apossar-se do divino, para viver o divino, acabará mal, decepcioná-lo-á e ocasionará doenças, exaltação, distúrbios nervosos, distúrbios das secreções internas e, com certeza, obumbramento pela esfera* refletora. A nova vida não surge no eu, para o eu ou pelo eu da natureza. O que o eu é capaz de gerar, o que lhe é possível, por exemplo, é o misticismo ou o ocultismo. Existem na esfera refletora, ou reino dos mortos, domínios onde diversas fraternidades ocultas se mantêm, se concentram e criaram um campo de ilusões bem determinado. É possível ligar-se a esse campo, porém, trata-se somente de uma subida do eu no plano das ilusões, de onde, no devido tempo, ele cai, seriamente danificado.

Se compreendestes bem tudo isso, fica claro — uma criança o perceberia — que para quem verdadeiramente aspira a se libertar da natureza da morte, o eu deve observar o não fazer e não tentar, de forma alguma, agarrar a nova vida, nem forçar a Fraternidade

Universal* e tudo o que está relacionado a ela. Não se deve fazê-lo. Portanto, não vos concentreis, nem mediteis e, sobretudo, não alimenteis nenhum fantasma! Observai o não fazer absoluto!

O método do não fazer é uma alegria calma e silenciosa; prossegui nessa calma alegria silenciosa, em total autorrendição ao átomo original, o Reino em vós. Isso é "adotar o não fazer". Isso é compreender o ensinamento sem palavras. "Não sou eu que devo crescer, mas ele, o Outro, que é maior do que eu. Eu devo diminuir, eu devo desaparecer nesse Outro, o Ser oculto no átomo original."

Quando um obreiro da Escola Espiritual recebe uma missão, ele começa algo extremamente difícil. Ele segue, então, um caminho tão estreito como um fio de navalha. Porque ele não poderá realizar sua missão na condição de ser-eu. Se ele o tenta, cai qual um meteorito. Ninguém tem culpa. A Escola não o rejeita, como alguns podem pensar; não, ele mesmo se rejeita. O obreiro tem *uma* única possibilidade de levar a bom termo seu trabalho: o caminho do não fazer. Em silenciosa alegria, ele guarda a missão em seu coração, com extrema modéstia, e se consagra totalmente ao mistério do átomo original. Porque é fundamentado no templo do átomo original que ele deve executar seu trabalho. É assim que os Grandes trazem a Doutrina Universal, e a trazem sempre, e em seguida desaparecem como névoas. Por isso, o aluno que, do mais profundo de seu ser, cumpre sua tarefa a serviço dos demais, não se liga e não se agarra a ela com seu eu. De modo algum o eu se empenha. Quem se coloca à frente do trabalho, quem quer executá-lo com seu eu, dá prova de um inimaginável egocentrismo. Ele abusa de Jesus Cristo para alçar-se ao topo do muro e passar a si mesmo para o outro lado. Compreende-se por que a graça lhe falta e o abandona.

Por isso o sábio adota o não fazer; ele exerce o ensinamento sem palavras.

E eis agora precisamente o segredo, o segredo da salvação: *Quando a obra está terminada, ele não se prende a ela; e justamente por não prender-se a ela, ela não o abandona.*

Quando alguém segue o caminho da autoentrega, em silenciosa contemplação, descobre que, embora, minuto a minuto, em seu ser interior ele se mantenha desapegado, a nova vida o inunda com seus raios. A nova vida não lhe pertence; ela pertence ao Outro, porém o eu dialético funde-se nela completamente e desaparece.

Este é o ensinamento do não fazer. Este é o Caminho, a Senda. Este é o Tao.

Não te deixes impressionar por honrarias, assim o povo não argumentará.

Não dês elevado valor a bens de difícil aquisição, assim o povo não roubará.

Não olhes o que excita o desejo, assim o coração do povo não ficará desnorteado.

Portanto: o sábio governa para que os corações se tornem vazios de desejo, para alimentar bem os estômagos, enfraquecer as más tendências e fortificar as articulações.

Ele permanentemente cuida que o povo não tenha nem saber nem desejos.

Não obtendo total êxito, ele cuida que os que talvez saibam não ousem agir.

Ele pratica o wu wei, e, assim, não haverá nada que ele não governe bem.

Tao Te King, capítulo 3

3

NÃO TE DEIXES IMPRESSIONAR
POR HONRARIAS

Ao ler o terceiro capítulo do *Tao Te King*, notareis que ele trata, antes de tudo, do problema social, e, visto superficialmente, poderíeis pensar que seu conteúdo está, para nós, homens do século XX, completamente ultrapassado. Lendo este texto, um político atual voltado para as questões sociais daria de ombros, sacudiria a cabeça com comiseração e diria: "Por mim, podeis deixar o *Tao Te King* no fundo de vossa biblioteca; seu conteúdo está ultrapassado e é terrivelmente conservador para os partidos de hoje".

Não seguiremos este conselho e examinaremos mais de perto esse assunto. Compreendemos que esta parte é intencionada para dirigentes, porém para uma classe de dirigentes desconhecida em nossa época, dirigentes que estariam na nova vida, que nela viveriam. O sistema de governo aqui aconselhado não poderia ser aplicado em nossa época, ninguém o quereria empregar e contra ele o povo se insurgiria.

Trata-se aqui de um sistema de governo, de um comportamento político-social que nos remete ao tempo em que a China era chamada, com justiça, o "Império Celeste". Em nossa opinião, é um sistema que o misterioso Akhenaton aplicou experimentalmente no Egito antigo. Seu reinado, contudo, teve curta duração, sendo aniquilado pelas intrigas do clero malintencionado. De qualquer forma, este capítulo político-social do *Tao Te King*, embora não ultrapassado, já não é aplicado; entretanto, atualmente talvez seja muito adequado para os pais no tocante à criação de seus filhos.

No entanto, gostaríamos de analisar este terceiro capítulo de maneira detalhada, pois ele nos dá uma imagem clara e muito instrutiva de uma época pré-histórica de uma onda de vida humana, de uma época que remonta a bem mais de dois mil e quinhentos anos, em que se diz que o Tao foi escrito. Vemos aqui uma prova de que o Tao tem milhares e milhares de anos.

Voltemos, pois, ao início da última época, a época Ariana, na qual o remanescente da humanidade decaída voltou a manifestar-se na natureza dialética. Esse remanescente era o grupo dos que não puderam ser libertos e reconduzidos à vida original na época precedente.

É evidente que, embora tratando-se de remanescentes, esses homens eram, não obstante, filhos de Deus. Por isso a Fraternidade Universal, desde a aurora de sua nova existência, cercou esses "remanescentes" do maior cuidado, a fim de poder colocar as bases para um possível retorno. Nessa época, inúmeros enviados da Fraternidade Universal, numerosas criaturas salvas, misturaram-se, portanto, à humanidade, manifestando-se novamente e intervindo na condição de governantes, reis e sacerdotes. Todas essas autoridades formavam, em conjunto, uma sublime Fraternidade a serviço dos "últimos remanescentes". Todos os que dela participavam estavam internacionalmente ligados e governavam a humanidade, novamente colocada à prova, segundo um sistema internacional coordenado, um sistema político-social do qual o terceiro capítulo do *Tao Te King* nos dá uma ideia.

Imaginai que sois um desses governantes e que conheceis os grandes perigos que estão escondidos na ilusão e na lei dos opostos. Quando um homem busca a libertação no plano horizontal e

3 · NÃO TE DEIXES IMPRESSIONAR POR HONRARIAS

seus esforços lhe revelam a realidade de seu aprisionamento ou do progresso no plano horizontal, e ele, não obstante, persevera em sua atividade, acelerará a rotação das forças contrárias. Então, afundará cada vez mais, no pântano da morte e da cristalização. Ele se enredará mais e mais na autodefesa e na luta.

Suponde agora que um grupo de homens seja colocado sob vossa responsabilidade, que saibais que esses homens acabam de despertar de uma noite cósmica após uma terrível queda e que todos estão de posse do botão de rosa; e que conheceis, por experiência própria, as ilusões e as degradações da natureza dialética. Que faríeis?

Sem dúvida, esforçar-vos-íeis para impedir o desenvolvimento da cultura no sentido dialético. Com extrema prudência, conduziríeis esse povo na condição que vos pareceria a única possível. Tentaríeis protegê-lo contra os arcontes dos éons, contra as influências da natureza da morte. E em tudo o que fizésseis por ele, teríeis uma única preocupação: o retorno ao Lar.

Todavia, o povo não conhece esse objetivo mais do que uma criança que acaba de nascer. Ele só sabe de uma coisa: "eu sou, eu vivo"! Ele deve viver segundo o seu estado de alma: para ele é o suficiente.

Suponde que sejais um homem desse tipo e que estejais a nossos cuidados na Escola Espiritual, a qual se mantém distante da matéria. Que deveríamos fazer? Deveríamos tentar manter-vos tão longe quanto possível da degradação dialética do cosmo. Não tentaríamos manter-vos numa tola ignorância, mas tentaríamos guardar-vos das tentações da queda, cercando-vos com uma esfera vibratória pura. E, enquanto isso, nos esforçaríamos para cumprir essa grande tarefa: esvaziar o eu para que a rosa imutável pudesse desabrochar.

Agora que um dia de manifestação se aproxima do fim e que um grande esforço está sendo feito para que o maior número possível de entidades participe do terceiro campo magnético, é natural que nos voltemos para o início desse dia de manifestação em que a Fraternidade, malhava o ferro enquanto ele ainda estava quente, esforçou-se, nas circunstâncias da época, por salvar o maior número possível de homens, e o fez com grande sucesso! Uma multidão foi ajudada no caminho da libertação nos templos dos mistérios da Fraternidade de Shamballa.

O terceiro capítulo do *Tao Te King* contém instruções destinadas aos reis, aos sacerdotes e aos governantes que viveram na aurora da manifestação Ariana:

Não te deixes impressionar por honrarias, assim o povo não argumentará.

Glória e honrarias são aguilhões dialéticos que levam à ação, e tudo começa assim. Geralmente é fácil especular sobre a ambição de outrem. E vemos até que ponto nossa assim chamada civilização caiu devido à atribuição de títulos honoríficos em recompensa por resultados atingidos por ambição. E quanta luta entre os ambiciosos que têm a mesma cobiça! A ambição é a base sobre a qual estão assentados os métodos econômicos, quem gera guerras. Por isso fica evidente que os guias originais da humanidade não atribuíam nenhum brilho à sua eventual dignidade, a seu estado. Dessa forma, eles cuidavam para que não surgisse inveja. A dignidade, a verdadeira dignidade, é exclusivamente de ordem espiritual, e o caminho que leva até ela está franqueado a todos.

Nenhuma importância era dada aos bens de difícil aquisição. Pensai aqui no metal nobre. Sabemos que, dentre os povos antigos, a sede pelo ouro era inexistente simplesmente porque não se podia adquirir nada com ouro — o metal solar. Nenhum sistema econômico era baseado na raridade de um produto, o que excluía o roubo, desconhecido naqueles tempos. Nenhum membro da Fraternidade tinha desejos terrenos, portanto nenhum

3 · NÃO TE DEIXES IMPRESSIONAR POR HONRARIAS

filho dos homens era perturbado por maus exemplos. Graças a essas regras, os sábios mantinham os corações livres de desejos; eles cuidavam para que houvesse uma partilha absolutamente lógica da produção necessária para a alimentação do corpo. Eles ficavam atentos às tendências de cada um. Quaisquer eventuais influências de forças imateriais eram neutralizadas e zelava-se pela saúde de todos.

Os povos não conheciam nem a pobreza nem as doenças, e cuidava-se para que, nos templos, emanasse uma boa atmosfera do campo de força. Por conseguinte, o povo era mantido na ignorância de uma possível degradação, e os desejos funestos também eram aniquilados. O inimigo ficava sem força. Dessa forma, durante milhares de anos foi mantida uma vida dialética ideal.

Torna-se evidente que, naqueles tempos, as poucas entidades tomadas pelo espírito de degradação não podiam, de modo algum, agir em semelhante campo de força. Toda a Fraternidade de Shamballa observava diariamente a prática do não fazer, com suas consequências abençoadas.

São tempos passados. Depois da grande colheita, na aurora da época Ariana, as coisas seguiram seu curso habitual até nossos dias. A Fraternidade adaptou-se a cada situação e prosseguiu em sua obra de salvação até este momento.

Devemos sentir-nos extremamente gratos pelo fato de que o método do não fazer, caso aplicado, ainda não tenha perdido sua força, pois é possível observar as regras sociais deste capítulo na Escola Espiritual da Rosacruz Áurea. Se os obreiros se comportarem segundo essas indicações, conduziremos os alunos até o objetivo com o mínimo de perturbações possível.

É preciso enfatizar que esse antigo evangelho, essa síntese da Doutrina Universal, em todos os séculos como até hoje, nunca deixou de ser o manual prático do santo trabalho! Por essa razão damos particular ênfase aos últimos versículos deste terceiro capítulo:

Ele permanentemente cuida que o povo não tenha nem saber nem desejos.

Não obtendo total êxito, ele cuida que os que talvez saibam não ousem agir.

Ele pratica o wu wei, e, assim, não haverá nada que ele não governe bem.

Na prática, essas regras equivalem a dizer que os verdadeiros alunos da Escola Espiritual são reunidos e alimentados por um campo de força que preenche bem sua função. Ele zela pelo discipulado de seus alunos em todos os aspectos. E os protetores do campo de força não permitem, portanto, que influências estranhas nele penetrem, opondo-se ao verdadeiro trabalho. Todos os que, de seu íntimo, ousam atacar o campo de força, o que ocorre frequentemente, dele são afastados sem perdão. E os guardiães do campo de força zelam para que os que ainda se encontram no campo de força e gostariam de agir não ousem nem possam fazê-lo.

Poder-se-ia perguntar: "Nunca se considerou algo como sendo agitação, ou tentativa de agitação, e que na realidade não o era, ou que talvez fosse algo justamente feito no interesse do campo de força? Os guias e os guardiães do campo de força não estariam assumindo uma posição autoritária?"

Eis a resposta: "Se os protetores do campo de força se mantêm no *wu wei,* no total não fazer, em serviço impessoal e fraternal, não existe motivo algum para que não possam governar bem. Não ocorre nenhum desenvolvimento dialético, surgindo unicamente um desenvolvimento neo-esotérico positivo".

De que modo podemos verificar isso? Através dos fatos e dos resultados. Observai os fatos e sabereis.

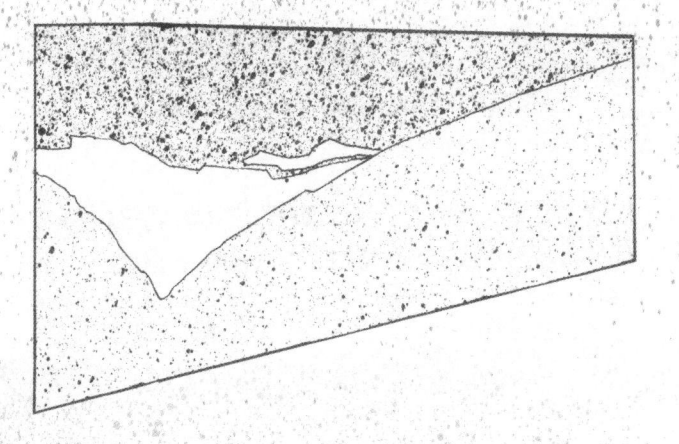

道德經

O Tao é vazio, e suas radiações e atividades são inesgotáveis.

Oh! Quão profundo ele é. Ele é o Pai original de todas as coisas. Ele abranda sua acuidade, simplifica sua complexidade, modera seu brilho ofuscante e torna-se semelhante à matéria.

Oh! Quão calmo ele é. Ele é por toda a eternidade.

Ignoro de quem ele possa ser Filho. Ele era antes do supremo Deus.

Tao Te King, capítulo 4

4
O TAO É VAZIO

Tudo o que está contido no quarto capítulo, bem como em todo o conjunto do *Tao Te King,* destina-se não ao homem das massas, mas aos verdadeiros alunos que estão no caminho. Não se trata de um mero relato referente a determinado sistema filosófico, porém de diretrizes e de leis que devem ser seguidas na senda. Ele não fornece apenas um pequeno número de prescrições, porém o conjunto das orientações que se devem conhecer para evitar enganos. Trata-se da verdadeira lei real.

Todavia, seu conteúdo não se dirige unicamente a entidades muito avançadas, o que dificultaria a compreensão dos iniciantes. Ao contrário, este evangelho tem exatamente tudo a dizer aos iniciantes sérios. Não é exatamente esse "início difícil" que nos apresenta armadilhas? Um único erro pode esgotar-nos, deixar-nos doentes e tirar-nos as energias a tal ponto que, por muito tempo, poderemos permanecer no ponto morto. Portanto, todos os principiantes devem ler o *Tao Te King,* relê-lo, estudá-lo e, por assim dizer, soletrar cada palavra. Quando compreenderdes a palavra do *Tao Te King,* ela vos será de auxílio nas situações difíceis.

Tomai tão-somente as primeiras palavras do quarto capítulo: *O Tao é vazio.* Para a compreensão comum, para os sentidos comuns, ou seja, o tato, o paladar, o olfato e a audição, o Tao é vazio e imperceptível. Não se pode conceber o Tao pelo pensamento, e qualquer ideia sobre o assunto é apenas parcial e inexata. É impossível atrair ou dirigir o Tao através do poder magnético da vontade; segundo a realidade dialética, o Tao é totalmente vazio. Esta é a razão pela qual o método do não fazer vos é aconselhado, não apenas como um modo de agir, porém como a base absoluta para o verdadeiro trabalho de salvação. O eu não tem condição de empreender o que quer que seja de essencialmente libertador. Para isso, os poderes intelectuais ou místicos não têm o menor valor. Para o homem, o Tao é vazio.

A vacuidade do Tao com relação ao poder dialético, ao eu e ao estado atual do microcosmo tem como consequência lógica que seu campo vibratório — que é o campo astral sereno da Fraternidade — ultrapassa de longe em sutileza, frequência e poder o campo de vida desta natureza. O Tao se transmite num campo astral magnético diferente do campo de vida comum.

"Não está certo", direis, "pois dissestes que o Tao se torna semelhante à matéria". Todavia deveis compreender essas palavras da seguinte forma: "O Tao tem um amor infinito pelo homem decaído". Mas sois vós realmente um homem decaído? De modo algum. Pertenceis a esta natureza. Sois desta natureza. É perfeitamente possível descobrir e determinar vosso começo e vosso fim. Sois uma pura manifestação da natureza, um ser-alma mortal. Por que razão, então, não vos sentis em casa aqui embaixo? Por que razão vos sentis solitários e abandonados? É devido à reação do "Outro" em vós. É a atividade do átomo original, da rosa — e de tudo o que ela encerra. É para esse "Outro" que se dirige o Tao, que se manifesta o Tao. No entanto, para vós o Tao é vazio.

"Que devo fazer, então? Por que eu me esforçaria por tudo isso?"

Pois bem, é porque esse Outro, a quem o Tao se destina, está aprisionado em vós, e só podereis libertá-lo permitindo que ele desperte em vós, através da autorrendição e de vossa dissolução.

4 · O Tao é vazio

Esse trabalho deve ser feito na prática do *wu wei*, do não fazer. É a autorrendição ao átomo original no microcosmo. Não é um drama, como já o dissemos, não se trata de uma espécie de autodestruição, porém, nessa autorrendição o eu dialético se perde no "Outro", algo do antigo eu é substituído pelo novo eu, cujo brilho é visível. Por isso Paulo dizia, jubilante: "Não eu, mas o Cristo em mim". Enquanto o eu da natureza comum não se entrega ao "Outro", enquanto ainda não se conhece o *wu wei*, o Tao permanece vazio.

Como é do vosso conhecimento, não existem duas pessoas perfeitamente iguais. Embora tenhamos todos seguido o mesmo caminho descendente, esse caminho toma as cores das experiências e dos acontecimentos pessoais que tiveram uma grande influência sobre o estado do átomo original no decorrer de inúmeras encarnações do microcosmo, na qualidade do botão de rosa e no seu aprisionamento. A princípio, portanto, todos os homens são muito diferentes perante o grande trabalho a ser executado. Quando eles penetram no vale da morte da autorrendição, encontram-se todos em absoluta solidão. E é evidente que, nesse momento, nenhum amigo terreno pode ajudá-los.

Todavia, isto não deve inquietar-vos, mas atentai para o que diz o *Tao Te King*. Assim que o peregrino entra em seu próprio vale da morte, descobre que as radiações e as atividades do Tao são inesgotáveis. O candidato descobre que é ajudado, que o Tao cuida dele, mesmo em seu estado! Quão maravilhosa é essa verdade! Mais maravilhoso ainda é experimentá-la. As radiações e as atividades do Tao são inesgotáveis.

Sabeis que vossa personalidade se encontra no centro de um campo magnético. Falamos do campo magnético do microcosmo. Por seu intermédio, a alma mortal está ligada ao microcosmo e também ao macrocosmo da natureza da morte. As radiações eletromagnéticas da natureza da morte gravaram uma rede de pontos magnéticos nesse campo, uma rede elaborada de tal forma que dirige inteiramente o estado de vida dos seres humanos. Ora, em princípio, cientificamente não é impossível para as radiações eletromagnéticas de ordem superior, de vibração superior, aí se manifestarem. A Gnosis pode, portanto, nela manifestar-se e impregná-la com sua influência, com todas as consequências daí decorrentes. Todavia, esse desenvolvimento ocorre graças à autorrendição, pelo processo da rosa. O candidato experimenta, então, a bênção de uma nova ligação astral magnética.

Observai que a palavra "candidato" (do latim *candidus,* branco puro) significa "vestido de branco". Sois alunos da Escola Espiritual, porém porventura sois também "candidatos", quer dizer, revestidos da branca pureza de vossos motivos, em total e autêntica autoentrega?

O Tao só vem a vós nessa pureza, e é unicamente nessa pureza que a força do corpo-vivo da Escola Espiritual se torna parte vossa.

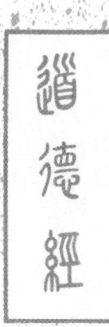

道德經

A onimanifestação não é humanitária, e todas as coisas são para ela como "cães de palha".

O sábio não é humanitário e considera o povo como "cães de palha".

O Universo é semelhante a um fole. Ele é vazio e jamais se esgota. Quanto mais se movimenta, mais ele manifesta.

O excesso de palavras leva ao esgotamento. É melhor manter o autocontrole.

Tao Te King, capítulo 5

5

A ONIMANIFESTAÇÃO NÃO É HUMANITÁRIA

É provável que já tenhais tomado conhecimento de alguma verdade de maneira mais teórica do que prática, até o momento em que, por detrás dessa verdade, a realidade surgiu e a luz se fez. O mesmo acontece com o aluno que, ao colocar em prática o wu wei e descobrir que o Tao é inesgotável, sente a existência de uma atividade gnóstica que se adapta especialmente a seu estado de ser. Dá-se o mesmo com o homem que descobre que não é nenhuma exceção nem especialmente abençoado, porém que as inesgotáveis radiações de amor do Tao criaram uma ponte para a libertação de todos, mediante uma ligação magnética gnóstica no plano astral. Então, as palavras de Lao Tsé tornam-se claras para ele:

Oh! Quão profundo ele é. Ele é o Pai original de todas as coisas.

Então, têm início para esse homem as inúmeras experiências do processo de salvação. Aqui estais com vosso microcosmo decaído. Mas, quem sois vós comparados à incomensurável glória do Tao? Não obstante, essa imensidão cuida de vós! Ela vos descobriu e ela vos toca.

Ele abranda sua acuidade, simplifica sua complexidade, modera seu brilho ofuscante e torna-se semelhante à matéria.

Ele se torna semelhante a vós, a todos, em vossa condição particular, desde que vos mantenhais em autorrendição. Que graça maravilhosa, que tomada de consciência e que base concreta pura! De outro modo, como poderíeis ser ajudados?

Nenhum aluno é forçado. A Gnosis se adapta a cada situação. Ela acompanha vosso ritmo; ela está perto de vós a cada milha que caminhais, contanto que vos entregueis a ela totalmente, contanto que sejais um "candidato". O Tao sempre se torna perfeitamente semelhante a vosso estado na matéria; ele abranda sua acuidade, simplifica sua complexidade e modera seu brilho ofuscante. Nada pode acontecer-vos.

Suponde agora que abandonásseis vosso trabalho de libertação. O Tao imediatamente voltaria a ser vazio para vós, porém ele vos aguardaria com incomensurável amor, durante milênios. Por isso é dito: Oh! Quão calmo é o Tao, a calma primordial, a quietude inalterável.

Existe certa agitação na Escola Espiritual moderna, e dizemos que "o tempo chegou" devido à situação, bem compreensível, no fim de um dia de manifestação. Antes que a noite caia, a Fraternidade gostaria de poder salvar-vos. Todavia, nada disso perturba a calma e a serenidade do Tao, porque o Tao é eterno. Ele vos aguarda há uma eternidade. Ele vos aguardará por toda a eternidade. Jamais existirá um tempo em que o Tao não esteja presente. Ele não tem idade. *Ele existia antes do primeiro Deus.* Inúmeros irmãos e irmãs, sublimes e gloriosos em sua majestade, estão indizivelmente longe de nós, porque por detrás de todos eles está o Tao; acima dos maiores dentre eles reina o Tao.

E o Tao quer, por vós, tornar-se semelhante à matéria; *ele abranda sua acuidade, simplifica sua complexidade, modera seu brilho ofuscante,* desde que desejeis tornar-vos um "candidato".

5 · A ONIMANIFESTAÇÃO NÃO É HUMANITÁRIA

Colocamo-vos agora perante o quinto capítulo do *Tao Te King*:

A onimanifestação não é humanitária, e todas as coisas são para ela como "cães de palha".

O sábio não é humanitário e considera o povo como "cães de palha".

O Universo é semelhante a um fole. Ele é vazio e jamais se esgota. Quanto mais ele se movimenta, mais ele manifesta.

O excesso de palavras leva ao esgotamento. É melhor manter o autocontrole.

As palavras *A onimanifestação não é humanitária* poderão, talvez, parecer-vos um aforismo desconcertante. Se essas palavras contêm a verdade, para vós toda uma maneira de ver o mundo e a vida deve desabar.

Com efeito, tal é a intenção da antiquíssima revelação universal que denominamos o *Tao Te King*. Se compreendeis o que Lao Tsé quer transmitir-vos, tudo se desintegra. A imagem do mundo, que a humanidade fez para si mesma como uma projeção de *slides*, se despedaça. Uma imagem transmitida de geração em geração desde o surgimento do homem.

Sabeis o que é amar; conheceis o amor em uma ou outra forma de radiação. Colocando-se de lado os aspectos e manifestações inferiores, sabeis o que significa o amor por vosso cônjuge, vosso filho, por vossa família, eventualmente por um grupo de pessoas, um povo ou uma raça. Tendes amigos pelos quais nutris sentimentos de amor. E há em vós, em maior ou menor medida, certo senso de humanidade. Mediante esse senso de humanidade tendes e conheceis vosso amor ao próximo, vossa diligência pelos necessitados, vossa atividade para elevar a humanidade a um plano superior, vossa aspiração nesta Escola e tantas outras orientações semelhantes.

Sabeis de tudo isso. Sabeis que se trata de ações e expressões de amor do coração humano, com todas as consequências decorrentes, sem as quais a humanidade não poderia viver. A única coisa que ainda dá um pouco de valor à vida, qual um clarão, é o amor humano, não importa qual a sua natureza. Se o homem não conhecesse o amor, se ele não tivesse amor, sua vida se tornaria inimaginável, impossível e inaceitável. Quanto mais civilizado é o homem, mais belo é seu amor, bem como seu comportamento no amor. Não existe um único mortal sobre a terra que não conheça o amor, de um modo ou de outro, ou pelo menos um sentimento de amor. A literatura mundial dá provas disso. Resumindo, é o amor que move o mundo.

Reflitamos, porém. Quando dizemos que "o amor move o mundo", na verdade, queremos também dizer que "o amor mantém a manifestação dialética, a natureza da morte". Não existe algo assustador nisso? Não é diabólico? O amor que é parte integrante de vosso ser mantém a natureza da morte! Não diz a Bíblia: "Deus é amor"? Sem dúvida, admitis que vosso amor é limitado, egocêntrico e maculado, não obstante ser um remanescente caricatural do original, do divino, e que mudará assim que sigais o caminho.

Não, diz o Tao: *a onimanifestação não é humanitária*. Ela não conhece o amor. E vós vos entreolhais desalentados, dizendo: "Onde está o erro?" Há séculos que essa pergunta vem sendo feita. Por isso, nós também a fazemos: "O que há de errado?" Será que nosso amor deveria ser assexuado ou algo parecido; deveria ele ser mais geral, mais refinado?

Não, diz o Tao: *a onimanifestação não é humanitária* de forma alguma. E eis que toda a vossa visão do mundo e da vida desaba e vos sentis sem apoio!

Que se espera de vós? Nada! Considerando a realidade de vosso ser, só vos resta seguir vosso destino, com todas as sequelas das

5 · A ONIMANIFESTAÇÃO NÃO É HUMANITÁRIA

ações e reações psicológicas. Se, de alguma forma, bloqueásseis as atividades psicológicas de vosso ser, vos encontraríeis logo numa situação insuportável. Quanto mais vosso comportamento for normal em vossa condição de entidade da natureza, vivendo na natureza, tanto melhor. Isso, todavia, não impede o Tao de não possuir amor humano!

Portanto, a única conclusão a que se pode chegar é que, quando a Bíblia fala de amor e diz: "Deus é amor", trata-se de algo totalmente diferente da ideia que temos do amor. O amor de Deus não é supra-universal, ou assexuado, ou qualquer outra coisa do gênero. Ele é e almeja algo totalmente diferente! Tentaremos demonstrá-lo.

No segundo capítulo do *Tao Te King* é dito que o belo gera o feio. Demonstramo-lo em detalhes. O feio é a prova de que o belo é mera aparência e ilusão, não sendo uma realidade presente nesta natureza. Também, da mesma forma, pode-se dizer: o amor gera o ódio. E a existência do ódio é a prova de que o verdadeiro amor é um grande desconhecido para o homem, que o amor não pode ser encontrado neste mundo e que, na verdade, ele não passa de ilusão.

A Bíblia diz que o amor triunfa sobre tudo; o amor liberta; o amor é a maior força do mundo. E inúmeros romances têm por tema: "Antes de tudo, o amor!" Porque, bem, se de fato o amor libertasse e triunfasse, o homem e o mundo estariam libertos há éons! Ora, quem ousaria afirmar que o amor que conhecemos não passa de engano e mentira? Há inúmeras pessoas, inúmeros grupos de nível muito elevado, que colocam em prática a fórmula: "Antes de tudo, o amor!", e alguns deles fazem disso o lema de suas vidas. Ora, essas manifestações de amor tiveram, através dos séculos, e ainda têm, tamanha amplitude, foram tão cultivadas e organizadas, que a vibração e as forças delas liberadas deveriam, há muito tempo, ter transformado este mundo num paraíso celeste!

Porém, não é o caso! O belo gera o feio, o bem gera o mal e o amor gera o ódio. O amor é um braseiro, o ódio, um incêndio. O amor terreno é mero instinto de conservação, pessoal ou impessoal. É o eu que almeja a divinização, daí ele desperta o oposto; o ardor fomenta o incêndio.

Muitas pessoas, repletas de amor, reúnem-se em templos e centros para meditar e para irradiar forças com a finalidade de elevar a humanidade, preservá-la do mal e evitar guerras. No entanto, esses templos e esses centros, são, por excelência, focos de guerras que semeiam e irradiam o ódio. É muito agradável quando alguém chega até vós repleto de amor. Por outro lado, ficais precavidos quando alguém se aproxima de vós com ódio. A vida natural se desenvolve entre esses dois polos. Amor e ódio são duas forças que se mantêm mutuamente. Podeis afirmar: "Não tenho ódio, desconheço o ódio". Retrucaremos: "Claro que conheceis o ódio! Não podeis escapar disso!" Como acontece com o amor humano, a escala vibratória do ódio comporta diversos graus de expressão. Tendes vossas simpatias e vossas antipatias. A antipatia é uma aversão natural, uma forma de ódio. Ela é o oposto da simpatia, portanto o oposto do amor natural. Diariamente podeis verificar que estais de mau humor, que sentis rancor por alguém, porque estais indignados ou sois a vítima de uma suposta injustiça. Em nossos centros de conferências, algumas centenas de pessoas, ligadas pelo espírito, reúnem-se algumas vezes. Todavia, algumas não se olham, são indiferentes, estão melindradas: o oposto do amor.

Examinai vosso comportamento como um todo, e reconhecereis estardes familiarizados com tudo o que é humano. O ódio — a essência do ódio — pode manifestar-se por suas labaredas muito intensas, mas também pelo ardor lento de seu fogo. Na natureza, podeis apagar as chamas de um incêndio, porém, não o fogo encoberto do ódio. O amor é necessário na natureza, porém o ódio é seu irmão gêmeo. E quanto a isso, nada podeis fazer! Quem

5 · A ONIMANIFESTAÇÃO NÃO É HUMANITÁRIA

cultiva o amor, cultiva o ódio. É uma lei. Na natureza da morte, o ódio é uma defesa tão essencial, tão egocêntrica quanto o amor. Amor e ódio são os dois pratos de uma balança em contínua oscilação. Em certo momento, sois a própria imagem da amabilidade; no momento seguinte, o prato da balança oscila para o outro lado. Notai-o: essa mudança incessante é realmente assustadora. O ser humano é um pobre diabo, corroído pelo amor e pelo ódio, os dois poderosos fogos do inferno no qual ele foi jogado. Seu amor e seu ódio são despertados sob uma forma ou outra, cada qual por sua vez, e assim ele mesmo acende o fogo de seu próprio inferno. Compreendeis agora por que o Tao está fora disso tudo, por que ele se mantém à distância?

Assim como é impossível imaginar a Gnosis semeando ódio, tampouco é possível, segundo o esquema indicado, pensar numa Gnosis amorosa. A Gnosis não vos ama segundo vossa concepção dialética das coisas. *A onimanifestação não é humanitária* e considera as atitudes amorosas "cães de palha", que na China antiga serviam de oferenda. Por conseguinte, o sábio, ao elevar-se na onimanifestação, não tem amor humano e considera os homens "cães de palha", animais.

O que a Bíblia quer dizer quando afirma: "Deus é amor"? Pois bem, algo totalmente diferente. Para poder compreendê-lo um pouco, devereis renunciar à imagem que tendes do amor em vossa vida e no mundo. É preciso destruir essa imagem como tantas outras que povoam vosso panteão.

A manifestação divina é animada por um ritmo universal que está presente até mesmo no menor átomo. Esse estado de ser não conhece nenhum estado oposto, não projeta nenhuma sombra ameaçadora e gera a si mesmo imutavelmente. Aí o bem não é o contrário do mal, nem a beleza o oposto da feiura, nem o amor o oposto do ódio, nem a ilusão o oposto da realidade. O amor não é um atributo da Gnosis; o amor não emana da Gnosis: a Gnosis é amor. Em outras palavras, o amor de Deus não tem preferências, não luta, não se particulariza. Ele é em si mesmo. É uma ordem do mundo; é o próprio mundo! Por isso podemos comparar sua força incomensurável à de um fole. Quando ativamos de forma ritmada um fole, ele gera uma grande força. Da mesma forma, o ritmo da manifestação universal gera uma grande força, e tudo o que se lhe opõe não pode subsistir.

Se compreendestes claramente tudo isso, compreendereis melhor do que nunca quão sem esperança e sem perspectiva é a natureza da morte. E desperdiçareis o mínimo de palavras possível para o que é tão sem esperança. Já não argumentareis com os que não compreendem isso; deixareis o mundo tal como ele é. Em total autocontrole e praticando a verdadeira religião, dirigir-vos-eis unicamente para quem está em condição de receber o ritmo universal, para o que se assemelha a ele: o átomo maravilhoso, a rosa do coração, o Reino que não é deste mundo.

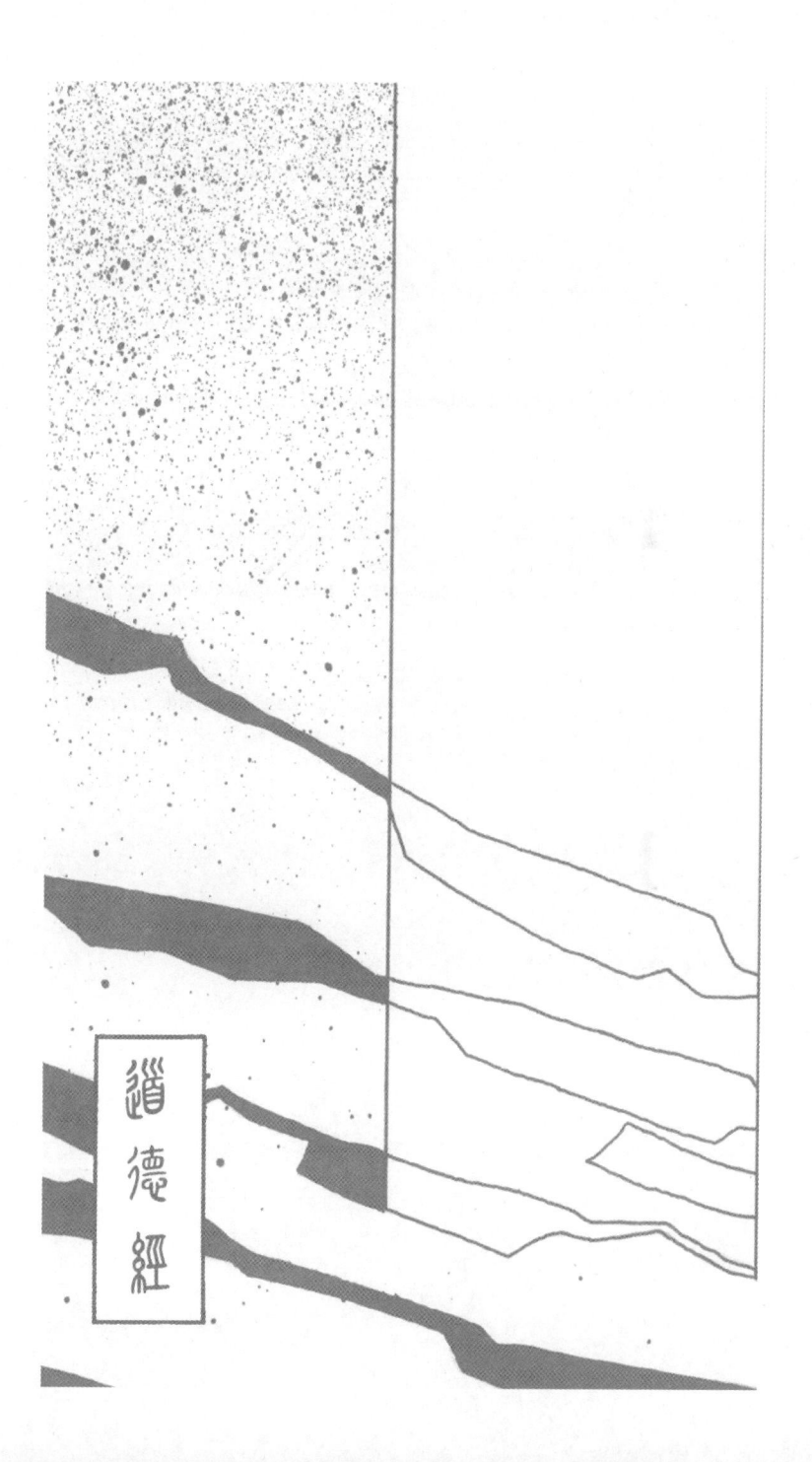

道德經

O espírito do vale não morre; ele é chamado a Mãe mística.

A porta da Mãe mística é a fonte da realidade.

Essa manifestação perdura eternamente e parece ter uma existência ininterrupta.

Segui essa corrente de vida e não tereis necessidade alguma de vos movimentar.

Tao Te King, capítulo 6

6

O ESPÍRITO DO VALE NÃO MORRE

O espírito do vale é o símbolo do santuário do coração, o centro do microcosmo. É a Mãe mística, o botão de rosa, o átomo original. Esse símbolo não deve surpreender-nos ou parecer-nos complicado, pois ele é frequentemente mencionado na Bíblia. Encontramo-lo, por exemplo, em Ezequiel, cap. 3: "E levantei-me, e saí ao vale; e eis que a glória do Senhor estava ali, como a glória que vi junto ao rio Quebar". Quebar significa aorta; o sentido desta palavra fica, portanto, muito claro para nós. Se o buscardes, percebereis que com frequência encontrareis essa mesma imagem. Em outra passagem do livro de Ezequiel (37:1), fala-se de um vale cheio de ossos. Descendo através desse vale, o profeta vê que a verdadeira vida está totalmente morta ali e como ela pode ser restaurada pela força divina.

O espírito do vale nunca morre. Todos os portadores do botão de rosa, do átomo original, carregam consigo a imortalidade. O espírito do vale é um Espírito Sétuplo, como também é sétuplo o átomo original.

A Doutrina Universal nos explica que o coração é o órgão mais importante do corpo. Pode-se dizer que o coração é "o rei do corpo". Com alguns cuidados, o coração tem a possibilidade de viver ainda algum tempo após a morte da personalidade, e o ponto do coração que morre por último é a sede da vida. Devemos considerar essa morte como a retirada de algo imortal. A sede da vida é o "espírito do vale".

Esse átomo original, esse botão de rosa, essa sede da verdadeira vida, contém o poder do pensamento, a vida, a energia e a vontade; ele irradia cores irisadas, opalescentes, ígneas. Geralmente, isso é do conhecimento dos iniciados, e é claro que se pode observar no homem, através da irradiação da rosa, pela intensidade do brilho opalino e pelo poder luminoso, se o botão de rosa está efetivamente aberto.

Neste caso, Deus, o espírito do vale, fala com ele. Falar com Deus no vale implica uma ligação com o campo magnético gnóstico, uma ligação com o novo campo de vida. E as radiações opalescentes, ígneas e irisadas que abrasam o microcosmo inteiro traduzem a existência e a força da Gnosis no homem. É Deus falando para o homem dialético e no homem dialético. E essa palavra, essas radiações, explicam a total mudança transfigurística.

Toda cura provém do trabalho que se efetua na sede da verdadeira vida, tornando-se, pois, evidente a razão pela qual se fala da Mãe mística no *Tao Te King*. Assim como a mãe gera a criança, o novo homem surge da sede da vida. A porta da Mãe mística é, portanto, a fonte da realidade.

O novo pensar, a nova vida, a nova energia vital e a nova vontade devem, pois, nascer no coração. Qualquer vida supostamente nova que fosse gerada pelo santuário da cabeça não poderia ser nem renovadora nem libertadora. Compreendei que tudo o que pensais, desejais, formulais e concebeis da maneira habitual, eventualmente com a melhor das intenções, decorre da fonte comum do eu. No coração, descobrimos o único Deus que se manifesta a nós, segundo as palavras de Jesus, o Senhor: "O reino de Deus está dentro de vós". O coração deve, pois, vencer a cabeça, como a Escola nos ensina continuamente.

6 · O ESPÍRITO DO VALE NÃO MORRE

Se quiserdes encontrar a senda de outro modo, pelo caminho oposto, seguireis a via do ocultismo, portanto vos prendereis à roda* do nascimento e da morte. É por isso que a consciência da natureza comum deve entregar-se ao Deus manifestado em nós, à Mãe mística.

Jesus diz: "Estou à porta e bato". Ora, encontramos essa porta exclusivamente no vale da vida, no santuário do coração. Quem não quer abrir essa porta liga-se à natureza, e Deus não pode falar-lhe no vale.

O aluno que adentra por essa única porta, a porta da Mãe mística, descobre não apenas que a fonte da realidade se encontra atrás dessa porta, como também que a manifestação que aí começa durará eternamente. E evidentemente ele tira disso conclusões irrefutáveis.

Algumas pessoas dão ao conceito "eternidade" o significado de duração sem fim; portanto de um estado do tempo. Todavia, quem transpõe a porta da Mãe mística liberta-se do espaço-tempo, portanto ele entra num campo de radiações eletromagnéticas completamente diferente, num campo de vida totalmente outro. É preciso que compreendais que tendes em vós o imortal *espírito do vale*, que não vos abandonará enquanto estiverdes errando pelo espaço-tempo. Ele é o Deus cativo, é Prometeu acorrentado. Esse Deus em vós quer tornar-se a Mãe mística. E agora o sabeis, a porta que leva até ela é a fonte da realidade e a libertação eterna do espaço-tempo.

O espírito do vale vos fala; ele contém em si a faculdade mental, a vida, a energia e a vontade. Perfeitamente organizado, ele vos fala do fundo de sua prisão, como a esfinge ao jovem príncipe Tutmés: "Olha para mim, meu filho, e vê minhas correntes". Ele desperta em vós a angústia de vosso estado pecaminoso, de vossa miserável existência.

A voz da consciência emana do coração; é a voz do espírito do vale. E agora só resta aqui uma única solicitação, uma única possibilidade — e ela vos é transmitida pelo *Tao Te King: Segui essa corrente de vida e não tereis necessidade alguma de vos movimentar.* Compreendeis essas palavras, libertadoras por excelência? Se desejais compreendê-las, segui conosco o itinerário que leva ao fundo do coração, "o rei do corpo", e deixai vosso eu biológico, vosso eu animal, render-se à vida que está sediada no vale. Ali corre um rio de vida, uma torrente ígnea opalescente, na qual estão contidas todas as cores, onde, porém, predomina um brilho áureo azulado. Lançai-vos nessa corrente em total autorrendição. Deixai que o ser divino, e não o eu animal, fale em vós e governe o microcosmo. Então, já não tereis a menor necessidade de vos agitar.

Considerai que, em vossa personalidade, existem dois órgãos que dirigem a consciência: um que conheceis, que vos faz dizer "eu", e outro muito mais poderoso, que não conheceis. É para esse segundo eu, a alma, o *alter ego*, que devereis agora transmitir a direção. E podeis fazê-lo. Se o fizerdes, não tereis necessidade de vos agitar. Todas essas tensões desgastantes, essa torrente de sofrimentos e de misérias, deslizará sobre vós; vossos problemas serão resolvidos de maneira totalmente diferente. Vós, o eu nascido da natureza, não tereis mais necessidade de vos agitar, pois o Outro estará ativo em vós.

Não devereis ver nisso uma incitação à preguiça ou à displicência; não tomeis isso em sentido negativo, porém no sentido das palavras do Sermão da Montanha: "Buscai primeiro o reino de Deus" — que está em vós — "e todas as coisas vos serão dadas por acréscimo". Vivereis e experimentareis a vida de uma maneira nova; estareis *no* mundo, porém já não sereis *do* mundo.

Através da porta da Mãe mística encontrareis uma nova realidade, nela penetrareis e pertencereis à nova raça: ao povo de Deus.

道德經

O macrocosmo dura eternamente. Ele pode durar eternamente porque não vive para si mesmo.

Eis por que o sábio se coloca detrás do Outro e forma, portanto, uma unidade com o primeiro.

Ele se desliga de seu corpo e o mantém realmente seguro.

É por isso que ele não conhece o egoísmo.

E promove os próprios interesses pela ausência de egoísmo.

Tao Te King, capítulo 7

7

O MACROCOSMO DURA ETERNAMENTE

O macrocosmo, a onimanifestação, *dura eternamente.* Cada fenômeno nele, provavelmente, é submetido a mudanças e modificações, as quais, porém, jamais acarretam o retorno ao ponto de partida. Nele nada recomeça a partir do início, como ocorre no mundo dialético. A onimanifestação prossegue, evolui. Cada mudança representa um progresso, uma melhoria, significa subir mais um degrau em direção a um Universo superior, a um Universo mais vasto. Só existe evolução na eternidade.

Visivelmente, vigora aqui uma lei desconhecida, uma lei divina absoluta, uma lei natural que nos é desconhecida e que não conhece um giro circular, porém um caminho em espiral. Uma lei natural estabelece uma ordem, determina um conjunto de aspectos e atividades. Quando analisamos essa ordem, conhecemos o conjunto de seus diferentes processos e a eles aderimos, essa ordem ganha vida e torna-se ativa. Se penetramos nessa ordem e obedecemos sua lei, participamos dessa nova lei e abandonamos o sistema da antiga lei.

Como podeis compreender, é evidente que podemos passar de um estado de ser, determinado por uma lei natural e sua ordem, para outro estado, determinado por outra lei; e que, portanto, é possível experimentar existencialmente, numa fração de segundo, a eternidade no tempo. É passar do espaço-tempo para a eternidade. Quando alguém passa por essa experiência em sua vida, por exemplo, agora mesmo, isso evidentemente trará consequências. A cada reino correspondem, com efeito, veículos e fenômenos particulares. Os veículos do espaço-tempo são diferentes dos veículos da eternidade. Ou seja: podemos imediatamente participar do novo reino, todavia, é evidente que decorre uma necessidade de transfiguração, de um novo nascimento. Só é possível haver transfiguração se pertencemos ao reino de uma nova natureza. O que acontece primeiro não é a transfiguração seguida da participação na eternidade, porém a ligação com o novo reino seguida da grande mudança. Se tendes algumas noções científicas, compreendereis.

Caso vos seja difícil conceber esse processo, abordaremos o ponto seguinte, com estas perguntas: "Por que esses dois reinos, o reino dialético e o reino de Deus, diferem um do outro? Por que a lei de um o faz retornar sem cessar ao ponto de partida, fazendo-o, portanto, girar sem alívio, enquanto a lei do outro significa progresso e ascensão, de força em força e de magnificência em magnificência?"

Naturalmente podereis responder: "Porque em nosso reino estamos apartados da Gnosis". Todavia, ao dizer isso, estareis indicando a consequência, e não a causa. Ora, a causa é, acima de tudo, a orientação da consciência. E a consciência está orientada de maneira diferente nos dois reinos. Lao Tsé mostra essa diferença dizendo que a eternidade *não vive para si mesma*.

Direis: "Eu sei disso; vivo para minha família, para meus ideais, sacrifico-me totalmente!" Essa maneira de "não viver para si" é muito bela e honrosa, porém não passa de uma imitação que o eu animal faz da orientação da consciência de que Lao Tsé fala. O eu animal é uma consciência egocêntrica, um "eu sou" de natureza muito particular, que, quando cultivado, é capaz

7 · O MACROCOSMO DURA ETERNAMENTE

de imitar perfeitamente a beleza, a bondade e o amor. Porém, já sabeis que aqui o belo denota a existência do feio, o bom, a existência do mau e o amor, a existência do ódio.

Sob vários aspectos, trata-se de uma situação muito estranha, pois o eu animal pode, de fato e em muitos casos, desejar ser bom, tornar-se divino. Pode-se dizer que ele tem essa tendência inata. Por que razão ele não consegue? Por que razão ele não consegue transformar o espaço-tempo em eternidade, mesmo que o ocultista pense que isso é possível?

A resposta é que o eu animal é um homem orgânico, tem um organismo. A personalidade é um organismo, sois um veículo humano que se diferencia do homem divino. Que é um homem orgânico? É um ser mecânico dirigido por uma inteligência superior, sendo que o próprio organismo possui certa inteligência mecânica. O homem orgânico, a personalidade comum, o veículo humano, utiliza força e age como ser humano, eventualmente como ser divino, devido ao seu poder de imitação e à sua origem. Ele gira em círculos, como um louco, sob o jugo da lei que o rege, e sempre retorna ao ponto de partida. Da mesma forma que o motor de um carro possui uma inteligência que funciona mecanicamente e que, uma vez acionado, continua a funcionar e a executar sua tarefa, contanto que uma inteligência superior o dirija ao volante, também a personalidade com sua inteligência animal só é útil se o Deus nela, o centro da vida superior situado no coração, toma a direção. Caso isso não aconteça, o homem orgânico, o veículo humano, fica entregue a si mesmo, com todas as consequências decorrentes.

O homem orgânico pode manter-se continuamente graças ao processo de conservação dialético; todavia, se o verdadeiro condutor não tiver a direção em mãos, tudo vai de mal a pior; o homem natural sofre numerosas degenerescências e segue um caminho de sofrimentos, num reino ao qual, todavia, pertence. O veículo humano não é sequer uma sombra do que era no passado. O homem natural pensa ser o homem verdadeiro e crê poder alcançar o estado de homem verdadeiro. Ele bate no peito, dizendo: "sou isto, eu faço isto, eu quero isto". E, continuamente, ele faz experiências e imitações, naturalmente sem nenhum sucesso.

Se vos dedicardes a estudar o que estamos tentando explicar-vos, encontrareis a confirmação disso na Bíblia, na Doutrina Universal, nas lendas, nos contos, nos relatos etc. O veículo humano conhece uma gênese, um começo e uma queda. De forma presunçosa e obstinada, ele se apartou de seu Deus. O homem orgânico só conhece uma necessidade absoluta, que é conservar-se a si mesmo. O instinto de conservação é seu impulso biológico. Ele vive de morte e de corrupção. A pobre criatura é obrigada a fazer isso em virtude de sua existência. Ele deve viver para si mesmo. Esse é o seu destino; caso contrário, ele naufraga. Ele corre perigo. Sua existência não lhe oferece segurança; ele deve manter-se segundo sua natureza. Pensai aqui na maldição que caiu sobre ele no Paraíso.

Existem povos e raças que fizeram das palavras "Comer ou ser comido" uma virtude. É claro que se utilizam de todos os meios para alcançar seus objetivos. Ora, se pensais e viveis assim, estais no caminho errado.

A personalidade, o veículo humano, foi criada, no início, como instrumento para fornecer a uma inteligência condutora os meios de obter experiências, aperfeiçoar o Universo e servir à Gnosis. Essa inteligência condutora é o verdadeiro homem, o Deus único. Todavia, esse instrumento escapou do controle e se denomina homem. A consciência do veículo provém de um raio da própria consciência divina. O verdadeiro homem divino não vive para si mesmo, não busca a autoconservação, não vive em perigo, não passa necessidades; não precisa viver para si mesmo. Ele está submetido à lei de outra natureza e possui uma consciência de eternidade. Existencialmente, ele é uno com o Universo, com a onimanifestação e é alimentado pelo prana da vida.

Poder-se-ia perguntar: "Seria a criação do homem-personalidade de responsabilidade do Deus único?" Esta pergunta, porém, é inútil, pois o homem existe. Existem um Deus, um homem verdadeiro e uma personalidade, que possui uma consciência, um eu. Que vai acontecer com essa classe de seres duplos dos quais fazeis parte?

Vamos admitir que as dificuldades da vida vos tenham amadurecido e que vos tornastes sábios. Que devereis fazer agora? O sábio coloca a si mesmo em segundo plano com relação ao Outro, ao Deus único em si mesmo, e, como criatura, submete-se a esse Deus. Ele desaparece no vale da vida em perfeita autorrendição. Que acontece, então? Ele se funde com o primeiro, com o superior, com o regente universal, e atinge uma maravilhosa serenidade. Ele se liberta de seu corpo, de sua personalidade. O animal se retira. E o que acontece a seguir? A personalidade, como instrumento, é conservada. Ela se transfigura. Como? Sempre bem, muito bem, sob a direção divina. É possível que a personalidade se torne supérflua, mas em que isso poderia prejudicar-vos? Desligados da roda, retornareis ao vosso Criador, ao vosso Deus, e sereis absorvidos na eternidade.

Bem, então por vos despedirdes do egoísmo animal, os verdadeiros interesses do verdadeiro ser divino são favorecidos. Eles se cumprem. Tutmés e a esfinge se unem.

Se compreendeis dessa forma o sétimo capítulo do *Tao Te King*, então podeis dar de ombros e rir dos sábios sinólogos que querem atribuir a Lao Tsé suas concepções com suas traduções: ser modesto, ceder com elegância, mas finalmente chegar ao objetivo.

O comportamento justo é semelhante à água.

A água está em toda parte e permanece em todos os lugares.

Ela também está nos lugares desprezados pelos homens.

Eis por que o sábio se aproxima do Tao.

Ele habita o lugar certo. Seu coração é profundo como um abismo. Seu amor é perfeito. Ele se mantém na verdade, e cumpre a verdade. Chamado a governar, ele mantém a ordem. Ele desempenha bem suas funções. Ele passa à ação no momento certo.

Como ele não discute e não entra em contenda com os outros, nele não há nada censurável.

Tao Te King, capítulo 8

8

O CORAÇÃO DO SÁBIO É PROFUNDO
COMO UM ABISMO

Certamente compreendeis por que é dito no oitavo capítulo do *Tao Te King* que, para o homem-personalidade, que busca a libertação e a salvação, o comportamento justo é comparável à água. A água é um símbolo universal e sublime que designa as radiações de força da nova vida. Da mesma forma que o homem personalidade se encontra inteiramente no campo de radiação eletromagnética da natureza dialética, o aluno que, pela autorrendição, alcançou a ligação libertadora com o espírito do vale, com o Deus em si, entra no novo campo de radiação eletromagnético e nele vive inteiramente.

É verdadeiramente a água viva que se derrama sobre ele e preenche, dessa maneira, todos os aspectos de sua existência. Nessa nova corrente de força, ele se torna uma nova criação, uma nova criatura, e passa por uma nova gênese, por um novo começo. E, da mesma forma que, na primeira Gênese "o espírito de Deus pairava sobre as águas" e criou um firmamento separando "as águas que estão embaixo das águas que estão em cima", assim também o candidato passa a dispor de um novo firmamento a partir do momento em que a água viva se derrama sobre ele; isto é, ele passa a dispor, então, de uma nova lípica,* de um novo sistema magnético, pelo qual adquire uma nova consciência completamente diferente. Ele passa a ser, novamente, animado por seu Deus único, que trabalha para sua salvação.

Se transferirdes vossa atenção do campo particular do microcosmo para o campo do cosmo e o do macrocosmo, descobrireis que lá também essas mesmas atividades acontecem. É claro que o Deus em nós, o verdadeiro homem divino, o verdadeiro centro de nossa vida no santuário do coração, não vive separado dos demais homens-deuses. Estes existem em outra ordem de natureza, da mesma forma que a personalidade existe em nossa ordem de natureza. E, assim como a personalidade deve sujeitar-se à natureza da morte e conhecer o universo da morte, compreendereis, por analogia, que também existe uma natureza da vida, um universo divino, um universo absolutamente diferente. A substância que constitui a vida e a radiação proveniente desse universo divino é, verdadeiramente, a água viva, a pura substância divina original.

Esse universo divino, essa substância divina original, considerado no espaço-tempo não está afastado de nós; ele está aqui, presente, e penetra tudo. Ele está mais próximo do que mãos e pés. A água viva está em toda parte e permanece em todos os lugares. Ela está também nos lugares desprezados pelos homens. O sábio sabe disso, razão pela qual é dito no tão conhecido Salmo 139:

Se eu subir ao céu, tu aí estás.
Se eu fizer a minha cama na morada dos mortos,
eis que tu ali estás também.
Se eu tomar as asas da alva
e habitar nas extremidades do mar,
até ali a tua mão me guiará
e a tua destra me susterá.
Se eu disser:
'De certo que as trevas me encobrirão',
então a noite será luz à roda de mim.

> *Nem ainda as trevas me escondem de ti,*
> *mas a noite resplandece como o dia;*
> *as trevas e a luz são para ti a mesma coisa.*

Falamo-vos do objetivo da Rosa-Cruz e convidamo-vos a segui-lo. Tomamos agora por guia a linguagem dos antigos, as palavras do *Tao Te King,* porém nossa ação entre vós é e não poderia ser mais atual. Ela é ao mesmo tempo moderna e clássica. Que temos para propor-vos? Nada menos do que vossa reunificação com o Outro divino! Nós vos convidamos a celebrar um casamento, as núpcias espirituais com o espírito do vale, o espírito do átomo original, a rosa. Seria isso algo diferente das núpcias alquímicas de Cristiano Rosa-Cruz, descritas por Johann Valentin Andreæ? O botão de rosa no santuário do coração, a sede da verdadeira vida, o espírito do vale, eis aqui vosso esposo ou vossa esposa. Sem levar em conta vosso sexo, ele se dirige a vós, segundo as palavras do Apocalipse, capítulo 22, palavras puramente rosa-cruzes:

> *E o Espírito e a esposa dizem: Vem!*
> *E quem tem sede, venha.*
> *E quem quiser, tome de graça da água da vida.*

De graça! Mas a condição é que tenhais sede! Vossa alma, cansada de experiências, na angústia e na morte, deve estar sedenta. É o anseio por salvação. "A minha alma tem sede de ti" (Salmo 63).

Pensai em Isaías, capítulo 55: "Ó vós, todos os que tendes sede, vinde às águas, e vós que não tendes dinheiro, vinde, comprai e comei; sim, vinde e comprai, sem dinheiro e sem preço, vinho e leite. Por que gastais o dinheiro naquilo que não é pão? E o produto do vosso trabalho naquilo que não pode satisfazer? Ouvi-me atentamente e comei o que é bom, e a vossa alma se deleite com a gordura. Inclinai os vossos ouvidos e vinde a mim; ouvi, e a vossa alma viverá, porque convosco farei uma aliança perpétua... Em lugar do espinheiro crescerá a faia, e, em lugar, da sarça crescerá a murta..." Que magnífica metáfora!

Entre vós e o espírito do vale, entre vós e o Deus em vós não deveria haver nenhum sacerdote, nem mesmo qualquer escola espiritual. Essa ligação deverá ser feita por vós mesmos, por vossa própria iniciativa, pois o que a Escola precisa fazer por vós, ela o faz. A Escola possui um campo de força onde a água viva corre abundantemente para reforçar o apelo de vosso próprio Deus: "Inclinai os vossos ouvidos para mim". A Escola se esforça para guiar vosso eu-animal. Ela quer fazer-vos abandonar os caminhos do eterno vaguear e conduzir-vos para a única felicidade. Em unidade de grupo, como corpo-vivo, trata-se de uma poderosa ajuda mágica para atingirdes o objetivo. Se agora estais amadurecidos e cansados de lutar, agarrareis esta felicidade em total liberdade. Neste caso, a corrente de água viva fluirá imediatamente sobre vós. Então vos tornareis sábios, tão sábios que vossa glória poderá consolar e aquecer inúmeras criaturas. A serviço da Fraternidade, tornar-vos-eis uma luz no caminho, a fim de que todos os extraviados e solitários encontrem o seu Senhor. É assim que o sábio se aproxima do Tao.

A seguir, o oitavo capítulo descreve, com maiores detalhes, o comportamento de quem estabeleceu semelhante ligação. Sobre o comportamento de quem recebe a água viva, poder-se-ia dizer:

O sábio habita o lugar certo.

Ligado à verdade, o sábio está sempre voltado para o objetivo e está sempre no lugar certo. O sábio é o verdadeiro irmão, a verdadeira irmã; estar no lugar certo significa também que tal servidor surge sempre no momento oportuno na vida do buscador, a fim

8 · O CORAÇÃO DO SÁBIO É PROFUNDO COMO UM ABISMO

de testemunhar da verdade, nem muito cedo, nem muito tarde, mas sempre no momento exato.

É possível que, no passado, tenhais tido contato com o verbo libertador sem, no entanto, terdes percebido o toque da força em vós. É porque essa força destinava-se ao Outro, que interiormente a ouvia de verdade. Cedo ou tarde, porém, ouvi-la-eis como ela deve ser ouvida. Então, no momento certo, reconhecereis o servidor, o *vosso* servidor. Ele está, ele é, ele vive para vós, no lugar certo, e sereis acolhidos no templo como hóspedes bem-vindos.

O coração do sábio é profundo como um abismo.

Isto significa que o sábio possui uma compreensão sempre mais profunda das pessoas em estado de pecado e de sua miséria incomensurável, compreensão essa plena de insondável compaixão e amor. Não significa que o servidor da Fraternidade seja um confessor e seu coração um grande depósito para tudo o que os mortais querem jogar fora, nem que ele se senta tranquilamente para ouvir a história de vossa vida, a vida de uma alma mortal. Porque todas as vidas têm exatamente as mesmas histórias. Os detalhes talvez sejam diferentes, mas o começo e o fim do romance de vossa vida são exatamente iguais aos dos outros. Não, o coração insondável do sábio sabe que o ser humano que chegou ao vale do coração para ali reencontrar o espírito do vale cessa de ser um robô. Eis por que ele não julga um mortal segundo seu registro judicial ou a lista de seus pecados, mas segundo sua verdadeira sede.

Quem tem sede recebe a água da vida gratuitamente. Trata-se de uma lei magnética. Quem, desse modo, se torna puro traz a assinatura de um coração de profundidade insondável. Portanto, seu amor é perfeito. É um amor que emana do novo campo de irradiação, que nele mergulha suas raízes. É um amor que não gera ódio nem vingança. É um amor que, desde tempos imemoriais, acompanha o homem decaído por toda parte e jamais o abandona, a fim de salvar o que está perdido. Se o recusais hoje e apenas o aceitardes daqui a mil anos, percebereis após mil anos, com grande aflição, que esse mesmo amor vos aguardava todo esse tempo. Então compreendereis o chamado: "Vinde a mim, vós que estais cansados e sobrecarregados, e eu vos aliviarei".

Ele se mantém na verdade e cumpre a verdade.

O sábio se mantém na verdade e vive dela, o que é perfeitamente compreensível, pois a verdade é um campo de vida. Compreendeis, porém, que é impossível para um homem dialético ser verdadeiro e que sua verdade é sempre mentira? Da mesma forma que a feiura é a prova de que a beleza é mera aparência, e o bem e o amor são rapidamente substituídos pelos opostos, o mesmo ocorre com o que habitualmente chamamos de verdade. Sois de opinião que alguns homens são verdadeiros e íntegros; infelizmente, isto significa unicamente que eles se esforçam por serem verdadeiros e íntegros, que eles não mentem conscientemente ou por querer. Essa verdade não está baseada na Gnosis, nem na onimanifestação ou no Deus interior. Por isso é especulativa e parcial; ela gera confusão, contendas, conflitos e guerras. Essa verdade que sustentamos com violência pode acarretar os piores aborrecimentos e, amanhã, surgir como uma contra-verdade.

Todavia, quem se encontra ao abrigo na Gnosis mantém-se na verdade divina. Trata-se de uma vibração, de um estado de ser no qual o sábio vive. E será que ele traz essa verdade para este mundo tenebroso? Sim, porém apenas em certo sentido. Ele vibra nessa verdade, ele a irradia.

Se sois um buscador da verdade no sentido compreendido pela Rosa-Cruz, um dia, em vossa busca pelo Tao, experimentareis

8 · O CORAÇÃO DO SÁBIO É PROFUNDO COMO UM ABISMO

a radiação dessa verdade e a reconhecereis. Somente então será possível verdadeiramente falar-vos. Quanto ao resto, não penseis que o sábio irá discutir convosco sobre a verdade. Quando percebe que um homem não é capaz de, ou ainda não pode, captar a radiação da verdade, de forma alguma o sábio discute com ele sobre esse assunto. O sábio se retira e cria um vácuo.

Chamado a governar, ele mantém a ordem.

Imaginai esse preceito da seguinte forma: ele vive segundo a ordem do campo vivo da verdade vivente. Ele é um servidor da Fraternidade e seu serviço consiste em reunir os buscadores. Para que tenha êxito, é necessário criar certa ordem em seu campo de ação; ele trabalha segundo um sistema. Esse sistema pode ser discutido e ponderado, com base no amor, na verdade, na Gnosis e nas leis espirituais da Fraternidade.

Todos os que buscam são bem-vindos, mas há também os que agem contra essa ordem, pois a ela se opõem fundamentalmente. Pode-se, então, tentar ajudá-los e corrigi-los; todavia, se ficar claro que ainda não podem captar as radiações do campo da verdade vivente, eles serão, momentaneamente, deixados de lado, e o amor aguardará até que tenham avançado suficientemente para poder dar o próximo passo. Ou seja, não se pode transgredir uma ordem irresistível: é tudo ou nada!

O sábio desempenha bem suas funções.
Ele passa à ação no momento certo.

Essas virtudes não devem espantar-vos. Quem já não está no estado de consciência-robô, porém participa da consciência da Gnosis, adquire um novo princípio de ação, totalmente de acordo com a natureza e com a essência do santo trabalho, com o Tao. Em outras palavras, coloquemos este estado de ser à luz das palavras de Paulo, assim compreendereis melhor esses dons da graça. Paulo diz, em várias partes de suas Epístolas, que certamente não é sua intenção vangloriar-se: "Não sou eu, mas o Cristo em mim".

Demos, assim, alguns esclarecimentos sobre o comportamento do sábio que segue o caminho da libertação. Nossa prece diária é que vós também possais seguir esse caminho.

Vede o caminho — *Tao*.
Segui o caminho — *Te*.
Compreendei o caminho — *King*.

道德經

Não toques no vaso cheio.

Não toques no fio da lâmina.

Não tentes manter a câmara cheia de ouro e pedras preciosas.

Quem se orgulha de suas riquezas caminha à frente da infelicidade.

Realizada a obra e adquirido o prestígio, é preciso retirar-se.

Esse é o caminho para o céu.

Tao Te King, capítulo 9

9

NÃO TOQUES NO VASO CHEIO

O nono capítulo do *Tao Te King* trouxe, evidentemente, grandes dificuldades de tradução para os sinólogos. A causa dessa dificuldade é que lhes faltava a chave para a compreensão da verdadeira intenção das palavras de Lao Tsé.

Em uma das traduções lemos: "Em vez de carregar um vaso cheio pelos dois lados, melhor nada carregar". Logicamente, isto não faz sentido, se admitirmos que se trata de um recipiente cheio de água. Os antigos não dispunham de água corrente. Portanto, necessitavam de um recipiente cheio e, de bom grado, se esforçavam para carregá-lo, evitando desperdiçar o precioso líquido. Outro tradutor pensou nesse desperdício, traduzindo: "Quem encher um vaso até a borda e quiser transportá-lo com as duas mãos, irá derramá-lo".

Após leitura dos capítulos anteriores, compreendereis que Lao Tsé tinha em mente algo totalmente diferente. Para os tradutores, a dificuldade provém do fato que, na verdade, o *Tao Te King* não pode ser traduzido. A obra foi escrita em antigos caracteres chineses, os quais não são constantes como as letras de nosso alfabeto que, juntas, representam claramente uma palavra com um significado preciso. Pensai, por exemplo, na palavra "árvore". Um autor dirá: "Vejo uma árvore". Embora não saibamos de que árvore se trata, sabemos que ele vê uma árvore. Todavia, é dito que, mais ainda do que os caracteres hebraicos, cada ideograma da antiga China tinha vários significados, no mínimo sete. E, na China, toda pessoa alfabetizada podia criar seu próprio ideograma, traçando-o com um pincel sobre um pergaminho ou sobre seda. Poder-se-ia dizer, simplesmente, que a escrita chinesa não tinha uma forma bem determinada, nem método, e que era uma espécie de escrita em caracteres cifrados. Na prática, porém, com o desenvolvimento da civilização e sob a pressão de constantes intercâmbios, formou-se o hábito de escrever muitas coisas e noções com os mesmos caracteres, simplesmente para estabelecer contatos através de letras, caso não fosse possível fazê-lo verbalmente. Todavia, na troca de correspondência, os missivistas deviam saber distinguir perfeitamente os caracteres. Portanto, a escrita chinesa contém um grande número de palavras, das quais muitas são absolutamente indecifráveis. Daí resulta que a ligação entre certas frases se perdeu. A linguagem da antiga Bíblia Chinesa não se destina a um eventual sinólogo que gostaria de traduzir o *Tao Te King*. Assim, todas as traduções diferem imensamente entre si, e não poderia ser diferente. Essa obra se destina unicamente aos alunos que estão na senda da transfiguração, e o autor do *Tao Te King* sabia com toda a certeza, já há milhares de anos, que um servidor da Fraternidade, mesmo um principiante, poderia mais tarde ler sua obra sem dificuldades.

Podereis perguntar: "Como, então, isso é possível? Porque não conheceis a língua chinesa e, se a conhecêsseis, teríeis as mesmas dificuldades dos demais sinólogos!" A resposta é muito simples. Através dos tempos, a Fraternidade Universal apela, tanto oralmente como por escrito, ao poder criativo da consciência do leitor que se tornou digno. Cada parágrafo dessa linguagem traz em si uma chave. Se o leitor tiver acesso a essa chave, o sentido do preceito em questão aflora naturalmente. Caso contrário, ele não compreende nada, e a tradução torna-se impossível, mesmo para

9 · NÃO TOQUES NO VASO CHEIO

o maior sábio de todos os séculos. Aqui também se aplicam as palavras da Bíblia, que diz que aquilo que permanece escondido para os sábios e os inteligentes deste mundo é revelado aos filhos de Deus (Mt 11:25).

Pois bem, sem pretensão, cremos poder afirmar: "Somos filhos de Deus". Vós também o sois; vós também possuís essa filiação. Talvez uns estejam mais conscientes do que outros, porém somos todos iguais, e a perfeição nos aguarda. Portanto, guiados por nossa filiação divina, tentemos, em conjunto, procurar a chave deste nono capítulo. Primeiro, verificareis que na primeira estrofe fala-se de um vaso cheio, de um recipiente cheio. Sobre isso todos os tradutores estão de acordo, bem como sobre o fato de que existe algo que não se deve fazer com esse vaso.

Que contém o vaso? Água, evidentemente. Um deles diz: "Cuidado, para que ela não derrame". "Claro", diz o outro, "esse vaso é pesado e é melhor não carregá-lo". "É possível", diz um terceiro, "porém é preciso ter o vaso e a água!" "Evidentemente, é compreensível que não se deva derramar o líquido, mas, a meu ver, Lao Tsé quis dizer que não se pode simultaneamente segurá-lo e enchê-lo. Em nossos dias isso é possível, pois é só abrirmos a torneira, mas os antigos não tinham água corrente." "Sim, mas talvez houvesse algumas quedas-d'água!"

Podemos continuar assim por muito tempo. Qual o sentido disso? Nenhum, porque passamos diante da chave sem vê-la! Todavia, o poder criativo de vossa consciência forneceu-vos essa chave há muito tempo, já que esse recipiente, esse vaso cheio, vos é bem conhecido.

Imaginemos à nossa frente um dos antigos símbolos dos rosa--cruzes do século XVII. Um sábio ancião de cabelos brancos, sentado na câmara de uma torre. Três degraus, "os degraus da sabedoria", nos conduzem até lá. Se subirmos esses três degraus e entrarmos na câmara da torre, veremos que de cada lado da entrada existe uma coluna. Uma sentença gravada na coluna da direita chamará nossa atenção: "Permanece junto ao vaso para testemunhar de suas cores".

Em Isaías 52:11, lemos: "Retirai-vos, retirai-vos, saí daí, não toqueis coisa imunda; saí do meio dela, purificai-vos, vós que levais os vasos do Senhor". Nos Atos dos Apóstolos 10, é mencionado um recipiente impuro que desce do céu. E, na Segunda Epístola a Timóteo (2:21), Paulo diz: "De sorte que, se alguém purificar-se dessas coisas, será vaso para honra, santificado e idôneo para uso do Senhor, e preparado para toda a boa obra". Pensamos também nas inúmeras narrativas simbólicas sobre o Graal, no cálice aberto, estilizado em forma de flor-de-lis, e ouvimos Lao Tsé dizer: *Não toques no vaso cheio*.

Eis a chave, vós a conheceis! O filho de Deus possui um vaso cheio, a rosa de sete pétalas, o cálice em forma de flor-de-lis com sete pétalas, a taça do Graal do coração. O filho de Deus é, portanto, um filho de Deus porque possui essa sagrada taça. Ela representa o reino de Deus em nós. O átomo original esconde um Universo. Nele todo o Universo está contido.

Ora, a dialética é extremamente perigosa para o átomo original. O filho de Deus não é vosso eu; vossa consciência dialética não tem nada a ver com ele. Vosso eu é uma consciência-robô, incapaz de libertação. Sois provenientes de um microcosmo que encerra o ser divino. E o *Tao Te King* vos adverte: "Por favor, mantende vossos dedos longe desse vaso cheio!" Essa taça do Graal está preenchida com o sangue do cordeiro, a pura água viva. Tudo o que pertence à natureza ímpia não deve e nem pode aproximar-se dele. Deveis, portanto, manter-vos afastado dele, em absoluta autorrendição. Não afirmeis: "Eu sou filho de Deus" dando ênfase ao "Eu". Estais apenas muito perto dele. O filho de Deus habita convosco no mesmo microcosmo. O Outro existia muito antes de vós. Ele está convosco, e permanecerá depois de vós. Se diminuirdes, esse Outro crescerá. Não tenteis, pois, tocar no vaso cheio do Senhor. Vós, em vossa ilusão mística ou ocultista, não

9 · NÃO TOQUES NO VASO CHEIO

toqueis o vaso sagrado. Essa taça do Graal contém o vinho do Senhor, e esse vinho, essa água viva, deve tocar-vos, deve aplacar vossa sede. Essa força deve descer em vossa alma qual uma espada.

Lao Tsé afirma, na mesma linguagem metafórica: *Não toques no fio da lâmina*. Não lhe tireis a força com mãos ímpias e não afirmeis: assim a espada cairá sobre mim sob minha direção. Esvaziai o cálice que o Cristo interior vos oferece, aceitai-o com alegria.

Jamais lestes ou ouvistes falar que a taça do Graal foi depositada pelos Mestres do Graal num templo de prodigiosa beleza? Num santuário cheio de ouro e pedras preciosas? E que esse santuário da maravilhosa rosa estava cheio das mais esplêndidas e mais nobres riquezas que se possa imaginar? Pois bem, esse santuário está em vosso microcosmo. "Rejubilai e alegrai-vos, pois o reino dos céus está dentro de vós!", a nova Jerusalém com suas doze portas.

Vedes o imenso perigo, a loucura do instinto de posse egocêntrico? Quereis manter esta sala repleta de ouro e de pedras preciosas? Vós? Quer sejais místicos ou ocultistas, por acaso vos vangloriais de vossas posses? Então caminhais à frente da infelicidade da roda que gira indefinidamente, pois a nova cidade, com suas doze portas de pérolas, só descerá quando a antiga cidade houver desaparecido.

Vede diante de vós o caminho, o caminho dos céus. Quando houver chegado o tempo e vosso trabalho de preparação estiver pronto, vosso novo nome será inscrito no Livro da Vida, e vós e vossa alma dialética devereis retirar-vos segundo as sublimes palavras de João, que são chave para o caminho libertador: "Ele", o Outro, "deve crescer e eu devo diminuir" — a espada do Mestre do Graal fincada em vossa alma e seu cálice esvaziado até a última gota, a fim de que a cidade santa desça do céu de Deus.

Mas, retornemos à câmara dos tesouros da Rosa-Cruz clássica, onde lemos numa coluna: "Permanece junto ao vaso para tornar suas cores reconhecíveis". Com essa expressão: "Permanece junto ao vaso", os rosa-cruzes entendem que: "Vós, ser-eu, afastando-vos, em oferenda humilde e silenciosa, consagrai-vos ao Graal interior, à cidade de Deus que, um dia, descerá do céu". Se tivermos uma correta atitude com relação ao "vaso", poderemos, a seu serviço, levar a palavra santa ao conhecimento dos buscadores e aos errantes. Sim, poderemos levar ao conhecimento deles as belas e serenas cores e facetas do "vaso", a fim de que, consolados por essas maravilhosas promessas, os buscadores possam adquirir a vontade e o poder de, um dia, seguir o mesmo caminho.

As palavras de Isaías, capítulo 52, apelam a todos os portadores da centelha do espírito para que, através da endura, digam adeus ao mundo dialético. "Saí do meio dela, purificai-vos, vós que levais os vasos do Senhor." Por isso Paulo diz que, ao seguirdes a senda que passa pelo autoconhecimento, tornais possível, graças à taça do Graal, o desenvolvimento da nova alma, "santificada e útil ao Senhor". Nos Atos dos Apóstolos, capítulo 10, vemos Pedro sofrer uma provação clássica. Algumas forças da esfera refletora estendem-lhe uma falsa taça; devido a seu conteúdo, ele imediatamente reconhece o perigo e a recusa. Sua decisão é mais firme do que nunca: ele permanece junto ao vaso do coração para tornar suas cores reconhecíveis.

Essa é a assinatura do rosa-cruz, o servidor da Fraternidade Universal. Ele permanece junto ao vaso do coração para tornar suas cores reconhecíveis. Ele não se vangloria disso. Quem se tornou imensamente rico não está orgulhoso disso, pois: *Quem se orgulha de suas riquezas caminha à frente da infelicidade.* Orgulho é vaidade, ostentação; o orgulho faz concessões ao egocentrismo. Portanto, o orgulho agride o brilho do vaso e o torna, novamente, opaco e sem cor.

Quem adquire riquezas através da prática da Gnosis quíntupla universal pode realizar o trabalho. Ele tem acesso aos imensos tesouros da vida universal. Emprega-se, então, o plural: "Vós, que portais os vasos do Senhor". Descobrimos, então, que o corpo-vivo, formado por seus inúmeros membros, recebe os mesmos tesouros em seu campo de força através da magia libertadora. O que está em nós está, ao mesmo tempo, fora de nós. As fronteiras desaparecem e vivenciamos a unidade do universal no universal. Dessa forma, a luz é levada através da noite, a fim de despertar os que nela estão mergulhados. Assim a luz surge nas trevas. Assim os eleitos permanecem juntos para tornar reconhecíveis as cores da luz, cores de inúmeros matizes.

Todavia, os que desejam permanecer nas trevas estão perturbados, pois não querem ver as cores do vaso e ficam confusos. Ora, a confusão faz nascer a dúvida. Eles afirmam: "Ontem dissestes que era verde, hoje dizeis que é azul!" Eles não compreendem que o mar, como a água-marinha, adquire múltiplas cores, embora permaneça o mar. Eles temem a luz e ainda não têm olhos para ver.

Não obstante, o trabalho apostólico prossegue, pois é necessário que as cores do vaso sejam reconhecíveis. O trabalho apostólico, que é universal, prossegue. Ele se realiza tanto na claridade do dia como nos esgotos da noite. Ele se mantém no vasto campo da Fraternidade apostólica e começa com os trinta e dois que ousam e se esforçam por prosseguir na caminhada.

Os habitantes da noite e os que temem a luz perguntam, escarnecendo: "Onde estais, com vossa luz apostólica?" E nós respondemos: "Cuidado com o que há de vir, pois assim como um raio rasga a escuridão e faz os homens tremer, também a *astralis* divina se manifestará plenamente, como um fogo celeste, através do canal do fogo serpentino renovado. O trabalho será realizado e o novo nome formado. E quando o trabalho estiver terminado, os que o fizeram se retirarão, abandonando a noite à própria noite".

道德經

Quem submete o eu animal ao espiritual mantém sua vontade dirigida ao Tao. Ele não está dividido.

Ele domina sua força vital até torná-la dócil como a de um recém-nascido.

Ele torna sua visão interior clara e pura, ficando, pois, isento de faltas morais.

Ele governa o reino com amor e pratica integralmente o wu wei.

Ele permanece em perfeita quietude, enquanto se processam a abertura e o fechamento das portas.

Não obstante sua luz penetrar por todas as partes, ele pode parecer ignorante.

Ele gera as coisas e as alimenta. Ele as gera sem as possuir. Ele acrescenta e multiplica sem esperar recompensas. Ele reina e não se considera mestre. A isso se denomina a virtude misteriosa.

Tao Te King, capítulo 10

10-I

QUEM DOMINA O EU GOVERNA O REINO COM AMOR

A leitura de nossos comentários sobre a sublime sabedoria de Lao Tsé descortina uma série ascendente de revelações e possibilidades para todos os que, verdadeiramente, seguem a senda no sentido transfigurístico. E agora, o décimo capítulo lança uma luz sobre alguns dos resultados mais marcantes do caminho, resultados esses que não têm nenhuma relação com o futuro estado de ser do homem divino, porém que esclarecem a situação dos que, embora sigam o caminho e cumpram a lei, ainda estão no mundo dialético. Em vista disso, o assunto deste capítulo é extremamente importante, porque sua realização não está longe de vós, sendo mesmo absolutamente atual para o buscador sério.

Portanto, é motivo de grande alegria podermos esboçar para vós o tipo de homem que desejaríamos chamar de novo homem-Noé, o homem que, partindo da natureza da morte, está caminhando em direção ao novo campo de vida, para o novo reino, que existe desde a origem. Esse homem é admitido na nova raça, que não conhece nacionalidade nem fronteiras. Ele navega na clássica e novamente atual nave celeste, rumo a um novo e alegre futuro. Para que possais seguir conosco, apenas é exigido de vós que coloqueis em prática as lições recebidas e demonstreis o verdadeiro ofício de franco-maçom.

Quem submete o eu animal ao espiritual mantém sua vontade dirigida ao Tao. Ele não está dividido.

É aqui que deve começar o ofício de construtor. Esse é o primeiro passo. Quem não for capaz de dar esse primeiro passo com certeza não poderá dar o passo seguinte. Na qualidade de aluno do Tao, deveis, em perfeita autorrendição, ofertar o eu animal ao átomo original, ao reino de Deus em vós, à rosa do coração. Esta é a vossa missão mais importante. Não por devoção a um Deus exterior, com todas as consequências naturais, religiosas e ocultistas daí decorrentes, porém dizendo ao Deus único em vós, ao reino de Deus em vós: "Senhor, seja feita a Tua vontade". A senda do discipulado deve começar com a prática joanina: no deserto da vida, tornar retos os caminhos para o Senhor.

Suponhamos, por um momento, que o compreendais e realmente o façais; que submetais vosso eu animal perfeitamente ao eu espiritual. Vossa personalidade comum sofre, então, sensíveis modificações, porque, em resposta à oferenda de vosso eu, o vaso, o cálice do Graal, é derramado sobre vós, e daí nasce um novo fogo serpentino, um novo ser-alma. Descobris, a princípio, que vossa vontade pode ficar, e ficará, continuamente orientada para o Tao, para a senda. Por quê? Pela simples razão que, se a rosa do coração vos orienta e determina o estado de vossa alma, não é mais o campo magnético da natureza comum que atua em vós, porém o da nova natureza.

Se a natureza comum determina integralmente vossa vontade como uma constante mágica, podereis, de vez em quando, aplicar vossa vontade a problemas novos e elevados e, impulsionados por ela, praticar belas ações. Todavia, de vez em quando, ela também mostrará sua verdadeira natureza interior e origem. Consequentemente, ela será dividida e sofrereis muito. E embora ela possa elevar-se de modo místico ou científico, a vontade comum jamais será libertadora, nem para vós mesmos, nem para outros. Mas

10-1 · QUEM DOMINA O EU GOVERNA O REINO COM AMOR

quando a personalidade, o estado da alma, se eleva na rosa e o Cristo interior vos dirige, quando Jesus vive em vós, João é decapitado em vós. Então, vossa vontade se manifestará numa nova natureza e, sem constrangimento, especulação ou exaltação, isto é, de forma totalmente espontânea, ela estará continuamente, dia e noite, orientada para o Tao. A partir daí estareis sempre *neste* mundo, porém já não sereis *deste* mundo.

Ele domina sua força vital até torná-la dócil como a de um recém-nascido.

A força vital dirige-se do santuário da cabeça para todos os órgãos com os quais a personalidade age. O homem necessita de energia para agir e, com frequência, de energia diversas vezes transformada. Para agir, muitas vezes é necessário empregar ao mesmo tempo energias que têm vibrações diferentes. Imaginai ações que requeiram ao mesmo tempo a inteligência, portanto uma atividade mental, vibrações emocionais e a utilização da vontade. Tais atividades são estafantes. Elas prejudicam a personalidade, porque, frequentemente, obrigam o sistema nervoso autônomo a executar atos censuráveis dos quais temos aversão. Quanta energia o homem desperdiça, simplesmente joga fora! E, o que é mais grave, ele paga muito caro por isso com seu estado de saúde e com seu aprisionamento à roda do nascimento e da morte, o que é ainda mais sério.

Quem é decapitado como homem-João e nasce em Jesus, o Senhor, vive segundo a nova alma e domina sua força vital. As fontes e os canais de sua força vital serão maleáveis como os de um recém-nascido. "Como isso é possível?", podereis perguntar. "Isso significa que já não haverá erros cometidos com as melhores intenções, portanto, já não haverá desperdício de energia?" Não. À medida que a transformação ocorre, nenhuma energia é utilizada inutilmente. Teoricamente, isso ainda seria possível, porém o candidato certamente não o permitirá. Para compreender isso, analisemos o terceiro versículo:

*Ele torna sua visão interior clara e pura,
ficando, pois, isento de faltas morais.*

Consideremos aqui os sete ventrículos cerebrais. Eles se tornarão perfeitos espelhos da consciência, da visão interior consciente. Esses espelhos tornarão a visão interior clara e pura à medida que a nova alma os purifique e lhes dê brilho. Ainda a esse respeito, gostaríamos de fazer algumas observações. É possível que conheçais esses espelhos, sobretudo se tendes alguns conhecimentos de ocultismo devido a alguma prática ocultista no passado. Portanto, compreendei agora conosco que qualquer prática ocultista no tocante a esses sete espelhos não passa de uma caricatura, de um plágio que prejudica seriamente o estado de vossa personalidade. Através dessas práticas, é eventualmente possível expandir a visão interior comum a todos os domínios da esfera refletora. Mas, para que serve isso? Porventura vos tornais mais felizes? Por acaso isso vos liberta, nem que seja por um segundo?

O transfigurista não se entrega a nenhum treinamento e não pratica exercícios; não obstante, ele possui sete espelhos puros e luminosos para a visão interior. Ele não precisa fazer nada para isso, ele não utiliza sua vontade; ele os recebe simplesmente porque se entrega ao Outro, em total autorrendição. Os sete espelhos da visão interior são uma propriedade, um órgão do novo homem que liberta o candidato de faltas morais.

Por comportamento moral deveis entender tudo o que o homem dialético faz ou deixa de fazer referente à sua vontade, a seus pensamentos, seus sentimentos e ações. O estado moral do homem dialético se encontra sempre muito danificado. Portanto, o vosso também. Por quê? Por acaso, sois tão maus? Por acaso agis de propósito? Não, falta-vos discernimento, autoconhecimento;

10-1 · QUEM DOMINA O EU GOVERNA O REINO COM AMOR

deveis manter-vos neste mundo e para tanto precisais especular. Andai às apalpadelas nas trevas, e disso resulta uma moralidade muito danificada e ferida. Mas, quando os novos espelhos da visão interior brilharem, claros e puros, ficareis livres de vossas faltas morais, porque orientareis corretamente vossa caminhada e já não podereis errar; e, a partir daí, tereis um único desejo: retornar à vossa verdadeira pátria.

*Ele governa o reino com amor
e pratica integralmente o wu wei.*

Quem segue o caminho da rosa, porque está totalmente voltado para o Outro, sabe que seus primeiros passos na nova vida ainda ocorrem na antiga personalidade e que a transfiguração apenas começou. É por isso que os rosa-cruzes clássicos diziam que o candidato, após ter recebido Jesus, o Senhor, devia morrer nele. O candidato em questão, sabendo e reconhecendo perfeitamente tudo isso, governará seu reino com amor, sem suspirar, como acontece frequentemente: "Seria bom que isso logo acabasse, que eu pudesse me livrar disso!" Frequentemente sois tomados de melancolia, porque estais cansados disso tudo, porque as bobagens vos chocam. Todavia, se devêsseis remar numa correnteza violenta, tendo uma única prancha como remo, não reclamaríeis e ficaríeis felizes por ter essa prancha que utilizaríeis com amor para atingir a outra margem.

Por isso o transfigurista nunca diz: "Não posso". Ele não fala da "fraqueza de seu corpo", porém afirma, feliz e sem presunção: "Posso todas as coisas em Cristo que me fortalece". Ele pratica realmente o *wu wei*, o não fazer. *Wu wei* significa: "Já não sou eu quem vive, mas Cristo vive em mim. Já não sou eu, mas o Reino em mim". Quem, como João, coloca a cabeça no cepo e deixa que o Outro nele governe, pratica verdadeiramente o *wu wei*.

10-II

O SÁBIO PERMANECE EM PERFEITA QUIETUDE

Examinemos agora outra parte do décimo capítulo do *Tao Te King*:

Ele permanece em perfeita quietude, enquanto se processam a abertura e o fechamento das portas.

Não obstante sua luz penetrar por todas as partes, ele pode parecer ignorante.

Dissemos que a vontade dialética está dividida e que lhe é impossível orientar-se permanentemente para um objetivo determinado se esse objetivo for fundamentalmente estranho à natureza dialética. É por isso que a vontade do homem anelante apresenta uma série de aspectos diferentes. Primeiro ele se orienta para a nova vida, depois, orienta-se para banalidades, em seguida, orienta-se para a bondade e finalmente, para o mal. A vontade oscila sem cessar entre esses quatro aspectos até o momento em que decidimos seguir a senda da autorrendição pela prática do *wu wei*, o não fazer.

Desenvolve-se, então, um novo estado de alma em e por meio de um novo campo eletromagnético e, portanto, também uma nova vontade que, por sua natureza, sem forçar, pode permanecer orientada para o Tao. Ela precisaria forçar-se para não fazê-lo. Esse novo estado de ser torna a força vital dócil e nos liberta das faltas morais, porque a sétupla visão interior torna-se clara e pura. Essa visão interior está relacionada com o cimo ou núcleo da nova alma. Ela vislumbra a nova vida, e é sensorialmente una com ela. Então, as faltas morais e os conflitos, próprios da natureza dialética, pertencerão existencialmente ao passado.

Embora a transfiguração esteja apenas começando e o homem nesse estado ainda disponha de seu antigo veículo material e ainda deva usá-lo, ele governa com amor o reino, ainda longe de ser perfeito, e segue a via da renovação no *wu wei* — isto é: no não egoísmo — guiado pelo novo estado de alma.

É conveniente esclarecer esse não egoísmo. A consciência de que o homem dispõe e que ele conhece é, por natureza, egocêntrica. Ela possui um núcleo, que é realmente um eu. Outra consciência, de natureza humana sublime, o homem não conseguiria imaginar.

Todavia, semelhante consciência é perfeitamente possível. A consciência que denominamos a do novo homem é de natureza totalmente diferente. Ela é totalmente não egocêntrica, é até mesmo fundamentalmente desprovida de eu, não no sentido moral ou ético, mas fundamentalmente; ou seja, ela não possui núcleo. Poder-se-ia descrevê-la como tendo sua sede no microcosmo inteiro. Trata-se, portanto, de uma consciência microcósmica, oniabarcante.

Essa consciência microcósmica, no estágio seguinte, desenvolve--se numa consciência cósmica e, num estágio posterior, numa consciência macrocósmica. A melhor descrição que se pode fazer disso é que se trata de uma consciência no eu, mas simultaneamente, de uma consciência em tudo e em todos. Observai, então, que cientificamente toda separação deverá desaparecer.

10-11 · O SÁBIO PERMANECE EM PERFEITA QUIETUDE

O *wu wei,* o não fazer, objetiva ser uma aproximação dialética da nova consciência divina. Essa aproximação é aconselhada para remover, tanto quanto possível, a enorme diferença que existe entre essas duas manifestações de consciência e criar, assim, uma base para novas forças de consciência potencialmente presentes na rosa do coração. Em decorrência, o eu perde seu eu, seus desejos, e já não almeja amarras. O eu se esforça ao máximo para neutralizar-se, a fim de que o Outro possa, por sua vez, assumir o controle.

Quem ingressa com alegria nesse processo preparatório sente uma corrente de radiações gnósticas plena de graça, que transfere todo o campo do eu para um campo de quietude absoluta. Assim *ele permanece em perfeita quietude, enquanto se processam a abertura e o fechamento das portas.*

Na verdade, o que a humanidade conhece da quietude? O máximo que temos quando estamos acordados são alguns momentos de calma, na maioria das vezes por acaso.

Existe ainda a tranquilidade do esquecimento. Pode acontecer também que, depois de um dia cansativo, se não estiverdes completamente exaustos, possais gozar de algumas horas de uma atmosfera de repouso.

O mais provável, porém, é que as realidades da vida envenenem essa paz, como, por exemplo, o fato de não haver terminado um trabalho, ou ainda a existência de conflitos, a angústia, a preocupação, o medo, estados físicos e fraquezas de ordem moral. Sem contar que, à medida que vos aproximais dos limites da dialética, ficais mais e mais agitados. Em vós, a agitação torna-se fundamental. Pelo fato de serdes um estrangeiro, não encontrais repouso em parte alguma. A agitação aumenta dia a dia. E, finalmente, como vários alunos nos afirmaram: "O único repouso que ainda conhecemos é o que encontramos quando estamos reunidos com os demais num templo da Escola Espiritual e ouvimos falar das coisas da Pátria divina".

O que é o repouso? Já refletistes sobre isso? Por acaso não tendes em mente aqui o repouso periódico do corpo, ou aqueles momentos de liberdade depois de um dia de trabalho ou no fim de semana, ou ainda a interrupção de vossas atividades mentais que a sociedade atual tenta vos impor durante vossas férias anuais? E não tendes em mente também o pretenso repouso que se seguiria à vossa jornada na vida?

O repouso de que fala Lao Tsé é totalmente interior, é a marca essencial do novo homem, é a paz que caracteriza o povo de Deus. Trata-se de um estado constante que perdura noite e dia, um estado contínuo.

Por que, então, o homem vive na inquietude? Porque sua natureza é dialética e é dominada pelas forças opostas, pela luta. O repouso do corpo não faz cessar essa inquietude. Por isso, não podemos experimentar nenhuma forma de quietude.

A verdadeira quietude só se instala quando a nova alma reina no homem. Ele entra, então, num estado que já não se caracteriza pela luta, mas pela paz. Essa paz não surge somente depois que a perfeição foi atingida; não, ela aparece imediatamente após a primeira ligação definitiva com o reino interior, após a primeira autorrendição.

Assim como a nova vontade mantém-se firme na Gnosis, o candidato mantém-se na atmosfera da perfeita paz quando participa do Graal. Ele não é perfeito, porém respira na Gnosis *enquanto se processam a abertura e o fechamento das portas*. É evidente que esse homem diz adeus à natureza da morte e se encaminha para a nova vida. Ele é um verdadeiro emigrante. No decorrer desse processo, as portas do passado se fecham sucessivamente de modo automático e as portas da renovação se abrem progressivamente.

Como? É necessário nos esforçarmos muito para fazer ou não fazer alguma coisa? Não. Porque o *sábio permanece em perfeita quietude, enquanto se processam a abertura e o fechamento das portas* com a regularidade de um relógio.

10-11 · O SÁBIO PERMANECE EM PERFEITA QUIETUDE

Por acaso já vistes a estátua de um *lohan*?[6] Essa imagem respira repouso, ela é repouso. Essencialmente, o repouso e esse homem formam uma unidade. No mundo dialético, o repouso é, no melhor dos casos, um vácuo em meio a uma grande agitação e, geralmente, trata-se exclusivamente de repouso físico. A quietude do aluno que progride representa sua participação no novo campo de vida.

Não obstante sua luz penetrar por todas as partes, ele pode parecer ignorante.

Consideradas exteriormente, estas palavras podem parecer incompreensíveis, mas, após reflexão, elas são tão incrivelmente belas e magníficas, divinas e luminosas, que decidimos fazer o máximo para torná-las compreensíveis a vós. Estas palavras também são muito cômicas, pois viram de cabeça para baixo todas as relações habituais.

A palavra ignorância soa mal! O homem deve ter conhecimentos. Ele deve saber e conhecer tudo na natureza, caso contrário nada funciona. A educação baseia-se nessa noção. Alguém pergunta a um aluno: "O que é essa Escola da Rosacruz?" Quem faz essa pergunta é ignorante. O aluno coloca-o em contato com a Escola Espiritual, onde sua ignorância é dissipada na medida do possível. É possível que essa pessoa, antes ignorante, passe a assistir às conferências e aos serviços. A Escola procura, continuamente, esclarecer os que perguntam e buscam, desde que isso tenha a ver com a missão dela. Bem ou mal, ela tenta remediar a ignorância, com resultados variáveis.

Será, então, que o aluno é um tolo? Não, ele dispõe de uma inteligência natural, de uma educação conveniente etc.; no entanto, a ignorância do homem dialético é fundamental. Pode-se

---

[6]Lohan: discípulo de Buda (N.E.).

fazê-la desaparecer sob diversos aspectos, porém o conhecimento também tem seus limites. Existe, pois, uma pesquisa científica incessante para ampliar os limites do saber em todas as áreas. Poder-se-ia conseguir isso num grande número de áreas, o que, em parte, acontece, embora lenta e parcialmente, também porque muitos conhecimentos se perdem.

Quanto à nossa Escola, seu trabalho baseia-se num segredo: embora as aparências estejam contra nós e sejamos obrigados a chegar até vós por meio de conhecimentos, com certeza não temos a intenção de aumentar vossa ciência. Pensai nas palavras do Eclesiastes: "Quem aumenta a ciência, aumenta o sofrimento". Direis: "Compreendo, posso chegar ao conhecimento de maneira diferente, seguindo o caminho!" Isto, porém, é apenas parcialmente verdadeiro, e se o compreendermos mal, poderão ocorrer erros lamentáveis.

Já vos falamos acerca dos sete ventrículos cerebrais, os espelhos da consciência da nova alma, a visão interior clara e pura. O funcionamento desses espelhos é automático no homem comum, mas muito caricatural no ocultista treinado. Este consegue vivificar um pouco, embora muito imperfeitamente, os ventrículos cerebrais em relação com a pineal. O homem comum deve contar somente com os sentidos desta natureza, com a capacidade de sua massa cinzenta e com as circunvoluções do cérebro. Ele dispõe de cinco sentidos e mais dois que ainda não funcionam totalmente. Esses sentidos são, para ele, os sete espelhos dos quais se serve para assimilar o saber e tentar retê-lo. Acerca dessa maneira de aprender pode-se afirmar: "Quem aumenta a ciência, aumenta o sofrimento" ou ainda "a soma de todo o saber é que nada sabemos".

Todavia, podeis realmente afirmar de um sábio: "ele nada sabe, ele aumenta o sofrimento"? Isto é impossível, pois, devido à sua própria sabedoria, ele participa de um grande e magnífico valor imutável.

10-11 · O SÁBIO PERMANECE EM PERFEITA QUIETUDE

O conhecimento científico é um conhecimento exterior, que não penetra até a essência interior. O conhecimento científico esforça-se por penetrar até essa essência, mas não o consegue efetivamente. Ele é imperfeito, portanto doloroso, e jamais absoluto. Ele sempre apresenta novas hipóteses e constantemente recomeça.

O saber não nos torna sábios. Ser sábio significa conhecer e dominar todas as coisas no que elas têm de mais profundo. O sábio a que se refere Lao Tsé, o sábio que ele tem em mente, possui a capacidade de se servir dos sete espelhos, das sete cabeças e dos sete olhos da nova alma. Ele pode dirigir seus sete espelhos para um objeto qualquer e, no mesmo instante, conhecê-lo e experimentá-lo totalmente. Falamos aqui de sete sentidos e faculdades absolutamente diferentes e novos. Trata-se dos órgãos da inteligência do novo homem, do verdadeiro homem, os órgãos da inteligência do povo de Deus. Agora talvez possais compreender as palavras:

Não obstante sua luz penetrar por todas as partes, ele pode parecer ignorante.

Trata-se aqui do desaparecimento dos órgãos da inteligência da natureza comum e da formação dos órgãos da nova inteligência. Evidentemente, a Escola da Rosacruz Áurea apela inicialmente a vossos antigos órgãos da inteligência. A Escola precisa, até um determinado ponto, trabalhar por vós e convosco. Deveis ser capazes de abordar a Escola com as faculdades da inteligência comum. Mas, se seguirdes o caminho, o caminho transfigurístico da autorrendição, é preciso que vos torneis ignorantes do conhecimento comum e desenvolvais a nova consciência, a faculdade cognitiva. Então, as sete novas luzes se acendem, caminhais entre os sete castiçais de ouro e segurais na mão direita as sete estrelas dos novos órgãos da inteligência.

Tereis, assim, o poder de escrever a carta da sabedoria vivente à comunidade dos efésios, os habitantes do limite, na qual lhes dizeis: "Vós, que penais pelo conhecimento único, vós, que vos extenuais por compreender, vinde para a única vida. Vossa luz penetrará tudo, e podereis ignorar o resto".

10-III

A VIRTUDE MISTERIOSA

Voltemos ao final do décimo capítulo do *Tao Te King:*

O sábio gera as coisas e as alimenta. Ele as gera sem as possuir. Ele acrescenta e multiplica sem esperar recompensas. Ele reina e não se considera mestre. A isso se denomina a virtude misteriosa.

Nossa tarefa agora é nos aprofundarmos na *virtude misteriosa*, expressão particularmente justa e boa para designar o estado de ser do taoista, do transfigurista.

Principiemos perguntando de que tipo de virtude se trata aqui e por que a qualificamos de misteriosa. A virtude de que falamos aqui é o último estágio de libertação total, de perfeita paz, de não ser absoluto. E consideramos misteriosa, do ponto de vista dialético, a maneira impenetrável pela qual essa libertação se produz.

Em nossa natureza, pode-se observar e seguir em detalhes o desenvolvimento de cada homem, porém, em se tratando de um transfigurista, encontramo-nos diante de um enigma. Um místico que se despede do mundo, se retira para algum lugar, se ocupa com intermináveis e piedosas meditações e se entrega a todo tipo de devoções e penitências segue um caminho de vida transparente. Sua vida pode ser descrita ano após ano, podemos dizer como ela começou e como terminará. O ocultista também segue um caminho previsível. Quem quer que esteja a par da mentalidade e das práticas do ocultista pode perfeitamente saber em que ponto ele está e aonde ele vai. Não há aí nada de misterioso. Um homem com a inteligência bem treinada, que frequenta a universidade, estuda e se especializa, é alguém que conhecemos, que, por assim dizer, vemos crescer, pouco importando sua profissão. Assim, podemos dizer que essas existências desenvolvem-se segundo determinado esquema.

E, à medida que essas pessoas seguem esse esquema com sucesso, logo se tornam conhecidas e renomadas, honradas e lisonjeadas. Elas se tornam figuras históricas que na escola e na vida são citadas como exemplo para todos. Neste caso, não se trata da virtude misteriosa, porém de uma virtude muito comum, muito evidente, que se desenvolveu segundo o esquema em questão: tal homem era assim, fez isso, tornou-se aquilo! Tudo é muito claro.

Já o desenvolvimento do transfigurista, ao contrário, é insondável. Os resultados aparecem, evidentemente, porém ninguém saberia dizer como eles se tornaram possíveis, como tudo aconteceu. Para o mundo, seu caminho de vida não é claro.

Tomemos como exemplo o sapateiro Jacob Boehme. Enquanto consertava sapatos, ele sondava a manifestação divina. Ele conhecia tão bem os caracteres da realidade, da eternidade, que, em mil anos, não haverá nenhum doutor em letras que lhe chegue aos pés. Virtude misteriosa, libertação misteriosa, também para Jacob Boehme!

Eis aí a assinatura. Escutai Paulo: "Se está no corpo ou fora do corpo, não sei, mas é isso". Virtude misteriosa!

Tais pessoas teriam praticado a virtude? Teriam-na estudado ou implorado por ela? Não o sabemos! Elas próprias não o sabem. Elas são ignorantes. Todavia, sua luz penetra tudo, razão pela

10-III · A VIRTUDE MISTERIOSA

qual elas podem ser ignorantes. A virtude existe, suas propriedades existem, porém o caminho é o grande e maravilhoso milagre. Nem um único centímetro sequer desse caminho pode ser "forçado", "mistificado", "praticado" ou "ensinado". Nesse sentido, é preciso sermos totalmente ignorantes.

Não seria, então, um erro falarmos desse caminho? Dele só podemos mostrar-vos um aspecto altamente positivo: seu início. A senda, o Tao, deve ser iniciado com a rendição do eu dialético ao Reino em vós. E quando o eu tiver se rendido, que poderá ele fazer ainda? Ele não existe mais!

Dizemo-vos agora: "Quando isso tem início, tende cuidado!" Qual sucessão de maravilhas, vistes a virtude surgir em vosso caminhar, tão misteriosa para vós quanto para os demais, permanecendo igualmente misteriosa mesmo quando seguis o caminho. Porque a virtude misteriosa é una com outra natureza, com outro estado de alma. E o que sabeis a esse respeito?

Estais no cimo de uma montanha e descobris uma fonte escondida. Bateis na rocha e a fonte jorra. Acaso podeis dizer como a água buscará e encontrará seu caminho para baixo? Como ela alcançará o mar?

Na vida comum, ocupais vosso lugar num escritório, ou numa oficina, ou num canteiro de obras, numa loja ou em casa, pouco importa. Sois conhecidos, conheceis muitas pessoas que sabem onde morais. Muitos vos conhecem muito bem e sabem do vosso valor e como vos comportais na vida cotidiana. Conhecem vossas possibilidades e vossas dificuldades, eventualmente vossos limites estreitos. Talvez vos conheçam desde a época da escola, onde, sem dúvida, estáveis dentre os alunos comuns. Não sabíeis grande coisa; isso continua e vos sentis muito modestos.

E eis que, por sugestão da Escola da Rosacruz, por necessidade interior e atendendo a um insistente convite nosso, cabe-vos realizar o maravilhoso autossacrifício joanino. Vosso eu comum, tão bem conhecido de muitos, vos conduz até o espírito do vale, e vos esvaziais de vós mesmos, em total oferenda ao Outro que deve crescer em vós.

Admitamos que realmente o façais, que o Senhor ou a Senhora Comum o faça. Que acontece então? Bateis na rocha e uma torrente de água viva jorra e segue seu caminho. Que acontece a seguir? Aos olhos do mundo, dos homens que vos conhecem tão bem, continuais a ser o Senhor ou a Senhora Comum. Continuais a ir ao vosso trabalho, morais na mesma rua e no mesmo número. Porém, já não estais lá. Desaparecestes, como o personagem principal de *O dominicano branco,* de Gustav Meyrink.

E agora um milagre se realiza: a corrente do novo estado de alma, que surgiu a partir de vossa total autorrendição, prossegue seu caminho na casa que abandonastes. Esse caminho de vida revela novas tônicas, novos fatos, para a multidão perplexa que vos conhece tão bem: "Como é possível?" dizem. Virtude misteriosa!

O ser que éreis anteriormente ri e se cala; ele trabalha na sua empresa pelo tempo que for necessário, preenche uma fatura, vende sua mercadoria, conversa amenidades com seu cliente ou faz qualquer outra atividade. Mas, ao mesmo tempo, o Outro gera em vós as coisas e as alimenta.

Como isso é possível? É possível porque, pela grande oferenda de vós mesmos, vosso eu animal, vosso eu biológico, tornou-se uma parcela, uma fagulha, um pequeno raio do grande princípio do coração, ao qual tudo está ligado. E nasce uma sensação, o sentimento de que o antigo eu, impelido para um canto e mantido à distância, observa essa nova evolução e dela participa como simples interessado, sem exercer nenhuma influência. É como se o Outro em vós vos falasse, vez por outra, como um parente sublime: "Olha, irmão, irmã, é assim que deve ser", e curvais a cabeça, cheios de devoção.

A assinatura da nova consciência é uma percepção consciente totalmente outra. Já não se trata de uma consciência-eu, porém de uma consciência coletiva. O Outro em vós gera as coisas e as alimenta. Ele as faz nascer, mas, nessa situação, acaso afirmareis e sustentareis que as possuís?

O Outro em vós é o construtor da nova morada da alma, e vós apenas observais e experimentais, sem possuir. O Outro em vós aumenta a virtude e a multiplica. A corrente se alarga e se aprofunda. E vós, que nada fizestes e, no entanto, sois beneficiados, esperais alguma recompensa? Qual recompensa poderíeis desejar? Que espécie de recompensa seria ainda possível?

Vossa vida segue um curso rápido, a virtude aumenta e o ser de quem, no passado, fostes mestre e senhor, eleva-se agora mil léguas acima do Senhor ou Senhora Comum de outrora. É o Outro em vós que governa. "Não mais eu, porém o Cristo vive em mim". Seria um absurdo considerar-vos mestre, não é mesmo? Está totalmente fora de cogitação que possais dizer: "Eu, o iniciado; eu, o mestre; eu, o enviado da Fraternidade; eu, o mandatário; olhai para mim. Eu sou *o* homem!"

Podeis sempre reconhecer os homens que querem introduzir-se em vossas fileiras mas não querem seguir o caminho da virtude misteriosa: eles colocam seu eu dialético em primeiro plano; colocam sempre seu eu em evidência. Eles travam uma batalha, como sempre travamos as batalhas nesta natureza.

Se, porém, fazeis calar o eu e seguis o caminho da sabedoria, ocorre um crescimento, um desenvolvimento e um progresso, de força em força e de magnificência em magnificência, a que nenhum ser humano pode se opor. Escapais, então, desta natureza onde se abatem calamidades e conflitos. O reino de Deus em vós se revela e vos dirige. Ele vos governa sem que o percebais, sem constrangimento, porque esse governo responde a um princípio fundamental totalmente outro, de natureza totalmente diferente.

No mundo comum, o eu sempre reina sobre outro eu, existe opressão e... isso é inevitável! No novo campo de vida, semelhante coisa não existe! Um dia, será assim:

Quem és tu, irmão?
Quem és tu, irmã?
Não somos ninguém!

Partimos para sempre; estamos mortos e estamos vivos. E vemos o grande, o maravilhoso milagre, o milagre a que denominamos a virtude misteriosa.

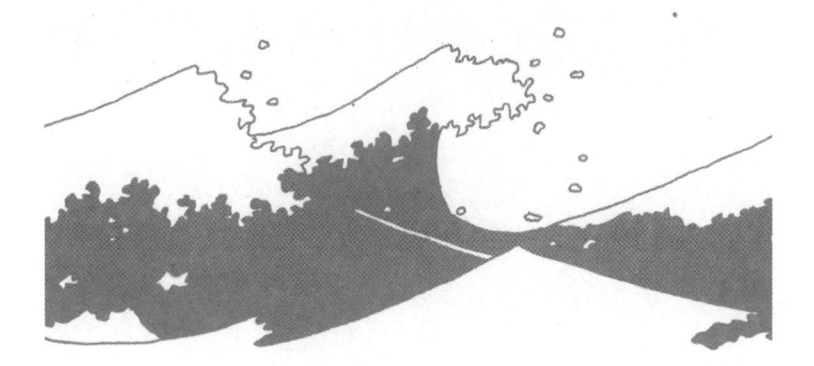

道德經

Os trinta raios de uma roda convergem para o cubo, mas é unicamente devido ao espaço vazio que eles são úteis.

O vaso é modelado com argila, mas é unicamente seu espaço vazio que o torna útil.

Colocam-se portas e janelas na casa em construção, porém é unicamente por seu espaço vazio que elas são úteis.

Portanto: o ser, o material, tem sua importância, porém é do não ser, do imaterial, que depende sua verdadeira utilidade.

Tao Te King, capítulo 11

II

NÃO HÁ ESPAÇO VAZIO

O capítulo 11 do *Tao Te King* chama nossa atenção para pontos extremamente importantes. Estamos diretamente delimitados pelo que denominamos "espaço vazio". Por exemplo, uma roda, um vaso e uma casa só são importantes devido a seu espaço vazio. E aqui automaticamente pensamos no túmulo de Cristiano Rosa--Cruz. Algumas sentenças estão gravadas em sua lápide, das quais uma é: "Não há espaço vazio". Evidentemente, Lao Tsé chegou à mesma conclusão, pois um verdadeiro "vazio" não pode ser de utilidade.

Existe uma onimanifestação que conhecemos como o Universo da morte. O segundo plano invisível é mais importante do que sua aparência universal visível. A parte imaterial da natureza dialética, a invisível, determina a parte material, a visível. A parte visível tem uma tarefa e uma finalidade explicáveis pelo invisível.

Quando aprendemos a conhecer a tarefa e a finalidade do mundo dialético e verificamos que aqui tudo é infelicidade e tristeza, já não é possível ter respeito pelo espaço vazio, pelo segundo plano invisível dessas coisas e desses fenômenos. Com efeito, o visível se explica pelo invisível.

Na natureza da morte, o invisível faz o que pode para mascarar sua finalidade e sua tarefa para tudo o que existe, fervilha e se agita no espaço vazio, porque os éons e os arcontes sabem muito bem que é sempre possível, partindo dos efeitos, chegar às causas. É por isso que o mundo dialético geralmente se esforça por mascarar sob falsos véus o verdadeiro caráter da natureza da morte. Isto é só parcialmente bem sucedido, pois, com o correr do tempo, a aparência revela de modo inelutável sua verdadeira natureza.

Acaso não seria, então, essa dissimulação um esforço inútil? Não, porque quando a verdadeira natureza aparece à luz do dia, na maioria das vezes e sob diversos aspectos, já é tarde demais para proteger-se contra ela. Existem igrejas e santuários para responder a todas as necessidades metafísicas da humanidade. Todavia, eles servem unicamente para manter este mundo e impedir que a humanidade conheça o verdadeiro caráter da natureza da morte; se o homem se dedica magneticamente por inteiro à instituição que lhe promete a salvação e com ela se sintoniza por inteiro, ele ficará magnetizado e será incapaz de seguir o processo gnóstico-magnético verdadeiramente libertador. Isso prova a importância do estudo dos espaços vazios da natureza da morte. É aí que residem os perigos, é aí que residem as causas.

Eis por que a Escola Espiritual moderna desmascara para vós o invisível, que é visível em seus fenômenos. As máscaras opressivas da esfera refletora são arrancadas. Aquilo que para nós é um espaço vazio é desnudado. E aprendeis o que pensar a esse respeito e sabeis quais as conclusões que cada um tem o direito de tirar.

Todos os homens encontram-se no centro de uma roda. Cada microcosmo e cada alma mortal situa-se no ponto central de uma onimanifestação. O sol vos envia seus raios e todos os corpos celestes irradiam para vós. Vós vos encontrais, pois, numa roda de raios ígneos que convergem todos para vós, em vós, o ponto central: *os trinta raios de uma roda convergem para o cubo*.[7]

---

[7] Cubo: peça onde se encaixa a extremidade dos eixos de uma roda (N.E.).

11 · NÃO HÁ ESPAÇO VAZIO

A roda é, portanto, a luz astral que vos movimenta. Vós sois o centro da roda, visto que sois o ponto central para o qual convergem os raios. Trata-se aqui de trinta raios, porque a Doutrina Universal fala frequentemente dos trinta raios primários da grande roda de fogo. Existem três grandes correntes de fogo astral. Em cada uma delas se encontram numerosas linhas de força. Esses trinta raios não emanam do Universo visível, mas do invisível, do vácuo, do espaço vazio. O fogo astral é invisível.

Esses raios ou canais concentram todas as forças e possibilidades do espaço total da roda flamejante e as impulsionam para o centro. A roda gira ao redor desse centro, o qual porta um veículo ou uma existência. Essa existência tem determinada finalidade que empresta sua utilidade, ou sua inutilidade, para o espaço vazio, para o manancial de força. O manancial de força determina a capacidade, a força e o poder de se tornar visível.

Após ter demonstrado isso, Lao Tsé entra em detalhes. Ele diz: "Pensai agora no vaso". Já vimos que esse vaso é o Santo Graal, a grande fonte do coração. Nessa taça está oculto um princípio: a rosa do coração. Mas essa taça também chama vossa atenção para todo o vosso santuário do coração, que tem um grande papel no processo do Graal. O santuário do coração, não se pode negar, é feito de "argila", ou seja: de materiais desta natureza. Ele somente será útil ao aluno se este preencher o espaço vazio com o espaço invisível, o espaço vazio da Gnosis; se o vaso for preenchido com a água viva, com a roda ígnea da salvação. Antes, porém, é preciso que haja uma purificação do coração.

Observai o quanto os homens se ocupam em construir sua residência, sua personalidade, em transformá-la e em provê-la de todas as maneiras possíveis. Eles se preocupam constantemente com suas portas e suas janelas que devem assegurar-lhes a entrada e a saída e oferecer-lhes perspectivas. Interrogai-vos agora se a casa que estais construindo possui ou não portas e janelas voltadas para o espaço vazio da Gnosis. Em qual roda ígnea estais? A roda em que vos encontrais determina a carga que devereis assumir. Vossa casa deverá ser útil à natureza da morte ou à natureza da vida?

Sois o cubo para o qual convergem trinta raios, trinta rios alimentados por inúmeras correntes de água do espaço vazio. Mas, em qual espaço vazio vos encontrais?

Estais em dois espaços: em primeiro lugar, no espaço-tempo; em segundo lugar, na eternidade, na onipresença. Por isso, podeis ver, de maneira abstrata, duas rodas girarem ao vosso redor, duas rodas ígneas. Para qual roda vossas janelas se abrem? Para qual fogo vossas portas estão abertas? Baseado na concepção de qual roda construís vossa casa? Compreendeis agora que é do não ser que depende a verdadeira utilidade? Há algo que não sois e algo que sois, e deveis tornar-vos naquilo que não sois.

A cada segundo de vossa vida vós vos dedicais a ser alguma coisa, a demonstrar algo. Aquilo que mostrais e demonstrais define a esfera imaterial, o espaço invisível que vos mantém vivos. Portanto, a partir do momento em que focalizardes vossa atenção nos resultados reais de vossa vida, sabereis qual das duas rodas ígneas que giram ao vosso redor vos domina em vossa existência. A Escola Espiritual moderna é o campo onde podeis aprender, e onde vos ajudamos a utilizar a taça do coração, o Graal, fonte de todo o vir-a-ser, e a construir devidamente a casa da renovação.

Desejamos trazer essas coisas para perto de vós. Pensai no tapete colocado em frente ao lugar de serviço em nossos templos. Vós, alunos da Escola Espiritual, sois o objetivo da Escola Espiritual. Ela quer fazer-vos atingir o objetivo; sois, portanto, o eixo em torno do qual a roda gira. Bem, colocai-vos agora sobre o tapete. Que vedes? E o que sentis? Estais no ponto central de um círculo, de uma roda ígnea. Inúmeras forças vêm sobre vós. Como rios provenientes do invisível, a água viva aflui sobre vós. Os raios dessa roda convergem ao vosso redor:

11 · NÃO HÁ ESPAÇO VAZIO

Os trinta raios de uma roda convergem para o cubo, mas é unicamente devido ao espaço vazio que eles são úteis.

A seguir, permanecei no triângulo. Os trinta raios da roda manifestam-se agora por três correntes principais e querem preencher o vaso, a taça do Graal do coração, até a borda com a água viva.

O vaso é modelado com argila, mas é unicamente seu espaço vazio que o torna útil.

Finalmente, descobris que estais no quadrado. É nesse quadrado que deveis construir vossa casa, a nova morada, bem abastecida de portas e janelas para as almas transfiguradas.

Colocam-se portas e janelas na casa em construção, porém é unicamente por seu espaço vazio que elas são úteis.

Da sabedoria evangélica milenar de Lao Tsé vemos surgir o tapete da Escola Espiritual moderna. Irmão, irmã, colocai-vos sobre o tapete, e ele vos conduzirá para a ordem da liberdade eterna. Quem puder compreender, compreenda.

As cinco cores cegam o olho, os cinco sons ensurdecem o ouvido, os cinco sabores corrompem o paladar.

Corridas e perseguições desenfreadas mergulham o coração humano no erro. Os bens de difícil aquisição incitam a atos funestos.

É por isso que o sábio se ocupa de seu próprio interior e não de seus olhos.

Ele rejeita o que vem do exterior e anseia pelo que está no interior.

Tao Te King, capítulo 12

12

VISÃO, AUDIÇÃO E PALADAR

Os antigos distinguiam cinco cores, cinco sons e cinco sabores. Nós conhecemos séries de sete cores, sete sons e sete sabores, embora alguns homens distingam mais ou menos de sete cores, sete sons e sete sabores. Por isso, é essencial dirigirmos nossa atenção para as faculdades da personalidade que cooperam entre si: a visão, a audição e o paladar. Salientamos apenas que a visão reage principalmente à força astral, a audição, à força etérica e o paladar, à combinação de ambas.

Essa síntese, formada pelos combustíveis da força astral e da força etérica, é, na verdade, o material de construção. Quando esse material de construção é mais concentrado e utilizado de modo mais exato, ele se divide em três aspectos ou três elementos: o ar, a água e a terra. Todos os três se encontram também em nosso campo* de respiração, isto é, na nossa atmosfera vital; em nossos fluidos vitais, por exemplo, o sangue e o fluido nervoso — nossa água da vida —; e em nossa forma vital, as partes sólidas de nossa personalidade.

A visão é sensível ao astral; a audição, ao etérico; o paladar, nossas preferências alimentares e nossa assimilação alimentar, é determinado pelo astral e pelo etérico. Portanto, do paladar se desenvolvem a atmosfera vital, o fluido vital e a forma vital, da mesma forma que o ar, a água e a terra se formaram a partir das águas originais ou substância-raiz. Desse modo, podemos também dizer que a personalidade possui um aparato especial para atrair e transformar a força astral e a força etérica, cujo resultado determina a personalidade. Com efeito, o homem possui esse sistema especial do qual a visão, a audição e o paladar são componentes extremamente importantes.

Vejamos, então, a que se refere o capítulo 12 do *Tao Te King*. O modo como vemos está em perfeita harmonia com a força astral com que estamos envolvidos. Ouvimos em total conformidade com a força etérica atraída pela luz astral magnética. Por conseguinte, o nosso estado de ser é determinado pelo tipo de alimentação daí decorrente. E como a humanidade vive na natureza da morte, é fácil entender que isso provoca um forte conflito:

> *As cinco cores cegam o olho,*
> *os cinco sons ensurdecem o ouvido,*
> *os cinco sabores corrompem o paladar.*

Esse sistema começa a funcionar desde o berço e continua até o túmulo. O desenvolvimento do reino de Deus, latente no homem, recebe a oposição dessa cegueira, desse ensurdecimento e dessa corrupção. O homem possui olhos, mas não vê; possui ouvidos, mas não ouve. Esse defeito submete o ser-forma do homem à corrupção e à cristalização.

Parece que todo homem sabe disso intuitivamente. Ele se sente ameaçado, de todas as formas, por esse grande conflito. Sua vida, sua saúde, suas forças vitais correm um grande perigo! É por isso que ele se deixa levar a fazer inúmeras experiências. Para afastar o perigo! Dessa maneira, seu estado torna-se cada vez mais sério, pois sua atividade baseia-se em sua cegueira e em sua surdez. Seus desejos e suas cobiças visam apenas sua própria conservação e desorganizam o santuário do coração. Ele torna incessantemente tudo mais difícil para si mesmo e para os demais:

12 · VISÃO, AUDIÇÃO E PALADAR

Corridas e perseguições desenfreadas mergulham o coração humano no erro. Os bens de difícil aquisição incitam a atos funestos.

Agora podeis compreender perfeitamente essas palavras. Não as analiseis de forma superficial, mas compreendei que todo ser humano dialético é obrigado a fazer corridas e perseguições desenfreadas no processo de autoconservação.

Examinemos novamente os sentidos em questão: a visão, a audição e o paladar.

Não é sem razão que se diz que os olhos são o espelho da alma. Vossa alma é a luz vital que vos dirige, o fogo astral que vos dá a consciência. Vosso olhar reflete vosso estado de ser. Observando no espelho do olho, podemos distinguir os diferentes tipos de almas. No olhar podemos ler todo o estado de ânimo, toda a condição anímica, todas as comoções astrais.

Sabeis que geralmente se admite que as vibrações etéricas produzem o que denominamos "luz". Essas vibrações estimulam o conjunto do sistema extremamente complicado dos olhos. Em seguida, através dos nervos óticos, elas são transmitidas ao cérebro, onde nasce a impressão de "luz".

Somos de opinião que isso é incorreto. Pelo tálamo ótico, as vibrações do sétuplo candelabro astral, que arde no santuário da cabeça, são transmitidas aos olhos em pequenas ondas magnéticas. O homem "vê" de acordo com esses impulsos transmitidos. Ele vê, ou espera ver, de acordo com seu estado magnético. Ao verificar um ponto de conflito, ele busca restabelecer o equilíbrio entre o interior e o exterior. Daí as corridas e as perseguições desenfreadas.

Também deveis conhecer a maravilhosa estrutura do ouvido. Nele distinguimos a parte que recebe o som, a que o conduz e a que o percebe. É assim que o mundo dos sons se comunica conosco. O som é provocado por ondas etéricas, por vibrações etéricas. Cada vibração é recebida por nossos ouvidos, quer sejamos surdos ou não. Nesse sentido, portanto, sempre "ouvimos", como também um cego sempre "enxerga". A surdez é o estado em que o som produzido pelas vibrações do ar não pode ser percebido. Assim também a cegueira torna impossível a visão exterior, mas não o processo astral magnético mencionado anteriormente.

Na parte do órgão da audição chamada cóclea, encontra-se um instrumento comparável a um piano em miniatura. Ele contém vinte e quatro mil cordas que, juntas, ocupam um volume menor do que o de uma ervilha. Nesse e por esse instrumento todas as vibrações etéricas que chegam a nós são recolhidas e ouvidas em certo sentido. Elas são, a seguir, analisadas e depois transmitidas à consciência com o auxílio de pequenas correntes elétricas.

O que queremos dizer-vos com isso é: criais ao vosso redor um campo magnético. Esse campo não funciona automaticamente, mas é dirigido conscientemente por um instrumento, que são os olhos. Mediante esse campo atraís éteres. Com os ouvidos escutais sons e, consequentemente, recolheis as correntes etéricas que vêm a vós. Esses sons são classificados pelos ouvidos e, a seguir, podem ser utilizados onde for necessário na administração do sistema. O sistema nervoso inteiro toma parte nisso. Em cooperação essencial com tudo isso aparece então o paladar, como fator de ligação.

Primeiro, portanto, uma esfera astral é construída e mantida pela visão. Em segundo lugar, a partir daí, forças etéricas são atraídas, percebidas e distinguidas de acordo com suas vibrações. Então, a substância é inalada, consumida: surge o paladar.

Quando uma pessoa se torna aluna da Escola Espiritual, a chave da grande mudança é, naturalmente, seu estado de alma, portanto, seu estado magnético. Isto explica o terceiro versículo do capítulo 12: *É por isso que o sábio se ocupa de seu próprio interior e não de seus olhos.*

12 · VISÃO, AUDIÇÃO E PALADAR

O encadeamento de causas e efeitos deve ser rompido. Imaginai o homem tal como ele é: em seu interior, um poderoso instrumento; em seu exterior, um mundo. Esses dois componentes, embora sejam, sob inúmeros aspectos, provenientes da mesma ordem de natureza, estão mutuamente em conflito. Daí surgirem "as corridas e as perseguições desenfreadas" para tentar atingir o equilíbrio. É assim que os conflitos se perpetuam em selvagens turbilhões. É assim que a roda do fogo astral dialético gira sem cessar. É por isso que o sábio se volta para o átomo original, a rosa do coração, no imo de seu ser. Ele rejeita tudo que provém do exterior e anseia pelo que está dentro do reino do coração. Então, ele rompe a cadeia de causas e efeitos.

A partir desse momento, outro fluido magnético é atraído para o sistema. Desse modo, os olhos já não veem conflitos no mundo, mas um mundo no qual o homem não está em casa. As corridas desenfreadas cessam no plano horizontal. Os ouvidos ouvem e assimilam outras forças etéricas. Assim, o paladar recebe outra alimentação e os cinco fluidos da alma ocasionam uma grande transformação chamada "núpcias alquímicas de Cristiano Rosa-Cruz".

Elevada honra e desonra são coisas temíveis. O corpo é como uma grande calamidade.

Por que fazer semelhante afirmação sobre elevada honra e desonra? Elevada honra é algo inferior. Recebê-la causa medo. Perdê-la causa medo. É por isso que se diz: elevada honra e desonra são coisas temíveis.

Por que dizem que o corpo é como uma grande calamidade? Tenho, portanto, grandes calamidades porque tenho um corpo.

Se eu não tivesse corpo, quais calamidades poderia ter?

Por isso, quem considera governar o reino uma tarefa muito pesada, a ele pode-se confiar o reino. Quem considera governar o reino algo repreensível em si mesmo, a ele pode-se confiar o governo do reino.

Tao Te King, capítulo 13

13

ELEVADA HONRA E DESONRA SÃO COISAS TEMÍVEIS

Em nossa ordem social, obter honrarias e glória é um poderoso estímulo para a ação. Subir bem alto na escala social, ocupar um lugar preponderante no mundo das artes, da ciência e da religião, bem como na sociedade, ter uma posição de autoridade em qualquer grupo ou associação, é uma tendência inata no homem desta natureza. Desde a juventude ele é treinado para isso. Os que recebem elevada honra têm, geralmente, uma posição instável. Eles são respeitados, porém invejados. Eles são alvo de intrigas e são combatidos. Não de forma aberta, mas geralmente por meio de rumores ou de calúnias, com sussurros envenenados. É por isso que, na grande maioria dos casos, a elevada honra é algo a ser temido. Um imenso medo toma conta dos homens, medo de perder a posição, medo de uma possível queda, porque quão rápido alguém que recebeu uma elevada honra cai em desonra. Por isso, o caráter dessas pessoas perde em qualidade; elas se tornam duras como pedra e impiedosas. Sem sentimentos, elas chutam e arriscam tudo para se manterem.

Talvez já tenhais tido a oportunidade de estudar essa situação e de examiná-la do ponto de vista psicológico. É algo assustador, cruel, mais do que bestial. Observai as personalidades do tipo que forma o "alto escalão", aquelas que formam a classe média alta. Elas adotaram e aperfeiçoaram a civilidade dos patrícios de tempos antigos. Elas são perfeitas nisso, sorriem, são divertidas e joviais com todos os clientes do chefe. Elas são altivas e podem latir como buldogues para os subalternos. Moram nas mais belas casas de classe média. Vós as conheceis; existem aos milhares em vossa vizinhança. Todavia, esses pobres-diabos têm tanto medo! Mesmo que sejam funcionários públicos. Porque, mesmo que seu salário e sua aposentadoria estejam garantidos, eles temem muito perder sua posição. Essa posição de destaque é seu reino. Ali eles são reis. Ali eles realmente governam. Mesmo à noite, quando estão em casa, sentados em suas salas iluminadas, com as cortinas descerradas. Eles brilham com sua aparência régia. E, da mesma forma como os reinos fazem guerra entre si, esses soberanos tudo fazem para defender seu reino. O medo fornece audácia e coragem; é o medo que faz os heróis. Sim, *elevada honra e desonra são coisas temíveis,* vós o sabeis, é claro.

Era assim seis séculos antes de Cristo, época em que o *Tao Te King,* segundo dizem, foi escrito. O que, aliás, não é correto, pois esse evangelho vem até nós de um passado muito mais remoto. E já naquele tempo era verdadeiro o que continua sendo para nós: *elevada honra e desonra são coisas temíveis.* O homem sempre soube disso. Vós o sabeis tanto quanto nós. Então, por que falar a esse respeito? O *Tao Te King* fala sobre isso porque acrescenta no primeiro verso do capítulo 13: *o corpo é como uma grande calamidade.*

Que devemos compreender com isso? Que os homens que gozam de elevadas honras e temem perdê-las trabalham tão duro que se esgotam fisicamente a ponto de serem deixados de lado? Se fosse apenas isso! Não, isso provoca uma calamidade de natureza fundamental relativa à sua personalidade e ao seu microcosmo. Ansiedade, preocupação e medo são irmãos do ódio. A Doutrina Universal enfatiza que o medo e o ódio são a mesma e única coisa. Quem tem medo odeia, e quem odeia tem medo. Nesse caso, o corpo de tais pessoas, bem como sua existência inteira, é uma grande calamidade, tanto no que se refere à própria pessoa quanto à humanidade.

Para bem compreender isso, deveis ler na Bíblia, em Provérbios 26: "Como o caco coberto de escórias de prata, assim são os lábios ardentes e o coração maligno. Quem aborrece dissimula com os seus lábios, mas no seu interior encobre o engano. Quando te suplicar com a sua voz, não te fies nele, porque sete abominações há no seu coração. Ainda que o seu ódio se encubra com engano, a sua malícia se descobrirá na congregação".

Se compreendeis isso, compreendereis o que Lao Tsé quer dizer no capítulo 13. As sete abominações do coração referem-se aqui ao estado fundamental da personalidade que se tornou o que ela é. Sabeis que o santuário do coração está dividido em sete partes. A Doutrina Universal fala dos sete cérebros do coração. Esses órgãos referem-se à natureza fundamental do ser humano. Essa natureza determina sua atitude de vida e sua mentalidade. É por isso que se pode dizer: "O que o coração não quer, não chega à cabeça".

Quando o ódio nasce da ansiedade e do medo, um fogo muito ímpio de natureza sétupla arde no coração e irradia para o exterior através do esterno e dos olhos. É um fogo maligno que impulsiona para a ação tudo o que é ímpio na natureza e imprime um caráter muito pernicioso à luta pela existência. Ele macula a totalidade do campo de vida. O ódio é o polo oposto do amor terreno, e quem odeia comporta-se, sob muitos aspectos, de modo similar àquele que ama.

Neste mundo, o amor pode manifestar-se de modo humano. Ele pode envolver um grande grupo de homens ou toda a humanidade. O amor também pode ser dirigido a um único ser humano. Quando amamos somos prestativos e atenciosos e nos esforçamos por servir, tanto quanto possível, o objeto de nosso amor. Todavia, quando surge o ódio, o objeto desse ódio se torna o foco de nossa atenção consciente e inteligente, dirigida para encontrar maneiras de prejudicá-lo e levá-lo ao infortúnio. Por isso, tanto quem odeia quanto quem ama estão muito focalizados, muito concentrados, no objeto de sua atenção. Trata-se, evidentemente, de um perigo mortal. Tais grupos de homens, que estão voltados desde sua infância para receberem elevadas honras e para suas carreiras, são também as grandes fontes do ódio que envenena todas as sociedades.

Esses homens estão muito doentes. O corpo é para eles uma grande calamidade. Torna-se evidente que muitos que compreendem algo dessas coisas podem dizer: *Tenho, portanto, grandes calamidades porque tenho um corpo.* E os que são negativos, suspiram: *Se eu não tivesse corpo, quais calamidades poderia ter?*

Porque, quando somos objeto de um intenso ódio — e o ódio, como o amor, é muito bem direcionado — há intenso dano. E mesmo que não sejamos vítimas dele é preciso muita vigilância. Compreendei que não se trata aqui de um prejuízo social, mas de um prejuízo fundamental, de caráter moral.

O ódio é uma radiação astral; se a ele reagis através do medo, por exemplo, ele imediatamente vos envolve e vos liga aos esgotos da esfera refletora. O ódio é um fogo extremamente contagioso e mortal. Quem odeia é extremamente refinado em seus desígnios. Seus lábios ardentes com o fogo do ódio são como um caco de louça recoberto de prata. Se não fordes cautelosos, o caco pontiagudo vos ferirá de maneira profunda. Por isso deveis ver o que existe atrás do brilho da prata. Quem odeia engana com seus lábios. Ele profere palavras de amor, de simpatia, de devotamento e de grande interesse, mas interiormente armazena embuste.

Observai, sobretudo, sua tática sempre recorrente, a tática do isolamento. Quando alguém deseja destruir um aluno no caminho, romper-lhe a ligação com a Gnosis, tenta, primeiro, isolá-lo. Com recursos bem escolhidos, ele o levará a uma situação de ansiedade, de preocupação e de medo. E como o sabeis,

13 · Elevada honra e desonra são coisas temíveis

quem se encontra nessa situação sente-se abandonado por tudo e por todos. Ele foi isolado. A seguir, vem o assalto decisivo, o aniquilamento, ou pelo menos a tentativa nesse sentido. Sabeis que o homem sozinho, isolado, corre grandes perigos, sendo repetidamente vitimado. E aqui aparece de modo muito claro o imenso significado da unidade de grupo e o significado dessa unidade na perfeita elevação no corpo-vivo da Escola. Não é sem razão que o sábio poeta dos Provérbios diz: "Ainda que o seu ódio se encubra com engano, a sua malícia se descobrirá na congregação". No tríplice campo de graça da Escola Espiritual moderna, cada vibração de ódio é descoberta, desmascarada e neutralizada. Quem participa do corpo-vivo da Escola Espiritual e colabora em sua construção no sentido exigido será protegido de maneira adequada e contribuirá para a proteção dos demais.

Mas, cuidado! "Quem estiver de pé cuide para não cair." O processo se desenvolve da seguinte maneira:

1. em primeiro lugar, o homem tenta ou deseja ser objeto de alguma honra elevada, de um modo ou de outro. O eu deseja para si uma posição importante ou uma compensação especial;
2. em segundo lugar, de qualquer modo, e quer isso se efetue ou não, há angústia, preocupação e medo. Porque, tanto a elevada honra quanto a desonra engendram o medo. Se o homem não tem êxito em seu desejo, as consequências são as mesmas, e isso pode ser observado em outros grupos da população;
3. em terceiro lugar, surge a crítica dilaceradora e demolidora;
4. em quarto lugar, as sete abominações nascem no coração, daí resultando que o microcosmo inteiro fica fundamentalmente cravado na perdição e, finalmente, é dividido como um átomo, portanto, neutralizado, aniquilado pelo fogo interior infernal do ódio.

Agora que falamos sobre tudo isso, o caminho está aplainado para poderdes compreender perfeitamente o quinto versículo do capítulo 13. Se reconhecestes o que foi dito, ser-vos-á útil uma boa definição de uma correta atitude de vida. Lao Tsé no-la dá: *Elevada honra e desonra são coisas temíveis* que aniquilam o verdadeiro e único objetivo de vossa personalidade. Por isso deveis afastar-vos de toda aspiração e de todo desejo egocêntricos: "Não ambicioneis coisas altas, mas acomodai-vos às humildes", diz Paulo (Rm 12:16). *"Wu wei"*, diz Lao Tsé.

Aos olhos de muitos, uma pessoa humilde é geralmente ignorante e primitiva. Isso não é verdade. Cabe a cada aluno preparar-se perfeitamente na Gnosis quíntupla universal. Cabe a ele tornar toda sua atitude de vida interior e exterior sem falhas. Portanto, ele será muito humilde! Ele não deseja elevada honra, mas a repele! Portanto, não haverá desonra nem sentimento de desonra. Muitos alunos afirmam: "Nada posso, nada consigo, nada sou, não podeis obter nada de mim". Por medo, eles engendram sua própria desonra. Deixai de lado essa preocupação. Somos todos filhos de Deus, todos temos o tesouro em nós. Consagrai-vos à libertação desse tesouro, então sereis livres e reis junto a Ele. Atirai toda angústia para bem longe. Todo aluno é abençoado; potencialmente, ele já é livre. Sede um verdadeiro franco-maçom.

Talvez considereis uma tarefa pesada governar o reino, ligar vosso próprio reino microcósmico à comunidade de Deus. Todavia, se vos sentis inaptos para executar um trabalho a serviço da Fraternidade e, por conseguinte, achais que não podeis aceitar tal trabalho, principalmente porque conheceis muito bem *as corridas e as perseguições desenfreadas* da humanidade, justamente a vós será confiado o governo do reino.

É sabido que todos os verdadeiros servidores da Gnosis ficaram muito espantados quando foram chamados para suas tarefas. Eles não tinham essa intenção, isso não estava em seus projetos. Por isso foram bem sucedidos em sua missão. E, até o último instante,

13 · Elevada honra e desonra são coisas temíveis

assumiram sua tarefa como um pesado encargo e como algo cuja ideia rejeitavam por se saberem imperfeitos. Eles jamais se ligaram à sua missão. No entanto, com muita alegria e através de todas as dificuldades, eles foram bem sucedidos. Eles não tinham medo, porque não aspiravam a honras. Portanto, também não poderia haver aí nenhuma desonra.

Olha para o Tao, e não o vês; ele é denominado invisível. Escuta o Tao, e não o ouves; ele é denominado inaudível. Tenta agarrar o Tao, e não o tocas; ele é denominado intangível.

Faltam palavras para caracterizar esta tríplice indefinição.

Por isso, elas se fundem numa só.

O aspecto superior do Tao não está na luz; seu aspecto inferior não está nas trevas.

O Tao é eterno e não pode receber um nome; ele sempre retorna ao não ser.

Aproxima-te do Tao, e não vês seu início. Segue-o, e não vês seu fim.

Penetra o Tao dos tempos antigos para poderes governar a existência presente. Quem conhece o princípio original segura nas mãos o fio do Tao.

Tao Te King, capítulo 14

14-I

OLHA PARA O TAO, E NÃO O VÊS

O décimo quarto capítulo do *Tao Te King* revela um ponto muito fraco na armadura do transfigurista no tocante ao seu relacionamento com o buscador comum, quando este lhe pergunta: "Onde se encontra a ordem mundial de que falais? Onde está o Reino Imutável? Deixai-me dar *uma* olhada, então eu o aceitarei e professarei sua existência".
Eis aí uma pergunta clássica. Ela pode ser lida nas *Confissões* de Agostinho, que a fez aos Irmãos Maniqueus. Ele não obteve resposta e, em decorrência disso, abandonou suas fileiras, nas quais era aluno preparatório, para, em seguida, tornar-se um dos fundadores e pilares da Igreja Romana. Agostinho, que também é tido em grande conta nos meios protestantes, foi um aluno rejeitado da Escola Espiritual transfigurística.

Olha para o Tao, e não o vês;
ele é denominado invisível.
Escuta o Tao, e não o ouves;
ele é denominado inaudível.
Tenta agarrar o Tao, e não o tocas;
ele é denominado intangível.

Entrar numa Escola Espiritual transfigurística é um empreendimento arriscado. Acaso temos algo de concreto a oferecer-vos como ponto de partida? Lao Tsé afirma sem rodeios: com relação à realidade da natureza comum, não existe ponto de partida. Com relação a essa mesma realidade, podemos também repetir: "uma comprovação concreta não existe". Portanto, se alguém nos fala de pesquisa e conhecimento empíricos, de prova científica, então silenciamos. Porque o reino para onde queremos nos dirigir, o reino do Tao, não pode ser comprovado.

Seria muito bom que percebêsseis isso claramente. Poderíeis considerar que estamos tentando enganar-vos. E não vos condenaríamos se, por isso, abandonásseis nossas fileiras, como o fez Agostinho que, depois de abandonar a fraternidade dos maniqueus, escreveu sobre eles, taxando-os de tolos que acreditavam e professavam algo que nem mesmo podiam provar e sobre o qual só podiam argumentar filosoficamente de modo muito abstrato. Seria mesmo muito bom que compreendêsseis bem tudo isso de uma vez por todas. Assim como os maniqueus, não podemos provar para vós nem a essência nem a realidade do Tao. Por vezes, lemos nos olhos de numerosos alunos o espanto e a pergunta não formulada: "Como sabeis o que afirmais? Por que, então, nós não o sabemos? Dizei-nos algo concreto".

Recentemente nos foi pedido de modo simples e muito correto: "Dizei-me algo concreto. Acaso obtendes tudo isso de um livro que não conheço? Que livro é esse e onde posso encontrá-lo?" Respondemos que nunca tirávamos nosso preparo da literatura, embora, frequentemente, nos servíssemos da literatura mundial para ilustrar nossas explicações. Era uma resposta vaga, disso tínhamos consciência. E acrescentamos que só se poderia descobrir isso trilhando o caminho. Nosso interlocutor permaneceu muito reservado. Era compreensível. Ele estava repleto de perguntas e dúvidas. Suspeitamos que ele não trilharia o caminho.

Isso é muito mais fácil para o religioso ou para o ocultista natural. A esfera refletora é a rica fonte de suas provas. Dela pode-se obter em profusão tudo o que se deseja provar. Os éons naturais fornecem àqueles que tentam manter-se na esfera refletora tudo de que necessitam para se firmarem. Lá, Agostinho encontrou tudo o que pedia: as provas de outro reino, as quais ele colheu como flores no campo. Quantas fraternidades não existem, na esfera refletora, prontas a ajudar vosso ser-eu! Lá também encontrais tais mestres com a aparência que desejardes. Há para todos os gostos! Lá estão todas as representações possíveis. E, de bom grado, elas se mostram a vós.

A maior parte delas, certamente, sequer está consciente de seu engano. Ao contrário, no sentido dialético, elas são muito, muito bondosas. Elas tentam tornar aceitável nossa ordem de natureza. Quanto esforço, quanto trabalho! Como as demais, elas são vítimas das circunstâncias. Elas também olharam para o Tao e não o viram; elas escutaram o Tao e não o ouviram; elas tentaram agarrá-lo, mas não tocaram nada. Exatamente como Agostinho. Portanto, não é evidente que elas o neguem, como ele? Acaso podemos recriminar-vos se também o negais? "É melhor um pássaro na mão do que dois voando."

Inúmeras figuras da esfera refletora, tipos esplêndidos, vos oferecem seu "outro reino", cuja existência podem provar. "Todavia, não acrediteis em tais grupos de taoistas ou de transfiguristas modernos. Quanto a nós, vinde e vede. Vinde e vede essas fileiras de adeptos esplêndidos. E mostrai-nos um adepto transfigurista que seja, um único!"

Não existe um sequer! Só podemos indicar-vos figuras históricas como Lao Tsé e muitos outros que surgiram antes e depois dele. E só podemos dizer que, aparentemente, essas entidades não morreram, pois o microcosmo que as abrigava não pode ser encontrado nem na esfera material nem na esfera refletora.

"Pois bem", dirão os adversários e os descrentes, "não está aí a prova mais evidente de que essas entidades jamais existiram? Caso contrário, esses esplêndidos iniciados não o saberiam? Portanto, tudo isso deve ser pura fantasia!"

Com efeito, examinada do ponto de vista dialético, nossa posição é muito frágil comparada à vossa e faltam-nos mesmo palavras para esboçar a tríplice indefinição do Tao. Centenas de milhares de anos antes de nossa era, e muito tempo antes, já era assim. Portanto, não nos esforcemos para definir as indefinições; *por isso, elas se fundem numa só.*

Lao Tsé diz em outro lugar que definir por meio de palavras é o mesmo que dar um golpe no nada. *O aspecto superior do Tao não está na luz; seu aspecto inferior não está nas trevas.* O Tao, portanto, não tem sombra. *O Tao é eterno e não pode receber um nome; ele sempre retorna ao não ser,* ao silêncio absoluto. Ele é a imagem do sem imagem, a forma do sem forma. É um perfeito mistério. *Aproxima-te do Tao, e não vês o seu começo. Segue-o, e não vês o seu fim.*

Acaso semelhante discurso poderia satisfazer o homem deste século? Aproximamo-nos e não vemos nada. Escutamos e não ouvimos nada. Tentamos agarrar e não tocamos nada! É por isso que, se participais desta Escola Espiritual, o fazeis inteiramente sob vossa própria responsabilidade. Resumindo, realizamos uma peregrinação ponderada e metódica. Já não desejamos morrer e não desejamos viver, não queremos ser encontrados em parte alguma. Isso significa: não queremos ir para a esfera refletora nem para a esfera material; queremos ir para o "eterno nada", como o denominam o mundo dialético e todos os seus éons e entidades.

Se refletirdes bem, devereis admitir que uma imensa força está por detrás desta Escola Espiritual. E experimentastes essa força a vosso modo. Poder-se-ia bem dizer que se trata aqui do fio do Tao, do fio de Ariadne. Mas, como agarramos esse fio? Vamos explicá-lo para vós.

Acaso o fio que seguramos é o começo? Não, pois não há começo! Não enxergais o seu começo e não enxergais o seu fim. Assim como vós, nós também examinamos a natureza dialética.

14-1 · Olha para o Tao, e não o vês

Nós o pudemos porque pertencemos a esta natureza. Com nosso ser-eu, cuidadosamente pesquisamos e experimentamos tudo o que este mundo pode nos oferecer. E vede, tudo não passa de dor e aflição! Descobrimos que esta natureza é uma natureza de morte, e não desejamos cantar de alegria com os eleitos diante do trono; nem dedicar-nos a tornar aceitável, de uma forma ou de outra, esta ordem maldita. Após anos de sondagens, concluímos que esse não pode ser o sentido da verdadeira existência e que não é bom colaborar para que as pessoas na natureza da morte se iludam ainda por mais tempo.

Quando se chega a semelhante conclusão, é preciso tomar uma decisão. É preciso, em dado momento, poder governar sua existência atual. Consequentemente, sentimo-nos obrigados a sondar o antigo Tao objetivamente e sem a ajuda de qualquer autoridade. Mas isso é possível? Sim, ó divina maravilha, é possível, embora descobríssemos rapidamente que de todos os lados tudo era e é feito para impedir tais descobertas. Inúmeras fontes haviam sido destruídas; outras estavam fora de alcance, enterradas em profundos porões, onde ninguém pode penetrar. O resto havia sido, sem exceção, seriamente mutilado.

Começamos pelos fragmentos remanescentes da linguagem sagrada. Com nossa pesquisa, ficou claro e evidente que existe um reino* original, outra ordem de natureza, um reino muito além do mais elevado plano nirvânico, um reino que se distingue nitidamente da natureza da morte e de suas duas esferas.

Após haver descoberto isso, pesquisamos os homens, ou os grupos de homens, que haviam ansiado por esse outro reino, e qual havia sido o curso de suas vidas e quais particularidades elas apresentavam. E examinamos se esse tipo de homens, muito distantes uns dos outros e separados por séculos, haviam seguido o mesmo caminho. E descobrimos que todos esses homens e grupos organizaram seus esforços de modo perfeitamente semelhante. A seguir, surgiu a esperança de um contato com os que nos haviam precedido. Esgotamos todo o nosso arsenal de magia — mas não recebemos o mais vago vislumbre desses Irmãos como resposta. Atualmente, rimos dessas tentativas. Porque buscávamos a imagem do sem-imagem, a forma do sem-forma. Se os Irmãos tivessem se mostrado, é claro que teriam sido destronados. Então seriam habitantes da esfera refletora e teriam desaparecido para sempre. Mas esses Irmãos não morreram. Nessa época, inúmeros convites emanaram de muitas fraternidades: "Vinde conosco, suspendei vossos esforços vãos!"

Nós nos decidimos, então, pela autofranco-maçonaria. Porque: *Quem conhece o princípio original segura nas mãos o fio do Tao.*

Mas, o que seria o princípio, não *do original,* porém o princípio daquilo que conduz *ao original,* e que foi encontrado por todos os nossos predecessores? O princípio não poderia ser algo diferente da aplicação da Gnosis quíntupla universal:

Compreensão,
anseio de salvação,
autorrendição,
nova atitude de vida
e, mediante isso,
em quinto lugar,
revelação,
o fio do Tao.

Nenhuma ligação existencial pessoal, porém uma conexão eletromagnética com a Gnosis e, como resultado, despertar, tornar-se consciente da alma, do totalmente Outro. *Este* é o fio do Tao. Isso é estar ligado à Corrente da Fraternidade Universal. Quem segura esse fio com as duas mãos avança de força em força e de magnificência em magnificência, age como os Irmãos divinos e gloriosos que desapareceram, age como se tivesse sido apagado da terra.

Semelhante homem segue adiante e convida outros a segurar o mesmo fio, segundo o mesmo método, a construir de acordo com os mesmos preceitos do princípio original. E quem o faz e segura o fio forma, juntamente com seus companheiros, uma nova Fraternidade, participa de um corpo-vivo, e todos trazem na fronte o sinal magnético do Filho do homem.

O primeiro dom da graça desse estado de ser é a experiência de que todos os que o possuem podem governar sua vida presente. Eles foram libertados. São estrangeiros nesta terra, em viagem para a verdadeira pátria. O que é oculto aos sábios e inteligentes deste mundo é revelado aos filhos de Deus.

*Quem conhece o princípio original
segura em suas mãos o fio do Tao.*

14-II

O FIO DO TAO

Observamos no capítulo precedente que os que ainda não encontraram o fio do Tao — porque ainda não seguiram o caminho que conduz ao reino* original, o que corresponde à prática da Gnosis quíntupla universal — frequentemente demonstram uma instabilidade moral, um comportamento agitado, devido ao mar turbulento de suas emoções. Ora estão alegres, ora estão muito tristes. Ora sentem-se bem orientados, ora têm o terrível sentimento de que tudo está perdido. Num dia estão muito fortes, no dia seguinte dão provas exatamente do contrário. Vós as conheceis, essas oscilações entre os antagonismos, próprias da natureza dialética.

Podeis ler sobre isso na obra de Chuang Tsé. Ela retrata um aluno diligente que está fazendo algo de sua vida, no sentido tencionado por nossa Escola. Durante dias ele se aflige para libertar-se daquilo que o atormenta e cultivar o que ama, mas não tem êxito.

E Lao Tsé lhe diz: "É necessário que te purifiques completamente, mas, pelas marcas de tua tristeza, concluo que existe algo que o impede". E segue-se um conselho: "Quando as tentações externas se tornarem numerosas, não tentes vencê-las lutando, mas deves fechar-lhes o coração. Se elas vierem do interior, não tentes reprimi-las, porém protege-te da tentação. Mesmo um mestre no Tao e na virtude não pode resistir a essas duas influências conjugadas, portanto muito menos alguém que ainda almeje pelo Tao".

Felizmente, na Escola Espiritual existem muitos alunos que aspiram à nova vida. Eles procuram transformar a essência da própria Gnosis em virtude. De semelhante aspiração, graças à intervenção, bem conhecida por vós, da Escola de Mistérios, sempre nasce uma ligação com o Tao, algo da corrente magnética da Gnosis é transmitido ao ser do aluno. Ele é trazido para perto do fio do Tao e é aconselhado a segurá-lo para tornar-se seu possuidor.

É óbvio que, nessa tentativa, o aluno chega a uma situação difícil, pois os dois reinos fazem descer nele suas correntes magnéticas: a corrente da nova natureza e a corrente da antiga natureza da morte, da qual ele vive. A consequência é que grandes conflitos se revelam nele. Grandes, poderosos antagonismos irreconciliáveis nele atuam, o que é inevitável. Quem, fundamentalmente, é trevas sente-se ainda mais repulsivo quando colocado na luz. Essa pessoa descobre, como jamais o fizera, suas próprias trevas. Além disso, descobre que seu microcosmo, do qual ela é a personalidade atual, tem um passado espaço-temporal incomensurável e que todo seu estado sanguíneo e seu estado de alma estão em conformidade com esse passado. Nesse sentido, existe um perfeito equilíbrio entre passado e presente, os quais o impelem, assim, para um futuro que é a consequência de ambos.

Quando um homem se torna aluno, ele sente o processo natural de todo o seu ser como profundas trevas, como pesado fardo, como inúmeras tentações que se opõem a seu discipulado. Ele fala, então, em demônios, na influência da esfera refletora etc. Compreendereis, entretanto, que essas influências são uma possibilidade incidental, mas certamente não o ponto principal. O fato é que, na personalidade, a partir do exterior, age uma influência dialética proveniente de outras partes do microcosmo, e, a partir do interior, age o impulso sanguíneo. Essas são as tentações exteriores e interiores.

Lao Tsé aconselha: "Não luteis contra esses processos naturais e não tenteis dominá-los. Não tereis êxito". Quanto às influências externas, ele diz: "Fechai vosso ânimo para elas"; e para as influências internas: "Guardai-vos externamente da tentação; não passeis à ação".

Nem sempre conseguis distinguir imediatamente se uma influência vem de dentro ou de fora; ou ainda se provém da esfera magnética de vosso ser, ou se é uma questão sanguínea. Pouco importa. Adotai, porém, a seguinte atitude de vida:

Assim que notardes que certa influência ameaça comprometer a harmonia de vosso discipulado, imediatamente pensai em outra coisa ou buscai uma ocupação para livrar-vos dessa influência. Não lhe deis um segundo de atenção. Se a influência provém de vosso sangue, onde se agitam e fervilham todos os tipos de tendências, deixai vosso sangue acalmar-se e evitai qualquer ação exterior, mesmo em pensamentos.

Se aplicardes esse método duplo, verificareis que vos tornais cada vez mais fortes como alunos e que podeis segurar o fio do Tao cada vez mais firme. Se falhardes — o que não acontecerá necessariamente — percebereis que sempre tereis de recomeçar desde o início, que isso esgota vosso corpo, que vosso fardo se torna cada vez mais pesado, e vossa própria vida se transforma num inferno.

Esperamos, por essa razão, poder gravar em vosso coração esse antigo e clássico conselho.

Nos tempos antigos, os bons filósofos que se consagravam ao Tao eram ínfimos, sutis, misteriosos e muito penetrantes. Eles eram tão profundos, que não é possível compreender.

E como não é possível compreender, esforçar-me-ei para dar uma ideia.

Eles tinham o retraimento de quem atravessa um rio a vau durante o inverno; o cuidado de quem teme seu vizinho; a seriedade do convidado diante de seu anfitrião. Eles desapareciam como gelo que derrete. Eram simples como madeira tosca e vazios como um vale. Eles eram como a água turva.

Quem pode limpar as impurezas do coração e alcançar a paz? Quem pode nascer gradualmente no Tao por uma longa prática de serenidade?

Quem preserva o Tao não quer ser preenchido. E, justamente por não ser preenchido, ele é para sempre preservado de mudanças.

Tao Te King, capítulo 15

15-1

As cinco qualidades dos bons filósofos

Um filósofo é alguém que busca a sabedoria. Um filósofo, no sentido original, é alguém que aspira à sabedoria divina. Essa sabedoria divina não é um conhecimento acumulado sob uma forma qualquer. Não se trata de um sistema enigmático extremamente complicado, encerrado em línguas antigas desaparecidas acessíveis unicamente aos que estão familiarizados com os antigos hieróglifos e que transmitem migalhas aos outros na moderna literatura. Pensai aqui na descoberta de todo tipo de antigos manuscritos, com cujo conteúdo tantos acadêmicos estão muito ocupados.

Não, a sabedoria que é a Gnosis é onipresente. Ela é uma atmosfera repleta de forças, elementos e radiações. A sabedoria divina está fundamentalmente compreendida num campo de radiação. E quem vive nesse campo e possui um princípio-alma vivente extrai não somente a força vital e a substância que permitem a transfiguração, mas também a sabedoria.

A sabedoria é um aspecto da força de vida divina, do espírito divino do amor. Quando se diz de Jesus, o Senhor, que ele crescia em conhecimento, sabedoria e graça perante Deus e perante os homens, isto não quer dizer que recebia esta ou aquela educação, mas que se desenvolvia no campo de vida gnóstico e, assim, esse crescimento e essa realização eram assegurados em todos os aspectos.

Se refletirdes sobre isso, descobrireis o quanto semelhante processo difere do desenvolvimento no mundo dialético. O amadurecimento e o crescimento da criança até a idade adulta não envolvem absolutamente nenhuma sabedoria. Trata-se unicamente de desenvolver seu intelecto. A humanidade conhece inúmeros métodos educacionais, muitos dos quais são aplicados pela coerção, para dar ao homem um verniz de civilidade.

Graças a tudo o que aprendeu e pelo fato de ser mantido sob coerção, o homem aprende a tudo suportar por causa de suas necessidades existenciais. Não queremos com isso depreciar os conhecimentos terrenos no sentido de que não são necessários, porém somente compará-los à Gnosis. Do ponto de vista biológico, o homem não é nada, e por isso ele é compelido a prosseguir sua formação teórica para parecer algo e lutar para poder conduzir sua existência. Em termos biológicos, o homem absorve apenas a alimentação material e respira apenas o alento astral da morte. Essa respiração nada mais lhe traz que uma forte ligação com a natureza. Quem se vê aprisionado e sente profundamente seu cativeiro talvez se torne um filósofo no sentido comum da palavra, porque sai em busca do significado da existência. Com base no seu estado de ser dialético, ele tenta penetrar diretamente no cerne das coisas. Sem resultado. Por isso, resta-lhe apenas uma única possibilidade: empregar os métodos dialéticos de pesquisa, junto com experimentação.

Imaginai que exista um livro escrito em alguma língua antiga. Algumas pessoas o examinam e dizem umas às outras: "O conteúdo é pura sabedoria; devemos tomar conhecimento dele, pois queremos entender o sentido de nossa existência". Todavia, nenhuma dessas pessoas sabe ler essa língua antiga. Então, podem decidir: "Aquele dentre nós que é o mais capacitado deve aprender essa língua". Essa pessoa se predispõe a aprender a linguagem

15-1 · As cinco qualidades dos bons filósofos

e conta para os outros aquilo que está no livro. Ela faz o papel de professor. Não de um mestre de sabedoria, pois ela apenas fala a respeito do que diz o livro. Essa sabedoria é apenas uma definição intelectual da sabedoria, jamais a sabedoria mesma. Porque a sabedoria não está no livro.

As definições intelectuais da sabedoria são sempre a causa de erros e divergências de opinião e, portanto, dos múltiplos sistemas e concepções filosóficos conhecidos por nós que estamos à deriva na terra. Alguns autores desses sistemas têm sucesso, fazem carreira e estão na moda, principalmente quando esses sistemas são utilizados como sistemas de ensino. Vós o sabeis, é algo verdadeiramente desastroso e trágico. Porque de quanto esforço o homem necessita para penetrar essas formas de conhecimento! É impossível atingir a sabedoria divina dessa forma. Se desejais adquirir sabedoria, a verdadeira Gnosis, então é preciso que mudeis completamente de rumo. Ponde os pés no caminho do renascimento, o caminho da transfiguração. Esse caminho exige uma morte — vós o sabeis — e um novo nascimento segundo a rosa do coração em vós — vós bem o sabeis. Um novo estado biológico e, portanto, um novo crescimento. Esse crescimento vem junto com um desenvolvimento da compreensão e da sabedoria, um novo estado de consciência. A cada respiração neomagnética que podeis reter no sistema, absorveis a sabedoria.

Possuir a sabedoria que é de Deus não significa, como alguns o afirmam, possuir um conhecimento teórico "sem tê-lo estudado", porém absorver a força da Gnosis graças a um novo estado de ser biológico. Como consequência, essa sabedoria, que é una com o sopro de vida, preenche o ser todo e lhe concede novas capacidades.

Suponde que vos disséssemos: "Temos um livro que contém tudo o que deveis saber. Deveis lê-lo pessoalmente. Infelizmente, esse livro está escrito numa língua morta do passado remoto. Por isso, tendes de começar por aprender essa língua morta e serão necessários três anos para compreendê-la convenientemente". Sem dúvida, começaríeis a estudá-la.

No entanto, com muito menor esforço e em tempo muito mais curto, podereis ter parte na Gnosis divina. Basta que sigais em perfeita autorrendição o caminho das rosas, o caminho que vos faz crescer em conhecimento, em sabedoria e em graça diante de Deus e diante dos homens. A total autorrendição não se refere à aquisição de conhecimentos que não possuís, mas à aplicação de um conhecimento que possuís há muito tempo e de possibilidades que estão ao vosso dispor também há muito tempo.

Possuís no coração o princípio divino, o botão de rosa. Consagrando-vos a esse reino em vós em perfeita oferenda, adquirireis cinco novas qualidades. Tornar-vos-eis:

ínfimos,
sutis,
obscuros,
muito penetrantes
e profundos.

Para a natureza dialética, vos tornais ínfimos. Para a nova natureza, sois extremamente refinados quanto à vossa sensibilidade, pelo desenvolvimento do novo estado de alma.

Para a natureza dialética, vos tornais totalmente obscuros, impossíveis de seguir. Para a nova natureza, entrais nas profundezas insondáveis da vida universal e mergulhais nas profundezas ilimitadas da manifestação divina infinita, o que é incompreensível para um mortal.

Todavia, uma imagem vos é dada. Não uma falsa aparência, mas uma imagem concreta da nova atitude de vida. De quem percorre esse caminho e efetivamente avança em força pode-se afirmar:

15-1 · AS CINCO QUALIDADES DOS BONS FILÓSOFOS

Ele *tem o retraimento de quem atravessa um rio a vau durante o inverno:* ele é um exemplo espontâneo de extrema modéstia e prudência. Realmente, não é ele semelhante a um recém-nascido que lança seu primeiro grito numa nova vida?

Ele *tem o cuidado de quem teme seu vizinho:* dia e noite ele está atento, pois não é ele um recém-nascido num estábulo, no estábulo da natureza da morte? E não espera Herodes poder matar a criança? É por isso que ele se torna extremamente vigilante, a fim de não se tornar uma vítima no país do exílio.

Ele *tem a seriedade de um convidado diante de seu anfitrião:* ele vive, em grande medida, orientado para a Escola Espiritual e para a sua essência e é extremamente correto para com todos com quem entra em contato.

Ele *desaparece como o gelo que derrete:* nele, dia a dia ocorre uma contínua transformação, um processo claramente perceptível da prática de uma nova vida e o desaparecimento do antigo caráter.

Ele é *simples como a madeira tosca:* a simplicidade caracteriza sua vida. Ele não se vangloria absolutamente de nenhum aspecto de seu estado.

Ele é *vazio como um vale:* ele está livre de desejos terrenos; seu santuário do coração foi esvaziado deles.

Ele é *como a água turva para os espectadores:* ele não faz esforço algum para mostrar seu verdadeiro estado de ser; ele simplesmente irradia sua luz.

Por que atiraria ele rosas aos burros e pérolas aos porcos? Por isso, muitos o considerarão tolo, inconsequente, ínfimo, ignorante e, portanto, como a água turva, insondável.

É extremamente importante para vós que reconheçais essa sétupla atitude de vida como um estado de ser que deve fazer parte integrante de vossa própria vida:

> modesto,
> temente à natureza da morte,
> orientado para a Escola Espiritual e para a humanidade,
> crescendo diariamente na graça de Deus
> e em contínua transformação,
> simples,
> sem desejos terrenos,
> sem buscar demonstrações junto aos homens dialéticos.

Dessa sétupla atitude de vida derivam as qualidades de ser:

> ínfimo,
> sutil,
> obscuro,
> muito penetrante
> e profundo.

15-II

AS IMPUREZAS DO CORAÇÃO

Novamente colocamo-vos diante do capítulo 15 do *Tao Te King* de Lao Tsé. Desta vez, da última parte:

Quem pode limpar as impurezas do coração para aquietar-se? Quem pode nascer gradualmente no Tao por uma longa prática da serenidade?

Quem permanece no Tao não quer ser preenchido. E, justamente por não ser preenchido, ele é para sempre preservado de mudanças.

Estamos aqui diante de duas questões muito importantes que necessitam de uma resposta detalhada. Os cinco aspectos, os cinco estados que determinam e comprovam a natureza da alma são:

1. o sangue,
2. o fluido das secreções internas,
3. o fluido da consciência,
4. o fluido nervoso,
5. o fogo serpentino.

Estas são as cinco luzes vitais ou as cinco forças universais das quais se eleva a alma e que explicam a consciência. Essas cinco forças da alma, que regem todas as percepções sensoriais, formam uma unidade. Todavia, uma delas, o sangue, tem um papel preponderante.

O sangue determina as quatro outras forças. A qualidade do sangue manifesta-se num processo respiratório múltiplo muito especial, em primeiro lugar, no santuário da cabeça e, em segundo lugar, no santuário do coração. O homem respira através do sistema magnético cerebral tendo por base sua qualidade de alma. A respiração do santuário do coração é a porta da alma. O santuário do coração respira pelo sistema pulmonar da maneira que conheceis, mas também existe uma respiração pelo esterno. O esterno também é um sistema magnético respiratório.

Existem, pois, dois sistemas magnéticos respiratórios, um através do cérebro, outro através do esterno. Respiramos pelos dois: da maneira comum, pelo nariz, e inalamos, cada qual à sua maneira, a força atmosférica. Para completar, digamos que, por esse duplo sistema magnético, o baço, o fígado e o corpo todo respiram o fluido astral (fígado) e os éteres (baço).

O sistema magnético do cérebro funciona de maneira totalmente automática. Ele pode ser influenciado pela vontade, mas a Escola Espiritual moderna o desaconselha firmemente, pois isso significa colocar os pés no perigoso caminho do ocultismo. Entretanto, o aluno é orientado a influenciar o sistema magnético do esterno. Também não pela vontade, mas por um infinito desejo, o anseio de salvação, que nasce da compreensão e da experiência.

Compreendereis, agora, o sentido da pergunta: *Quem pode lavar as impurezas de seu coração para aquietar-se?* Todos os desejos são irradiados pelo esterno e as respostas são, então, recebidas pelo esterno. O esterno é como um livro completamente aberto. Tudo que, dessa forma, penetra em vosso sistema determina a natureza e o nível vibratório de vosso sangue. E o estado do momento de vosso sangue determina a assimilação magnética do sistema cerebral, assim como a situação das outras luzes vitais, e

15-II · As impurezas do coração

como resultado disso, as flamas magnéticas do desejo emanam do esterno.

Assim compreendereis também que no santuário do coração existem inúmeras impurezas que irradiam para o exterior e para o interior. A verdadeira paz, a verdadeira quietude da alma, característica do novo homem, fica excluída enquanto o sistema do esterno sofre as emoções comuns próprias do estado de vida dialético. A alma quíntupla do homem dialético, em virtude de sua natureza, jamais está em paz. Ao contrário, a inquietação fundamental do universo dialético, a hostilidade da natureza, a ansiedade, a preocupação e o medo, a alegria e a tristeza, bem como a luta pela existência, prevalecem na alma e constituem sua natureza. Por isso, a quietude e o equilíbrio da alma e o silêncio são necessários. E todos os homens anseiam por isso, pois a quietude da alma determina sua saúde. A contínua inquietação da alma provoca doença e morte, bem como todos os comportamentos lamentáveis. Quem encontra o silêncio encontra a saúde.

Percebeis agora por que se fala em terapia da alma e por que neste mundo são praticados os mais variados métodos com essa finalidade? O que não se faz para atingir a paz interior ou só para esquecer! Buscamos estímulos, porque não podemos obter a cura da alma. *"Ah!"*, lamenta-se a alma, *quem pode lentamente nascer no Tao através de uma longa prática da serenidade?*

Um serviço templário que prende a vossa atenção é para vós um estímulo, e poderíeis designar uma sucessão de tais estímulos como terapia da alma. Todavia, *assim* não queremos ser terapeutas de alma! Porque essa terapia de alma — talvez tencionada por vós — não leva à cura, mas é apenas um meio de esquecer, de "fugir". Porque o jogo das flamas magnéticas do esterno é um fato. E logo, quando tiverdes deixado o templo e estiverdes totalmente entregues a vós mesmos, na interação habitual com outras pessoas, vosso estado de ser reivindica seus direitos, a inquietação surge em vós com renovada intensidade, inflamando-vos com suas línguas ardentes. Ah, quem pode levar as impurezas de seu coração a se aquietarem? Ansiedade, preocupação e medo são vossos companheiros e, assim, Lao Tsé vos joga no meio do vosso problema.

Compreendereis que não necessitais de nenhuma distração nem de nenhum terapeuta, mas que deveis, vós mesmos, tornar-vos os terapeutas de vossa própria alma. Deveis abrir vossa alma à Gnosis. Podeis verificar que se o fizerdes pela vontade, portanto de maneira forçada, isso de nada adiantará! Pela vontade podeis influenciar artificialmente por um momento a respiração magnética do esterno e, assim, emitir para a Gnosis uma vibração artificial que não poderá ser respondida e que age de modo desarmonioso. Se uma resposta alcançar-vos, será sempre uma imitação, o que logo descobrireis.

Servis vosso coração esvaziando-o das impurezas, já não as desejando, sem a atuação da vontade. Isso só é possível pela experiência, pela aflição da alma, pela vacuidade dos impulsos naturais, e por saber que existe uma força capaz de consolar a alma. Então, o botão de rosa emite um apelo via esterno, o chamado do anseio de salvação. E a resposta da Gnosis flui para dentro em poderosa corrente. Essa corrente vos purifica para tornar-vos quietos, silenciosos. Só então a paz da alma, a que tanto aspirais, torna-se realidade. Daí resulta uma perfeita purificação do sangue e, como consequência, todas as outras luzes vitais são obrigadas a segui-la. Com base nessa quietude da alma tem início a transfiguração, e a veste áurea nupcial é tecida.

Assim a paz da Gnosis chega até um ser humano, e um homem desses poderá dizer como é dito no Salmo 16: "Tu não enviarás minha alma ao inferno". Nada pode acontecer-vos. Esse processo é para vós a única solução. A experiência e o anseio de salvação afastarão de vosso coração as impurezas dialéticas, os desejos terrenos. A corrente da Gnosis vos tocará. Assim, conservareis o Tao

15-11 · As impurezas do coração

e nascereis na onipresença. Ele não vos abandonará, nem mesmo no inferno.

Se, por necessidade e orientação interior, vos afastardes da natureza da morte e vos voltardes para a Gnosis, estareis, pela pureza do coração, para sempre protegidos da mudança. Dentro e fora do templo, estareis em perfeita quietude de alma, entrareis num profundo silêncio, em profunda serenidade.

Esse estado de ser brevemente será de absoluta necessidade para vós, para que não vos deixeis absorver pelas violentas emoções da natureza da morte. Somente com a paz da alma podereis continuar a navegar o mar da vida e retornar à casa do Pai.

Quem atinge a vacuidade suprema mantém uma quietude eterna.

Todas as coisas nascem juntas; a seguir, eu as vejo retornarem novamente.

Todas as coisas florescem em profusão; a seguir, cada uma retorna à sua origem.

Retornar à origem significa estar na quietude, e estar na quietude significa retornar à verdadeira vida, a vida eterna.

Denomino retornar à vida ser eternamente.

Conhecer o que é eterno é ser iluminado. Não conhecer o que é eterno equivale a fazer sua própria infelicidade.

Conhecer o que é eterno é possuir uma grande alma. Ter uma grande alma é ser justo. Ser justo é ser rei; ser rei é ser o céu;[8] ser o céu é ser Tao.

Ser Tao é durar eternamente. Mesmo que o corpo morra, já não há perigo a ser temido.

Tao Te King, capítulo 16

---

[8] Na China, o imperador era o "filho do céu" (N.E.).

16

A VACUIDADE SUPREMA

O estado de suprema vacuidade é o estado no qual se encontra o candidato que fez desaparecer todas as impurezas de seu coração, isto é, que esvaziou o sistema magnético do esterno totalmente dos desejos, tensões e conflitos. O candidato tornou-se, por assim dizer, vazio, sem desejos. Quem alcançou semelhante estado pode manter uma perpétua quietude da alma. O equilíbrio de sua alma já não poderá ser perturbado. Ele estará para sempre protegido de alteração. Ele adquiriu a verdadeira paz, atributo do povo de Deus.

Todavia, quando o estado de vacuidade suprema ainda não foi alcançado, os períodos de quietude da alma são incessantemente alternados com períodos de conflitos psíquicos, comprovando o fato de que o sistema magnético do coração ainda não está totalmente purificado, portanto nem o sangue, nem também o centro da alma. Uma das mais importantes tarefas do aluno é detectar as causas interiores desses conflitos psíquicos. Essas causas são invariavelmente encontradas nele mesmo. Ninguém nem nada do exterior pode suscitar um conflito na alma.

A alma quíntupla é uma unidade que recebe tudo o que é necessário para sua manutenção, inteiramente de acordo com a sua natureza. O que penetra pelo sistema magnético respiratório é evocado pelo próprio ser. No ser de muitos alunos, com muita frequência, ainda há o desejo de servir "a dois senhores" e eles acalentam ainda muito interesse por assuntos terrenos, que ainda são tidos como necessários. Há ainda muitos desejos no que se refere ao plano horizontal e ainda muita aceitação. Por isso ele continua pertencendo a dois mundos. Por um lado, algo da Gnosis está ativo nele; por outro lado, as coisas terrenas são colocadas em primeiro lugar. Como resultado, nasce um conflito intenso com o Outro nele. Acima de tudo, ele permanece em contato com a inquietação geral própria da natureza comum.

Entretanto, se atingísseis a vacuidade suprema, seria evidentemente possível, neste mundo, prejudicar e ferir vosso corpo, porém não vossa alma. Poderiam envolver-vos no jogo comum dos opostos, desenrolar a série completa de conflitos psicológicos para desligar-vos e seduzir-vos a participar deles. Porém, isso já não seria possível para vós. Todo vosso estado de alma já teria entrado na quietude do povo de Deus e vossos fluidos vitais se tornariam imunes a mudanças. Vossa consciência observaria e experimentaria tudo, porém nada poderia perturbar a paz de vossa alma. É assim que isso deve começar! Os ferimentos que os homens desejassem infligir-vos recairiam sobre eles. Entraríeis no estado de ser dos heróis de alma mencionados na história. Seu heroísmo não provinha de sua coragem ou de seu desprezo pela morte, porém de um novo estado de ser.

Suponhamos que algum ente querido vos fira profundamente e que, consequentemente, fiqueis sujeitos a um grande conflito de alma. Essa situação prova que em vossa própria alma há motivos e possibilidades para que semelhante conflito possa desenvolver-se. Se tivésseis atingido a vacuidade suprema, nas mesmas circunstâncias, devido a vosso estado de ser, compreenderíeis a tal ponto a provocação exterior, que vossa razão, vossa vontade e vosso coração não esboçariam mais a menor reação. Apenas observaríeis o caso, seguindo o critério: "Sede vigilante". Seríeis perfeitamente protegidos pela pureza do vosso coração e vossa alma seria livre.

16 · A VACUIDADE SUPREMA

As Fraternidades precedentes chamavam aos que se encontravam no estado de vacuidade suprema de "os puros". Agora podereis compreender esse nome inteiramente. Essa denominação mostra, de imediato, que estamos aqui lidando com transfiguristas. Essa pureza do coração, essa vacuidade suprema, é a base para e de toda transfiguração, pois ela leva a alma à eterna esfera da paz da Gnosis. E quando houverdes entrado na paz do povo de Deus, se nascestes para essa finalidade, nada mais poderá molestar-vos e, a partir desse momento, o reino de Deus pode ser proclamado em vós, isto é, ele foi realizado.

Atualmente, o reino de Deus vos foi apenas proclamado e permaneceis diante da porta e, enquanto permaneceis parados desse lado da porta, vossa alma continua sujeita a alterações de estados psíquicos. Isso também deveis compreender claramente. É por isso que Lao Tsé vos diz:

> *Todas as coisas nascem juntas; a seguir, eu as vejo retornarem novamente. Todas as coisas florescem em profusão; a seguir, cada uma retorna à sua origem.*

Aqui ele vos mostra uma imagem bem conhecida da natureza dialética: tudo vem e vai, e vem novamente, num contínuo jogo de "subir, brilhar e descer". As coisas dialéticas vêm a vós de um ponto de partida e a ele retornam, e assim por diante. Isso também significa que vossa alma, consequentemente, não poderá estar livre de conflitos e perturbações psíquicas. Eles também vão, vêm e retornam, até que, desse modo, no seu mais profundo ser, a alma fique tão cansada, que surja um embotamento, tendo por resultado final as doenças e a morte. A alma cai, então, na apatia.

Acima de tudo, as mudanças subordinadas aos conflitos psíquicos são a consequência do passar dos anos. As coisas que as pessoas fazem quando jovens são diferentes das que fazem quando idosas, mas tudo continua igual. Quando alguém, com dor e dificuldade, passa por um conflito psíquico, as causas se precipitam de volta à sua origem, origem essa ocupada em reenviá-las de volta a ele. É a assinatura da natureza da morte e de toda a vida e movimento nesta natureza. O homem comum jamais se liberta disso; ele não está imune às mudanças e variações. Por essa razão ele deve retornar à sua origem, ou seja, ao estado adâmico. Não é somente algo nele que deve retornar, porém todo o seu ser. Seu microcosmo inteiro deve voltar-se para o Reino Imutável, a origem do começo. Quem se volta para *essa* origem atinge, primeiro, a quietude da alma e supera o jogo das alternâncias. Sua alma se transfigura; a nova alma nasce. A transfiguração da alma é necessária acima de tudo porque a vida provém da alma. É por isso que a Bíblia fala inúmeras vezes da salvação da alma. É por isso que Lao Tsé diz:

Retornar à origem significa estar na quietude, e estar na quietude significa retornar à verdadeira vida, a vida eterna.

Denomino retornar à vida ser eternamente.

Conhecer o que é eterno é ser iluminado. Não conhecer o que é eterno equivale a fazer sua própria infelicidade.

Ninguém pode realmente compreender o que lhe é mostrado da Doutrina Universal — a menos que a Gnosis o tenha tocado. Se chegastes até a Escola da Rosacruz por verdadeira necessidade interior, portanto, se vosso coração anseia pela essência da Gnosis, mediante o processo magnético do eterno, a corrente da plenitude gnóstica vos tocou. Um contato desses ilumina a compreensão. O homem iluminado é tocado pela Gnosis. Ele *sabe*, porque a natureza da vida oferece não apenas uma força vital, mas ao mesmo tempo, a sabedoria. Enquanto não fordes iluminados pela natureza divina, estareis sempre ocupados fazendo vossa própria infelicidade.

16 · A VACUIDADE SUPREMA

Estas palavras soam duras e cruas, mas não podereis negar a verdade nelas contida. Dia e noite forjais uma corrente ininterrupta de causas e efeitos no jogo das alternâncias.

É por isso que a conclusão ressoa como o Cântico dos Cânticos, qual grito de triunfo: *Conhecer o que é eterno é possuir uma grande alma* — uma nova alma. O novo saber, a iluminação, é sempre prova do renascimento da alma.

Ter uma grande alma é ser justo: não justo segundo a natureza — a justiça também está sujeita a variações — mas justo compreendido segundo a lei eterna, imutável e fundamental. Portanto, um renascimento estrutural total deve seguir-se à transfiguração da alma.

É por isso que *ser justo é ser rei:* tornamo-nos reis-sacerdotes do reino original, entramos na Escola Espiritual.

Ser rei é ser o céu, e o todo se realiza. Por conseguinte, *ser o céu é ser Tao;* tornamo-nos *unos* com *Isso.*

Ser Tao é durar eternamente — entramos na eternidade. *Mesmo que o corpo morra, já não há perigo a ser temido.* O corpo é um fenômeno da antiga vida que, chegado o momento, é deixado de lado.

Esta imutável e incomparável salvação realiza-se pelo renascimento da alma. Esse renascimento é a chave da vossa felicidade eterna.

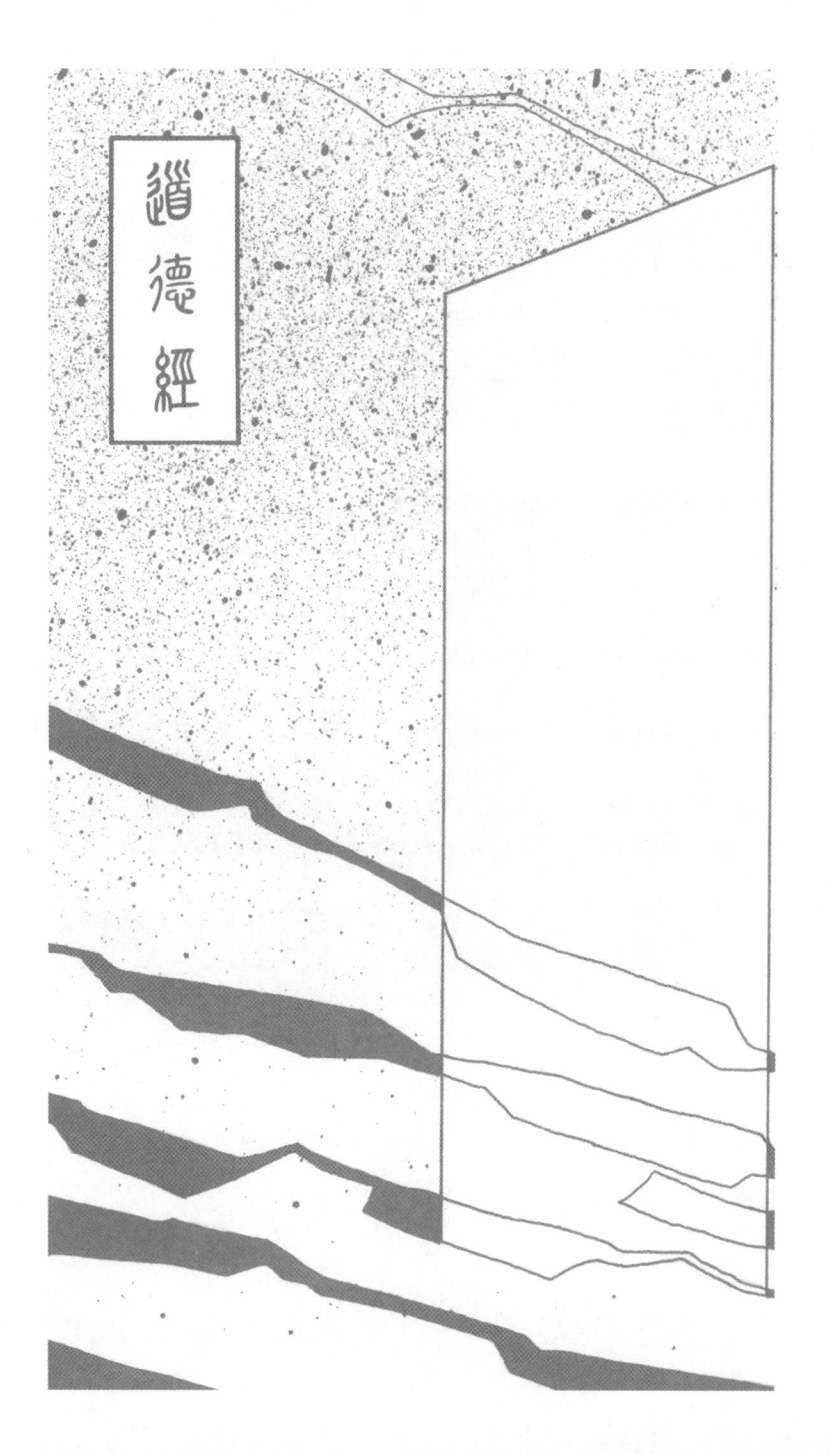

道德經

Na remota Antiguidade, o povo sabia apenas que
os príncipes existiam.

O povo amou e louvou os príncipes que vieram a seguir.

Ele temeu os que os sucederam.

Ele desprezou os que vieram em seguida.

Quem não confia nos outros não recebe sua confiança.

Os antigos eram lentos e sérios com suas palavras.

Quando eles haviam adquirido valores e levado as coisas a bom termo, o povo dizia: "Estamos aqui por nós mesmos".

Tao Te King, capítulo 17

17

O POVO E SEUS PRÍNCIPES

Ao estudar o décimo sétimo capítulo do *Tao Te King* e refletir sobre ele, rapidamente compreendereis que a palavra "príncipes" designa o grupo de guias espirituais da humanidade em suas diversas nuances. É preciso entender que, na Antiguidade, o soberano era também o guia religioso, ou seja, os guias espirituais eram igualmente chefes de Estado. Vemos um vestígio simbólico disso na Casa Real Inglesa, onde a rainha também é a autoridade máxima da igreja anglicana.

No início de um novo período, de um novo dia de manifestação, o remanescente da humanidade decaída é levado novamente à manifestação. Então, os microcosmos, purificados do passado da natureza, são novamente retirados da noite cósmica e conduzidos para um período dialético de atividade onde recebem a oportunidade de abarcar uma personalidade. Na aurora de tal dia de manifestação, a humanidade recebe uma liderança espiritual. Uma liderança que define o objetivo e impele a esse objetivo, rumo à libertação. Deve estar claro para vós que tal liderança, no início, não pode vir das bases, pois a jovem humanidade ainda não está pronta para isso.

Por isso, nesse primeiro estágio de desenvolvimento da humanidade, o último elo das Fraternidades precedentes, o grupo do elo mais baixo da corrente de almas imortais, desempenhou os papéis de soberanos e líderes. Por terem se libertado antes da última noite cósmica, evidentemente havia uma grande distância entre esses sublimes soberanos e líderes e a jovem humanidade remanescente. Essa incomensurável distância tornava, portanto, impossível qualquer contato. Existia, quando muito, uma ligação impessoal que operava através da percepção sensorial e da vida onírica. Nesse estágio, era impossível para as entidades humanas observarem pessoalmente seus guias espirituais, mas todas estavam convencidas de sua presença através de experiências interiores pessoais. Elas vivenciavam a presença de deuses, por isso é dito: *Na remota Antiguidade, o povo sabia apenas que os príncipes existiam.*

A segunda hierarquia de soberanos proveio em parte do próprio povo, sob condições muito especiais, porque, nesse ínterim, o corpo racial da jovem humanidade havia se desenvolvido. Algumas entidades com predisposição para isso poderiam ser obumbradas pelos deuses do último elo. Mais tarde ainda, alguns deuses se manifestaram de forma mais direta em microcosmos, primeiro pelo deslocamento da consciência do ser, nos templos, e depois pelo nascimento. Dessa forma, houve uma ligação mais direta e pessoal entre os príncipes do espírito e a humanidade. Essa ligação direta e pessoal era também necessária porque a visão interior obscurecera devido ao mergulho cada vez mais profundo na matéria. Por isso: *O povo amou e louvou os príncipes que vieram a seguir.* O amor e o louvor vieram juntar-se à adoração da primeira fase.

A terceira fase surgiu com o ulterior progresso da manifestação dialética da humanidade. Os soberanos espirituais do último elo retiraram-se após haverem transmitido os ensinamentos, as instruções, todo o caminho da magia e toda a verdade, visto que o corpo racial e o estado microcósmico dos homens estavam suficientemente desenvolvidos para que fosse possível, pela primeira vez na recente história humana, recrutar da própria humanidade

17 · O POVO E SEUS PRÍNCIPES

a hierarquia de líderes espirituais. Foi nessa fase que se formou o sacerdócio humano, a fim de assegurar, pelo maior tempo possível, a correta ligação com os antigos príncipes espirituais que retornavam periodicamente à terra para suscitar um despertar. Tratava-se de uma necessidade premente, pois o crescimento do egoísmo provocava um rápido declínio. A nova hierarquia de reis-sacerdotes, recrutada da própria humanidade, desagregou-se em decorrência de querelas sobre esferas de poder, inveja, ciúme e toda a gama de impulsos humanos. E como essa hierarquia havia sido treinada em magia e o corpo racial ainda era muito sutil, portanto não estava ainda condensado como hoje, as práticas de magia tinham grande impacto. Dessa forma, uma conjuração mágica feita por um soberano desarmonioso podia provocar a morte súbita. O bem e o mal, em sua forma extrema, estavam fortemente misturados. O povo tinha, portanto, toda a razão de temer seus soberanos. Daí: *Ele temeu os que os sucederam.*

Lao Tsé percorre com grande velocidade a história da humanidade. Não é a história que o interessa, mas o presente. Por isso ele esboça, com poucas palavras, o período seguinte. O tempo das teocracias absolutas tinha passado e o nível espiritual continuava em queda. Não podia ser de outro modo. O adensamento do corpo racial e a degeneração dos soberanos-sacerdotes causaram a ruptura da ligação com os príncipes do último elo. Visto espiritualmente, restou apenas a presença do campo de irradiação gnóstico e das escolas espirituais que haviam retomado a tarefa dos soberanos-sacerdotes degenerados. Essas escolas tiveram de trabalhar com a maior cautela, pois eram objeto de todo tipo de perseguições mortais. Por isso a fase seguinte só poderia ser: primeiro, a degeneração do sacerdócio em magia negra e, em segundo lugar, o desenvolvimento da teologia como saber puramente intelectual, sem dimensão interior nem sacerdotal, sem legitimidade nem qualidades, bem como a formação de uma classe popular mística e autoritária.

Com isso, surgiu e cresceu o desprezo no homem das massas. A adoração, o amor e o temor desapareceram completamente. Os sacerdotes e os teólogos já não eram levados a sério, razão pela qual é dito: *Ele desprezou os que vieram em seguida.*

Vivemos numa época em que a maior parte da humanidade cortou completamente seus elos com a Gnosis. Essas ligações foram traídas e destruídas devido a contínua cristalização e degeneração. A massa está envolvida e impregnada com um sucedâneo de vida espiritual que, na verdade, ela despreza e do qual desconfia completamente.

Entretanto, nos meios teológicos atuais, existe certo autoconhecimento, e percebe-se que não se consegue nada e que nada se sabe. Apesar disso, inúmeros teólogos ainda pensam que são chamados a exercer uma direção espiritual. Além disso, no decorrer dos séculos, seus antepassados derramaram tanto sangue, causaram tanto mal, perpetraram tantos atos de impiedosa crueldade, que, com o peso de semelhante herança sanguínea, eles estão totalmente acorrentados. Lembrai-vos aqui da caça às feiticeiras nos séculos passados e das inúmeras perseguições contra os servidores das escolas espirituais, como a Fraternidade dos Cátaros. Lembrai-vos de Calvino, que perseguiu Michel Servet. Em nossa era, milhões de homens foram assassinados. Isso explica as reações do sangue, cada vez mais fortes, a desconfiança e o ódio generalizados. E conheceis a lei: *Quem não confia nos outros não recebe sua confiança.*

Esforços têm sido envidados para desenvolver um movimento ecumênico, uma nova Internacional da espiritualidade. Mas de que forma uma situação nova, no sentido de um restabelecimento da ligação com a Gnosis, poderia instaurar-se, tendo por base a ignorância, a degenerescência e uma herança tão pesada? Ora, já há muito tempo foi retirado o direito de progenitura do clero atual. Já há milênios esse direito foi transferido para as escolas espirituais. Estas escolas, há milênios, já estabeleceram seu movimento ecumênico. Além disso, o ecumenismo teológico consiste em congressos sucessivos e publicações retumbantes, quando é claro que o caminho a seguir é completamente diferente. Examinai, desse ponto de vista, os últimos versículos do décimo sétimo capítulo do *Tao Te King*:

Os antigos eram lentos e sérios com suas palavras.

Quando eles haviam adquirido valores e levado as coisas a bom termo, o povo dizia: "Estamos aqui por nós mesmos".

Os verdadeiros e originais obreiros nas vinhas da luz são lentos e sérios com suas palavras. Isso quer dizer que eles falavam, e falam, apenas o estritamente necessário e não se perdem em inúteis jogos de palavras, nem em eloquência cheia de brilho. Trata-se, primeiro, de "adquirir valores e levar as coisas a bom termo". Portanto, que cada obreiro e cada aluno evite torrentes de palavras, demonstrações exteriores e especulações, e que demonstre a realidade de seu estado através de sua própria vida, tanto exterior como interiormente. Unicamente os fatos falam e dão testemunho. Unicamente a verdade, a realidade, liberta. Unicamente o renascimento da alma pode elevá-la acima do tempo e do espaço.

Agora, após grande luta, o instrumento de trabalho sob nossa direção adquiriu valores interiores. Agora a antiga sabedoria foi libertada de seu envoltório material. Agora a ligação com os príncipes do último elo foi restabelecida e o corpo-vivo se tornou sétuplo. Agora estamos prontos para a obra, para recolher imediatamente a colheita no mundo todo. A forja foi construída, a bigorna foi instalada, o fogo foi aceso, ativado, e sobe em chamas ardentes. Por isso é necessário que, agora, os golpes de martelo sejam desferidos. Uma nova falange sacerdotal deve agora comprovar-se.

Essa prova é fornecida por uma demonstração pessoal de um novo estado de ser. Não com palavras, mas em atos. Essa é a chave para romper o estado sanguíneo da humanidade atual. A humanidade está mergulhada na desconfiança e no desprezo em consequência de sofrimentos indescritíveis. Não vos aproximeis dos homens unicamente com palavras: não obtereis o menor sucesso. Não vos aproximeis deles com os métodos habituais, com uma série de palavras piedosas e doces, porém aproximai-vos deles com um novo estado de alma.

Quando, dessa forma, houverdes *adquirido valores* e *levado as coisas a bom termo,* os homens que para isso estiverem enobrecidos, dirão: *Estamos aqui por nós mesmos,* nós viemos a vós, estamos convosco espontaneamente; inclinamo-nos diante dos fatos. Nós viemos por nós mesmos, por impulso interior". Então, eles colocarão em prática o não fazer, como vós também o teríeis feito. E eles quererão alcançar o que vós teríeis alcançado. Eis a prática, no presente: essa é a receita da libertação. É a prescrição dos antigos.

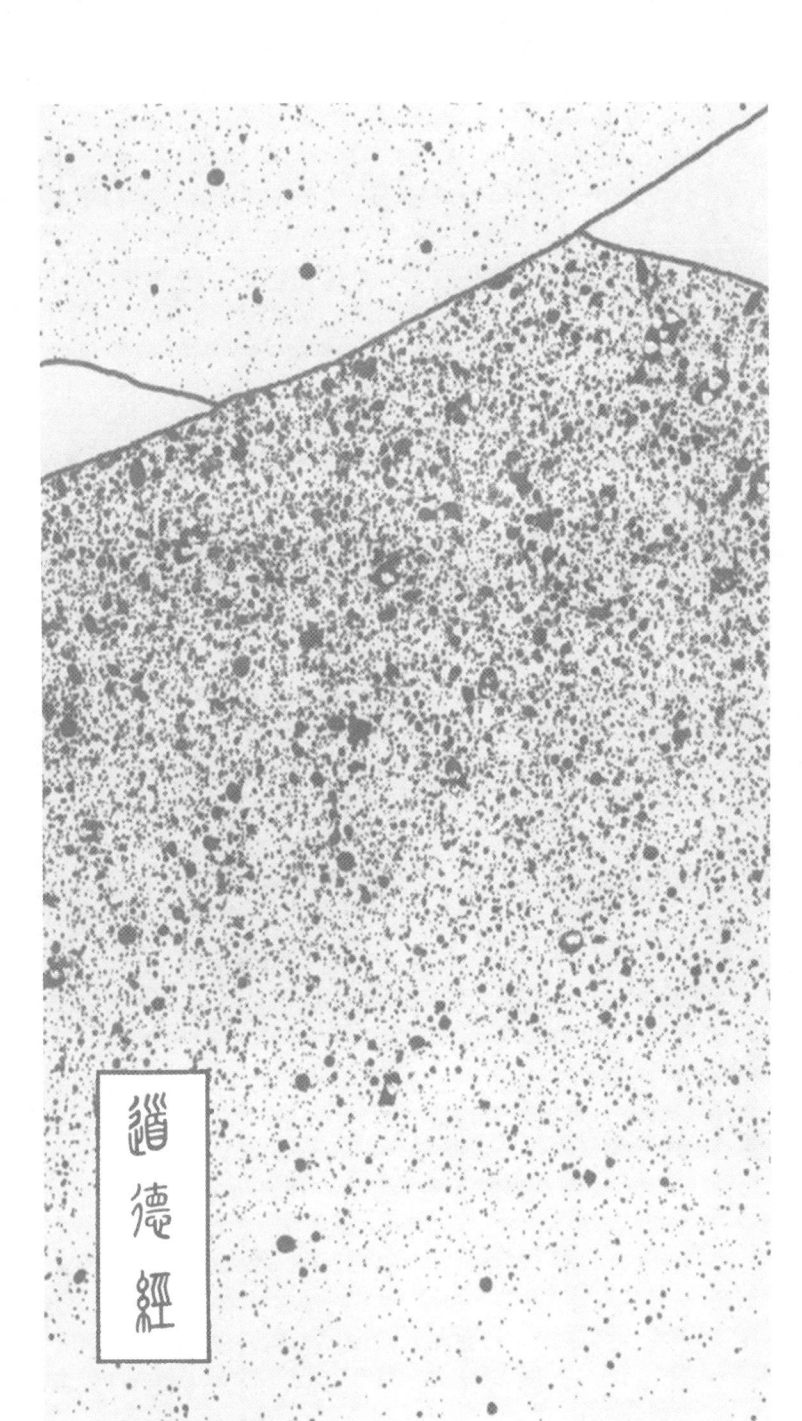

道德經

Quando o Tao foi negligenciado, surgiram o humanitarismo e a justiça.

Quando a sagacidade e a astúcia se manifestaram, surgiu a grande hipocrisia.

Quando a família deixou de viver em harmonia, surgiram a afeição paterna e o amor filial.

Quando os estados do reino soçobraram na desordem, surgiram súditos fiéis e submissos.

Tao Te King, capítulo 18

18

QUANDO O TAO FOI NEGLIGENCIADO, SURGIRAM O HUMANITARISMO E A JUSTIÇA

À luz da Doutrina Universal, tornar-se-á claro para vós que o colapso e o naufrágio da humanidade nada têm de enigmáticos. Quando, por ocasião de um novo dia de manifestação, um novo período para a humanidade inicia-se e todos os microcosmos recebem uma série de novas possibilidades de elevação, então, na aurora desse dia, são abertas oportunidades de libertação a absolutamente todos.

Todavia, essas oportunidades não podem permanecer abertas, pois numa dispensação dialética isso é impossível. É por isso que cada dia de manifestação apresenta um nascimento, um crescimento, uma maturidade e, em seguida, um declínio. Naturalmente, durante esse desenvolvimento o corpo racial se adensa cada vez mais e um estado de separação máxima é alcançado. Como verificamos: a Gnosis — o Tao — vai ao encontro da jovem humanidade, na aurora de um dia cósmico, e caminha a seu lado pelo tempo que for possível, numa tentativa de permanecer junto a ela.

Com efeito, a colheita é grande, porém infelizmente chega, para a parte que fica para trás, um momento histórico trágico de despedida. Nós mesmos e nossos semelhantes já passamos por esse momento. Pertencemos ao grupo remanescente, aos que, até agora, não quiseram seguir a senda de libertação.

No decorrer dessa separação histórica, um último meio de salvação foi confiado às escolas espirituais da sétupla Fraternidade Mundial, e preferimos já não falar do trágico declínio da hierarquia sacerdotal. Sabeis, porém, que somente um pequeno percentual da humanidade — se virmos isso com o maior otimismo — está em condição de ser ajudado pela Escola Espiritual e que um grupo ainda menor está fundamentalmente qualificado para tanto, pois somente poucos apresentam uma fraca reação às radiações magnéticas gnósticas.

Para os demais, pode-se dizer que, após o período de "negligência ao Tao", ocorreu uma completa ruptura com o Tao, uma ruptura de natureza fundamental.

Mas não faríamos jus à verdade se não verificássemos também que em uma grande parte da humanidade ainda estão presentes elementos que dão um claro testemunho de que ela é chamada a um destino melhor e a um bem superior. Um cão de raça maltratado pode ter uma aparência miserável, mas sempre é possível perceber sua raça, sua origem. Isso também ocorre com a humanidade. A posse da rosa, talvez extremamente negativa e caricatural, fala por si e o demonstra de diversas formas. A humanidade demonstra que ela tem "raça", algo como um impulso régio. Ela dá provas de sua nobre origem.

Infelizmente, porém, como retrata Johann Valentin Andreæ em seu livro *As núpcias químicas de Cristiano Rosa-Cruz:* a humanidade jaz acorrentada num obscuro calabouço, onde os homens estão muito ocupados recriminando uns aos outros pelas trevas, pela miséria e pelos grilhões. Eles brigam e chegam à violência. Ao mesmo tempo, estão muito ocupados, na teoria e na prática, em ordenar e melhorar esse caos. Mas não têm sucesso. A tentativa é inútil, embora o esforço seja compreensível. É por isso que Lao Tsé diz: *Quando o Tao foi negligenciado, surgiram o humanitarismo e a justiça.*

Acaso sabeis que já vivemos quatro séculos de desenvolvimento e aplicação do humanismo prático? Em 1953 foi realizado em Genebra um congresso humanista por ocasião dos quatro séculos do suplício de Michel Servet, morto na fogueira por instigação de Calvino. Nessa época, houve o veemente protesto humanista de Castellio e, desde então, o humanismo não cessou de crescer e de se desenvolver. Realmente, ele deixou sua marca em nossa sociedade. Os humanistas dão o melhor de si, e quem ousaria deixar de praticar o humanitarismo e a justiça?

Porém, não estaria tudo isso acelerando, ao mesmo tempo, acentuadamente a descida da humanidade aos infernos? Quatrocentos anos de humanismo, mas também quatrocentos anos de sofrimentos e desespero. As mais terríveis guerras e destruições, a fúria do assassinato e do homicídio: um empastamento de sangue e lágrimas, polvilhado com filantropia e justiça. O homem apresenta duas naturezas. Ele é potencialmente um deus, mas também um demônio. E tudo isso turbilhona e fervilha no calabouço! Que condição horrível!

Acaso, então, não devemos ser caridosos? E por que não? Se o fazeis, é porque é mais forte do que vós. Mas vede que isso não traz a solução. Por que, então, não aderis à justiça? E o que é a justiça para essa extremamente complexa massa que se contorce em sua sombria cova? Não divergem esses interesses de maneira irreconciliável? Acaso cada indivíduo não busca o direito de atingir seus próprios fins? Percebeis como se pode facilmente chegar à hipocrisia em nome do direito? É por isso que Lao Tsé diz: *Quando a sagacidade e a astúcia se manifestaram, surgiu a grande hipocrisia.*

Se vossos interesses, vossos deveres e a necessidade de vos manter, portanto, vossas preocupações, estão na linha horizontal, então desenvolvestes, no decorrer dos anos, sagacidade e habilidade.

Aplicais uma tática, um jogo sutil para atingir vossos fins. E, nesse jogo, buscais agora colocar o direito do vosso lado, não para praticar a justiça, mas para atingir vosso objetivo. Portanto, vossa ação é hipócrita. Isso provoca todo tipo de perturbações, e as situações tornam-se mais e mais complicadas. Se seguirdes as lutas políticas da humanidade à luz do *Tao Te King*, só podereis sentir uma contínua e compreensível náusea. No tocante à política e à economia, a mentira e os enganos reinam seguindo um plano determinado, e podemos ouvir os duros golpes desferidos recíproca e oficialmente pelos partidários nesse cárcere que é a nossa sociedade. Com certeza, a grande família humana não vive em harmonia. É uma situação horrível.

Todavia, mesmo assim, ela não nega sua origem superior, seu status. A grande família humana não vive em harmonia, vós o sabeis, vós o experimentais. E assim:

Quando a família deixou de viver em harmonia, surgiram a afeição paterna e o amor filial.

Como ilhotas em meio ao mar furioso, existem, aos milhares, famílias que vivem em paz. O amor dos pais e a piedade filial existem, apesar das inúmeras exceções. Seria isso um mal? Ao contrário! Que a tranquilidade de vossa vida familiar e o amor dos pais e dos filhos sejam um conforto mútuo. Talvez sejam mesmo vosso único local de repouso na tempestade da vida.

Todavia, não deveis superestimar a qualidade dessa situação. Acaso vosso coração bate com o mesmo amor pela família vizinha? Vivemos em apartamentos que se empilham como gaiolas de pássaros, onde, em muitos casos, arrulhamos harmoniosamente. Isso não impede que os habitantes não cessem de lutar no cárcere. Em certos grupos, os dirigentes proclamam a elevada nobreza da família como célula básica da sociedade. Eles têm razão; ela é um colete salva-vidas que preserva os homens do afogamento. Porém,

18 · QUANDO O TAO FOI NEGLIGENCIADO...

não idealizeis muito isso tudo, pois é apenas um triste vestígio, um pequeníssimo reflexo da vida original no Tao. O mesmo se aplica aos povos como às famílias. Cada povo é uma grande família, porém muitas dessas grandes famílias se desintegraram, pois há muito a ser feito e aqui se combate bravamente. Na vida desses povos, porém, ainda se percebe algo da natureza divina. Por exemplo, no amor à pátria, no sentimento nacional. Quer o sintais quer não, e qualquer que seja a maneira pela qual isso se manifesta, pouco importa, verificamos somente que tais sentimentos existem nos povos, razão pela qual cada povo tem seus súditos fiéis. Nenhum ser humano está isento de patriotismo, pois trata-se de um estado sanguíneo. E sabeis até onde ele pode levar-nos, embora, fundamentalmente, seja uma qualidade semelhante a um clarão fugitivo do original. No entanto, por vezes até onde o sentimento nacional pode levar a humanidade?

Compreendereis, pois, perfeitamente o que diz Lao Tsé:

Quando os estados do reino soçobraram na desordem, surgiram súditos fiéis e submissos.

É desnecessário entrar em detalhes para vo-lo explicar. Vós mesmos tivestes vossas experiências nesse assunto e, quando penetrais em vosso imo e chegais a uma conclusão sobre esse assunto, como aluno da Escola Espiritual, sabeis que ainda há muito a ser feito antes de vos libertardes dessa ilusão. Acaso não é ilusório afagar-vos sob um reflexo caricatural da luz? Acaso não é necessário retornar ao Tao enquanto ainda é possível? Tendes ouvido o apelo da Escola Espiritual, e agora que destes atenção a esse apelo e percebestes que ele traz a paz eterna, trata-se de encarar as consequências!

Ficamos perplexos ao pensar que o *Tao Te King* foi transmitido à humanidade pelo menos seis séculos antes de Cristo. Em nossa opinião, essa obra remonta a vários milhares de anos antes.

Não seríamos, pois, pioneiros, mas retardatários! Apesar de tudo, ainda que retardatários, caminhemos, pois ainda há tempo. Abandonemos o cárcere e entremos na liberdade pelo renascimento da alma:

> *Ser Tao é durar eternamente. Mesmo que o corpo morra, nenhum perigo pode ser temido.*

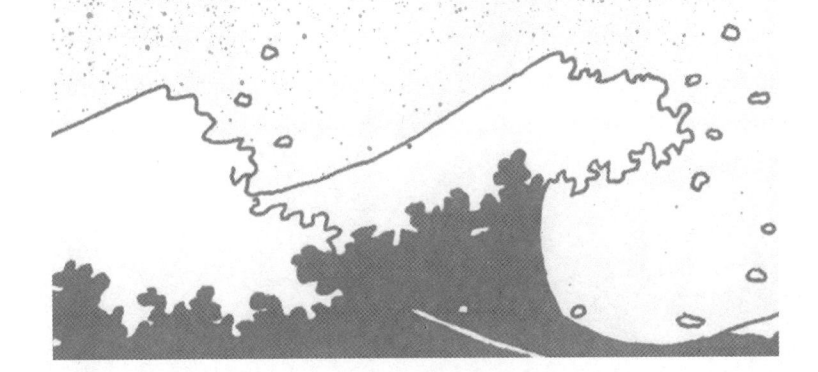

道德經

Livra-te da sabedoria e bane o saber, e o povo será cem vezes mais feliz.

Livra-te da filantropia e bane a justiça, e o povo reencontrará o amor paterno e o amor filial.

Livra-te da destreza e bane a cupidez, e já não haverá ladrões nem salteadores.

Afasta-te dessas coisas e não tomes gosto pelas aparências.

Eis por que eu te mostro ao que deves te apegar: considera-te, tu mesmo, em tua simplicidade original e guarda tua pureza original. Tem pouco egoísmo e poucos desejos.

Tao Te King, capítulo 19

19-I

BANE O SABER!

É de vosso conhecimento que a humanidade, com os farrapos remanescentes da vida original, gira em círculos no poço tenebroso da natureza da morte. Através do humanismo e da justiça, do amor paterno e filial, portanto pelo culto à família e à pátria, ela tenta consertar as coisas. Por mais inúteis que sejam essas tentativas quanto ao resultado final, devemos reconhecê-las como a única possibilidade de expressão do potencial de bondade da humanidade.

O Tao foi abandonado, e vimos o resultado sob diversos ângulos. E, provavelmente, tivestes vossas próprias experiências nesse sentido. Por isso, propomo-vos uma única solução possível: que agarreis as cordas lançadas para vossa salvação no poço da morte, a fim de percorrer o caminho do regresso, caminho esse que começa pelo renascimento da alma, dando-lhe paz imediata.

Obviamente, esse caminho de regresso apresenta diversos aspectos que deveis levar em consideração. Conheceis o processo da Gnosis quíntupla universal e sabeis que ela corresponde a vossos fluidos vitais, a saber:

a compreensão corresponde ao sangue;
o desejo de salvação, ao fluido hormonal;
a autorrendição, ao fogo serpentino;

a nova atitude de vida, ao fluido nervoso;
o renascimento da alma, ao fluido astral.

Ao longo dos anos se fez de tudo para levar os alunos da Escola da Rosacruz a uma compreensão suficiente de seu estado. O mesmo se pode dizer com relação ao desejo de salvação. Quem tem alguma compreensão aspira ao novo campo de vida. E dissemo-vos, com ênfase, quase diariamente, durante anos, que a autorrendição, ou seja, o estado de não eu, é a chave do problema. E agora sabeis que essas três sendas — compreensão, desejo de salvação e autorrendição — mantêm a ligação com os raios eletromagnéticos presentes e demonstráveis no campo de força da Escola Espiritual.

No decorrer desses anos, uma nova força eletromagnética surgiu em nosso campo de força. Uma força que nos fez falar da unidade de grupo e da nova atitude de vida; uma força que influencia principalmente o coração; uma força que vos leva a agir e a dar provas evidentes de um discipulado puro e sem falhas. Qual avalanche, essa força, como o sabeis, provocou grandes mudanças e desenvolvimentos em nossa Escola, mudanças essas que, se por um lado nos encheram de reconhecimento e alegria, por outro também nos deram tristezas, pois foi necessário utilizar sem reservas a espada da purificação e da libertação. E vós o sabeis:

Nova atitude assim exige
compreensão mui clara.
Quem para a nova vida segue
recomeça tudo.
Qual um grupo, sem cessar,
nós devemos unidos ser,
o eu aniquilar.

Preparamos e realizamos esse novo começo, e os que deram prioridade ao eu e à sua ilusão, e assim criaram obstáculos à viagem, excluíram a si mesmos do grupo. Admitamos agora que tenhais começado essa viagem na nova atitude de vida e que estejais perfeitamente preparados para aceitar as consequências dela decorrentes. Portanto, diversos problemas surgem e deverão ser resolvidos. Porque quem é incapaz de resolver seus problemas perde o bom humor, enquanto o abatimento ou a exaltação toma o seu lugar. Ao lado das normas do caminho que conheceis e aceitais, ao lado da atitude de vida fundamental correspondente, pensamos em condutas práticas e mais ou menos concretas necessárias no dia-a-dia.

Estais focalizados no objetivo da Escola Espiritual e, portanto, sabeis o que se espera de vós. Mas também estais, diariamente, voltados para a vida comum com todas as suas emoções. Frequentemente não sabeis o que fazer. Portanto, chegais ao ponto de cometer erros que podem acarretar consequências deploráveis. Portanto, em vossa condição de aluno, é preciso ter, na vida comum, um comportamento ponderado. Não digais: "A vida cotidiana não me interessa. Nela não tenho nada a fazer. Já liquidei minha dívida com ela".

Seria tolice falar dessa maneira, pois o fato de estardes nesta terra significa que a vida ainda não fez seu ajuste de contas convosco. É por isso que, de qualquer maneira, é preciso escolher condutas práticas no plano horizontal. Ora, Lao Tsé vos esclarece a esse respeito.

A propósito da vida comum, em primeiro lugar é preciso rejeitar a sabedoria e banir o saber. Tendes unicamente de irradiar a luz de vossa alma. Isto quer dizer que, se vos aproximardes de vossos semelhantes munidos com o conhecimento e a sabedoria da Gnosis, eles vos considerarão insuportáveis. Despertareis o ódio. Desencadeareis a resistência. Incendiareis a guerra.

No entanto, com um pouco de conhecimento dos homens, um pouco de conhecimento da vida e um pouco de amor, fareis maravilhas, levados pela nova luz da alma. E nessa atmosfera de harmonia e de felicidade, eles se abrirão mais do que nunca à vossa orientação espiritual.

Assim, Lao Tsé afirma: *Livra-te da sabedoria e bane o saber,* age tão naturalmente quanto possível, *e o povo será cem vezes mais feliz.* Dessa forma, seguirás o caminho da mínima resistência, exatamente para romper a resistência.

O aspecto seguinte dessa importante questão é que o humanismo e a justiça lançam perturbações em todas as partes do mundo. Inúmeros movimentos no plano dialético querem ajudar a humanidade através da filantropia e da justiça. Pensai em todas as correntes religiosas, humanitárias e políticas que agem no plano da natureza. Elas enviam suas acusações e suas publicações para todo o mundo. Elas têm sua imprensa e sua organização. Elas vos chamam e acenam para vós de todas as direções, com a louvável intenção de converter, no cárcere, a desordem em ordem, se possível em ordem divina.

Não zombeis deles! Não os ataqueis. Não oponde vossas concepções às deles. Considerai tudo isso muito seriamente, pois os homens não podem agir de outra forma. Todavia, não colaboreis com isso pessoalmente. Não vos deixeis dominar. Libertai-vos eventualmente. Não espereis nada e agi com tato.

Se existe um grupo que exerce influência, é exatamente o grupo gnóstico, graças ao seu campo de força. Se o grupo da Escola Espiritual como um todo libertar-se da violenta agitação mundial, ele se tornará uma poderosa alavanca para o restabelecimento final da grande família humana unificada. Os esforços humanistas no plano horizontal serão, então, substituídos pela realidade do plano vertical.

Dessa forma, aceleraremos a vinda do período conhecido sob o nome de "reino dos mil anos". Trata-se do processo que as escolas espirituais da sétupla Fraternidade Mundial devem seguir. Portanto:

19-I · BANE O SABER!

Livra-te da filantropia e bane a justiça, e o povo reencontrará o amor paterno e o amor filial.

Ainda estamos apenas no início desse desenvolvimento, mas se dele quiserdes participar, descobrireis quão importante tudo isso se tornará. Já falamos convosco sobre a atitude do aluno com relação a seus semelhantes e, no aspecto social, sobre suas relações com a sociedade. Todavia, ainda há muito a ser dito sobre isso:

Livra-te da destreza e bane a cupidez, e já não haverá ladrões nem salteadores.

Que devemos compreender por essas palavras? Examinemo-las primeiro no contexto de nossa Escola Espiritual e, a seguir, no tocante a vossa vida social comum. Suponhamos que, na Escola, sob certos aspectos, vossos motivos não sejam puros. Este fato depende, evidentemente, da impureza fundamental do coração. Sois presos pelas chamas de vossos desejos. E, com a ajuda da vossa experiência, vos esforçais por atingir vossos objetivos. Portanto, tentais obter algo que, na verdade, não vos pertence. Tentais forçar a obtenção de algo que chegará a vós no devido tempo, se tudo for bem. Dessa forma, agis exatamente como um ladrão ou salteador, e é evidente que, em vista disso, evocais todo tipo de forças e de vibrações correspondentes. Então a Escola é colocada em dificuldade e o campo de força, perturbado. Neste caso, emanaria dela uma radiação impura, destruidora para a humanidade, e não libertadora. Principalmente numa escola espiritual, não deveis evocar em vós mesmos desejos, esperteza e gosto pelo lucro, mas renunciar a eles completamente.

Esforçai-vos por aplicar esses princípios também na vida comum, de modo consciente e fundamental. Ousai fazê-lo! Vosso desenvolvimento no caminho da paz da alma será grandemente beneficiado. Em vosso campo* de respiração existem inúmeros ladrões e salteadores que vós mesmos evocastes! Quantas dificuldades não provocais, assim, na vida dos outros! Isso não vos traz nada e destrói os outros. Eis por que Lao Tsé diz: *Livra-te da destreza e bane a cupidez, e já não haverá ladrões nem salteadores.* Colocai em prática esta atitude de vida.

19-II

AFASTA-TE DESSAS COISAS

Retomemos os versículos ainda não comentados do capítulo 19 do *Tao Te King:*

Afasta-te dessas coisas e não tomes gosto pelas aparências.

Eis por que eu te mostro ao que deves te apegar: considera-te, tu mesmo, em tua simplicidade original e guarda tua pureza original. Tem pouco egoísmo e poucos desejos.

Afasta-te dessas coisas. Quais coisas? Permiti que vos lembremos novamente.

Em vosso comportamento cotidiano, em vossas relações com vossos semelhantes, renunciai à vossa sabedoria e ao vosso saber. Recebestes essa sabedoria e esse saber unicamente para vosso uso pessoal, para ajudar-vos a transformar vossa alma mortal em alma renascida. Disso resulta particularmente uma irradiação da alma. Essa irradiação emana de vós não segundo vossa vontade, de maneira refletida e premeditada; e ela não pode jamais ser ofensiva, provocativa ou desagradável para quem quer que seja.

Vossa sabedoria e vosso conhecimento, não obstante úteis para vós, somente podem ser úteis para outros no caminho quando solicitados, quando, na angústia da alma, eles tiverem necessidade desse alimento. Quanto aos demais, deveis comportar-vos com amor e compreensão, com muita paciência e compaixão, pois eles fazem parte daquele tipo de ser ao qual vós mesmos pertencíeis. Dessa forma, é possível tornar felizes todos os seres vivos com os quais estais em contato.

Em segundo lugar, deveis afastar-vos da filantropia e da justiça. Dezenas de grandes movimentos e centenas de pequenos outros, cuja violenta agitação resulta da ação de grupos religiosos, humanitários, políticos, ocultistas e econômicos, solicitam vossa atenção, vossa colaboração, vossa determinação e a doação de vossa vida. Não participeis deles de forma alguma. Considerai tudo isso inútil e bom unicamente para manter a luta. Todavia, não vos mostreis arrogantes, nem rudes, nem odientos. Permanecei calados e fazei a oferenda da luz de vossa alma.

Em terceiro lugar, desprezai vossa esperteza e vosso gosto pelos lucros, pois esses traços de caráter são armas para furtar o que não vos pertence e a que ainda não tendes direito. Criaríeis ao vosso redor uma atmosfera de desarmonia, roubo e morte.

No capítulo precedente, indicamos três elementos dos quais é necessário afastar-se. Se vos decidis a isso, não o façais somente em aparência. Saber que alguma coisa não é boa e não renunciar a ela do fundo do coração, é um simulacro. Neste caso, obedeceis a uma lei que vos é imposta ou à qual vós mesmos vos submeteis. Então, vos mantendes sob o jugo da lei, ou seja, na fase do Velho Testamento. Vós vos inclinais diante da lei, sem que, no entanto, a nova realidade se inscreva em vosso sangue. Ainda não renunciastes à justiça comum, e tendes gosto pelas aparências. A nova atitude de vida só faz sentido se a adotais interiormente, impulsionados pelo sangue do coração. Caso contrário, trata-se de simulacro, de hipocrisia. Então, vos colocais sob o julgamento emitido no capítulo 18:

> *Quando a sagacidade e a astúcia se manifestaram, surgiu a grande hipocrisia.*

Compreendei-o bem: na Escola Espiritual e na senda é impossível dar um passo sequer e obter algum sucesso injustamente, mediante simulação. Na nossa vida comum pode-se fingir. Essa, porém, é a causa de indizíveis tormentos, pois fingir está em pé de igualdade com o instinto de conservação, e o instinto de conservação desencadeia a guerra. O fingimento na vida e no comportamento penetrou a tal ponto no sangue, de geração em geração, que temos certa tendência a empregar o simulacro e seus métodos até mesmo na Escola Espiritual para seguir a senda! Então, nesse caso, não falais em simulacro ou impostura, pois trata-se de palavras pejorativas. Dizeis: "Eu bem que gostaria, esforço-me ao máximo, tenho o desejo" e outras palavras semelhantes.

Deveis compreender bem que não queremos colocar-vos sob uma luz desfavorável nem ofender-vos, mas somos obrigados a perguntar: "Acaso a Gnosis ainda é para vós unicamente um simulacro, um valor ainda totalmente exterior, que gostaríeis muito de possuir?"

Podeis, com base nisso, estudar esse valor, suas características e objetivos, tentar aproximar-vos dele e imitá-lo graças aos meios dialéticos ao vosso dispor. Mas isso não passaria de um falso discipulado, com aparências às vezes muito refinadas. E ele não poderia ser considerado uma posse sanguínea.

Deveis dar provas de que estais renovados em vosso próprio campo sanguíneo e através dele. Essa é a razão pela qual Lao Tsé diz no fim do capítulo 19: *Eis por que eu te mostro ao que deves te apegar.*

O poeta holandês de Génestet diz em um de seus poemas:

> *Liberta-me da aparência, ó Senhor,*
> *devolve-me a natureza e a verdade.*

Considera-te, tu mesmo, em tua simplicidade original e guarda tua pureza original. Que se pretende dizer com isso? Com certeza não se trata da simplicidade e da pureza divinas originais. É impossível nos vermos nelas. Em nossa condição de almas mortais, jamais conheceremos esse estado. Não obstante, quando vos aproximais da Escola Espiritual e decidis seguir a senda, deveis libertar-vos de todos os véus que a ilusão, a impostura e a educação teceram ao vosso redor e manter-vos com os pés no chão com relação a vossa verdadeira natureza e a vosso verdadeiro estado de ser.

Cada homem pertence a determinado tipo, possui determinado caráter e determinado valor. Quando houverdes adquirido o autoconhecimento, sem superestimar-vos nem subestimar-vos, estareis em vossa simplicidade original, conhecereis vosso tipo pessoal. Então, com a pureza e a autenticidade de semelhante conhecimento, podereis aproximar-vos da Gnosis com compreensão e desejo de salvação, em autorrendição e em nova atitude de vida — um processo que pode desenvolver-se muito rápido! Apegai-vos a *isso*. Se não o fizerdes, correreis sempre o risco de vos aproximardes da Gnosis com aparência, com todas as consequências decorrentes. Vede a vós mesmos, diariamente, em vossa perfeita simplicidade, e, sobre essa base, segui o processo com pureza. É *isso* que Lao Tsé tem em vista.

Enquanto caminhais em círculos neste mundo, tendes necessidades e interesses materiais, pois deveis manter-vos. Pois bem — e nisso cada qual é seu próprio juiz — simplificai e diminuí ao máximo vossas obrigações para vos manterdes na matéria. Tende pouco egoísmo e poucos desejos. Que o pouco de que necessitais sirva, no máximo, para assegurar as necessidades de vosso ser biológico.

Rejeitai toda ilusão e iniciai vossa senda de aluno na simplicidade e na pureza. Então, a unidade de grupo — a grande comunidade de almas — *surgirá* com força e de uma maneira maravilhosa. Abandonai tudo o que é inútil e vos impede. Portanto:

Hoje o fardo abandonai,
mal que atacando o sangue vai.
Na liberdade agora ingressai!

Assim, tendo examinado convosco a sabedoria do *Tao Te King*, esperamos que os frutos dessas reflexões se façam notar em vossa atitude de vida.

Abandona os estudos, e a inquietação se afastará de ti.

Que vantagem traz o conhecimento das sutilezas linguísticas? É preferível o conhecimento que distingue o bem do mal.

Infelizmente, o mundo tornou-se uma selva, e não se vê o fim disso.

Todos os homens estão contentes e alegres, como quem desfruta de seu alimento ou como quem, na primavera, sobe a um alto terraço.

Somente eu estou calmo e ainda não me movi. Sou como uma criancinha que ainda não sorriu. Sou livre e sem entraves, como se não houvesse nada para o qual eu quisesse retornar.

Os homens comuns vivem na fartura. Somente eu sou como um homem que perdeu tudo. Tenho o coração de um tolo, sou caos e confusão.

Os homens comuns são brilhantemente iluminados. Somente eu sou como a escuridão. Os homens comuns são muito penetrantes e perspicazes. Somente eu sou tristemente preocupado.

Sou vago como o mar, levado aqui e ali pelas ondas, sem descanso.

Todos os homens encontram razões para tudo. Somente eu sou um tolo.

Somente eu sou diferente dos homens comuns, porque venero a Mãe que tudo nutre.

Tao Te King, capítulo 20

20-I

Abandona os estudos

Tentemos compreender plenamente o significado gnóstico do capítulo 20 do *Tao Te King*. Acaso ficastes perturbados por estas palavras: *Abandona os estudos, e a inquietação se afastará de ti?* A humanidade, totalmente absorvida pelo intelectualismo, achará essa observação de uma grande estupidez ou então se sentirá ofendida. Acaso não estariam essas palavras também em contradição com as ideias da Escola da Rosacruz? Não dizemos que o homem deve possuir conhecimento para compreender a Gnosis? E não diz a Bíblia: Meu povo se perde por falta de conhecimento? Acaso não é importante e necessário tomar conhecimento de nossa literatura, a fim de nos aprofundarmos nos objetivos da Gnosis? Talvez digais: "No entanto, os alunos em todos os tempos receberam ensinamentos, seja por meio da palavra, seja por meio de escritos, ou ainda pela linguagem dos Mistérios. Deveríamos renunciar a tudo isso? Como é possível proferir semelhante absurdo datando de seis séculos antes de Cristo e pensar que se trata da sabedoria gnóstica?"

Examinemos o que Lao Tsé entende por isso. Começaremos, portanto, por um exemplo bem conhecido:

Imaginai que pudestes ler todo o conjunto das obras de nossa Escola Espiritual com base em todas as obras semelhantes que chegaram a vossas mãos no decorrer dos anos. Imaginai ainda que possuís uma boa memória e que pudestes gravar tudo o que lestes; que se possa, portanto, dizer de vós, intelectualmente: "Ele sabe! Ela sabe!"

Porventura esse saber trouxe-vos algo de real, por mínimo que seja? Não existe uma diferença enorme entre conhecimento intelectual e verdadeira posse? Não são inúmeros os que se atiram avidamente às obras da Escola Espiritual e as devoram? Acaso percebestes a reação deles ou ouvistes falar a respeito? Um capítulo trouxe alegria; o outro, tristeza; o seguinte, aversão; e o outro, ainda, talvez uma grande confusão. Aqui podia-se entrever novamente um pequeno sinal de esperança e, ali, novamente um temor desmedido etc.

Todas as reações psíquicas possíveis sucediam-se num selvagem turbilhão. Finalmente, os interessados encontravam-se frequentemente com tais tensões, a ruína astral era tão completa e preocupações de todo tipo se amontoavam como nuvens, a tal ponto que eles atingiam um resultado contrário ao esperado.

Quando observais semelhante desmoronamento moral e psíquico e podeis determinar sua causa, as palavras de Lao Tsé: "Por Deus, homens, abandonai os estudos", não vos tocam como um grito do coração?

Além do desmoronamento psíquico e enfraquecimento moral devidos aos estudos, outros fenômenos também podem manifestar-se. Saciar sua sede em fontes puramente teóricas conduz, invariavelmente, a superestimar-se em excesso e a pensar: "Eu sei tudo isso!" Podemos nos empedernir em semelhante estado psíquico. Tentar, na prática, acumular conhecimentos puramente teóricos pode ser extremamente nefasto para os outros. Em todo caso, isso conduz a uma desvalorização do verdadeiro desenvolvimento do homem.

Em nossos dias, a tendência geral para a formação intelectual provém das circunstâncias em que a humanidade se colocou.

20-I · ABANDONA OS ESTUDOS

A vida mecanizada, a industrialização altamente desenvolvida, nosso modelo de sociedade extremamente complexo em seus mínimos aspectos tornam os estudos necessários para quase todos. No entanto, será que, por isso, a humanidade vive mais feliz, melhor e é realmente mais sábia? Acaso vós, que talvez saibais tantas coisas e estais sempre estudando, estais livres de vossas preocupações? Porventura vivem livres de suas preocupações os que fabricam os diferentes produtos destinados a inculcar conhecimentos teóricos, os que fornecem a instrução? Como eles são muito sábios, pensamos que dispõem de grandes faculdades espirituais. Ah! Que grande engano! Que desvalorização do único objetivo da vida!

O mundo e a humanidade foram tão longe que, se neste momento, quiséssemos mudar de rumo, escolhendo como diretriz o conselho: "abandona os estudos", faríamos exatamente nascer imensa preocupação. "Afinal de contas, não podemos deixar nossas crianças enfrentarem a vida sem terem aprendido nada sobre a sociedade, sobre a vida social e sem terem recebido uma formação que lhes assegure sua subsistência!"

Mas, será que podemos qualificar tudo isso de progresso e evolução? Ora, não é o que todos fazem? A maior parte dos homens segue o caminho que, segundo Lao Tsé, conduz diretamente para o abismo. É por isso que o capítulo 20 faz observar: *Infelizmente, o mundo tornou-se uma selva, e não se vê o fim disso.*

Em nossos dias, um homem considerado educado é, sob inúmeros aspectos, um homem marcado. No mais das vezes, a influência da natureza da morte o acorrentou fortemente. Mas, que fazer para dissipar essa grande inquietação que, já há seis séculos antes de Cristo, Lao Tsé causava na vida de seus alunos?

Pois bem, não se trata de uma preocupação que, se vos empenhais em resolvê-la, criará novos aborrecimentos. Trata-se de uma inquietação que leva à libertação, contanto que, de maneira honesta e consequente, a olheis bem de frente.

203

Seriam verdadeiras estas palavras? Seria isto realmente possível? Examinaremos esse ponto no próximo capítulo.

20-II

O MUNDO TORNOU-SE UMA SELVA

Acaso já percebestes que, se quisermos ser perfeitamente honestos com relação à vida e a nós mesmos, é preciso reconhecer que vivemos completamente amarrados a um encadeamento de causas e efeitos? Vós mesmos vestis essa camisa de força e nela atirais também vossos filhos. Há mais de dois mil e quinhentos anos, Lao Tsé já chamava a atenção da humanidade para esse ponto e, desde então, a situação piorou consideravelmente. Quem quer verdadeiramente viver os ensinamentos de uma escola espiritual gnóstica, quer fazer a experiência interior e deseja percorrer o caminho da libertação, deve abandonar os estudos.

A fim de compreender essa missão e executá-la, segundo o objetivo em vista, é preciso saber distinguir entre conhecimento do mundo e verdadeira sabedoria. A finalidade de todo o conhecimento do mundo é tornar o homem apto para sua tarefa e prepará-lo para seu caminho através da natureza da morte. A seguir, os estudos têm a finalidade de tornar esse caminho tão cômodo quanto possível e de prover o homem de todas as comodidades. Além disso, os estudos encorajam todos os estímulos desta natureza, tais como a corrida pelas honrarias, pelo renome, pelo poder, pela aquisição de bens, bem como todos os instintos inferiores do homem.

Todavia, a vida tem confirmado, sempre com mais evidências, que a aplicação desse saber prova que muitos desses pretensos conhecimentos repousam sobre bases extremamente vacilantes. Com efeito, eles não têm nenhum fundamento e, pode-se dizer, são pura especulação. Daí poder-se concluir que a aplicação desses conhecimentos deve aumentar as preocupações da humanidade.

Se examinardes o decorrer de vossa própria vida, concluireis que, sob muitos aspectos, sois vítima da aplicação dos conhecimentos que, no cômputo geral, não eram conhecimento, mas simples especulação, embora extremamente refinada em muitos aspectos.

Exemplo: os vegetarianos, obrigados a alimentar-se com produtos do reino vegetal, dão-se conta de que atualmente todas as plantas são envenenadas na raiz através da aplicação de descobertas científicas recentes no domínio da agricultura e, no mais alto nível, pelas ciências modernas.

O solo e a atmosfera da esfera de vida do mundo todo e da humanidade estão poluídos em consequência dos estudos. E, por detrás disso tudo, agitam-se interesses econômicos, políticos, sociais e nacionais, bem como os de grupos raciais e de outros movimentos da oposição. Sem exceção, todos esses interesses acabam provocando tensões extremas, e tudo isso como consequência dos estudos.

Infelizmente, o mundo tornou-se uma selva, e não se vê o fim disso, diz Lao Tsé. Essa verdade pode ser demonstrada em nossos dias. É impossível encontrar, atualmente, uma alimentação ainda perfeitamente sã e não poluída para darmos a nossos filhos. Que crime, que preocupação!

É possível que vos deixeis deslumbrar pelas mentiras oficiais — resultados obtidos pelos estudos e apresentados como excelentes! — de inúmeras agências de notícias bem como da ciência da publicidade, filha da psicologia aplicada. O mundo tornou-se uma selva, e, enquanto isso, tentamos arrastar outros mundos para essa selva. Não se vê o fim disso! Percebeis a que ponto a humanidade cambaleia na beira do abismo? Com certeza, muitas pessoas não aceitarão essas conclusões. Elas pensam que temos uma visão muito sombria do mundo e que somos pessimistas. O mesmo acontecia na época de Lao Tsé, que dizia: "Todos os homens estão contentes e alegres. Todos os homens vivem na fartura. Os homens comuns são brilhantemente iluminados, muito penetrantes e perspicazes. Para todas as coisas eles têm suas razões e seus argumentos, adquiridos e desenvolvidos muito racionalmente através dos estudos. Somente eu sou um tolo. Somente eu sou tristemente preocupado. Somente eu sou como escuridão. Sou caos e confusão, como um homem que perdeu tudo."

No entanto, toda inquietação afasta-se do homem que se encontra ao lado de Lao Tsé. Resta-lhe, porém, uma única inquietação que não quer deixá-lo, que não pode deixá-lo: inquietação por toda a humanidade, essa humanidade que transformou este dia de manifestação numa selva, num inferno. Por causa dos estudos! Por causa da aplicação dos conhecimentos sem a menor centelha de sabedoria. Pedimo-vos, portanto: não cometais o erro, como muitos o fizeram, de crer que conhecimento significa "sabedoria". Se algo da real intenção de Lao Tsé chegou a vós, sabereis que são necessárias não apenas uma nova atitude de vida como também uma total revolução pessoal. É o mínimo que podeis fazer, se quiserdes ter êxito.

Isso tudo se refere ao terceiro aspecto do *Tao Te King:* a aplicação de uma sabedoria universal. Não se trata do que sabeis, mas do que fazeis! Trata-se de uma revolução pessoal tão radical, tão total, que deve, por assim dizer, englobar tudo. Além de vossa inegável boa vontade e vosso amor declarado pela Escola Espiritual e pela Gnosis, trata-se de saber se, na qualidade de homem moderno deste século, estais em condição de empreender uma revolução pessoal radical, mediante uma inteligência nascida da sabedoria, e não da exaltação. Porque essa mudança radical tão necessária não se refere unicamente a vós mesmos, mas também a todas as coisas e a todos por quem sois responsáveis.

Para semelhante revolução pessoal radical é impossível estabelecer um programa uniforme que possa ser seguido e aplicado por todos de modo geral. Trata-se, em primeiro lugar, de um acontecimento absolutamente interior. Essa revolução pessoal se exprime na vida exterior através de um estilo de vida totalmente novo, fundamentado num único objetivo de vida, um estilo de vida reconhecido como tal.

É essencial que estabeleçais em vossa vida o reino imperecível. Para isso também é necessário possuir certo conhecimento, conhecimento esse, porém, fundamentado na sabedoria que é de Deus. Essa revolução pessoal, ligada a tudo o que pudestes compreender até agora do verdadeiro estado de ser do aluno, o estado de ser da alma vivente, essa revolução salvará o grupo todo da queda.

Como penetrar nessa sabedoria, de que forma um aluno pode penetrar até a fonte da sabedoria, eis algo que já é do vosso conhecimento. Trata-se do caminho que leva à vida, do qual, há anos, vos temos falado. Pois bem, se essa fonte de sabedoria jorrasse em vós, se infiltrasse em vosso santuário da cabeça, se comunicasse a vosso poder de compreensão e nele vivificasse todos os centros latentes, purificando-os de suas máculas, ela desencadearia imediatamente intenso conflito, um conflito vital entre vós e o mundo todo, entre vós e a humanidade inteira e seus caminhos. Tornar-se-ia impossível para vós, como novo homem, viver do mesmo modo que os demais, mesmo que vos dedicásseis a isso até o limite máximo.

Eis por que reina a alegria no campo de trabalho, quando os sintomas desse conflito vital surgem na vida de um aluno, pois o mundo inteiro está deslocado, o mundo inteiro tornou-se uma selva devido à aplicação dos conhecimentos deste mundo. Toda e qualquer concessão a esse mundo nos priva, cada vez mais, dos frutos do discipulado, nos torna cúmplices do carma do mundo, faz perdurar nosso cativeiro e nos envia uma série de novas preocupações que, por assim dizer, nos precipitam no inferno.

Acaso sentis a necessidade e a urgência de uma forte interferência dos alunos e do grupo? Uma nova página do livro da vida foi aberta. O que nos aguarda em breve nessa nova página da vida? Será que o grupo cumprirá sua missão?

O mundo tornou-se uma selva, e não se vê o fim disso. Podemos verificá-lo! Todavia, a selva e as consequências da aplicação da ciência mundana entravam, neste momento e sob muitos aspectos, o desdobramento dos valores novos e permanentes do discipulado, bem como a elevação até a liberdade. A senda da Rosa Mística, que foi percorrida e o será até o campo da alma-espírito,* é obstruída de maneira intencional!

Por isso, nós e o grupo devemos intervir, a fim de dar ao indivíduo e ao grupo que assim o desejarem a capacidade de percorrer a senda que leva para o alto. Compreendereis agora que parece não existir, em lugar algum, a possibilidade de desenvolvimento positivo da humanidade e que a revolução cósmica está muito próxima. Apenas por autorrevolução podereis manter-vos de pé na revolução cósmica.

20-III

SOMENTE EU SOU DIFERENTE DOS HOMENS COMUNS

Como sabeis, o vigésimo capítulo do *Tao Te King* termina com as seguintes palavras: *Somente eu sou diferente dos homens comuns, porque venero a Mãe que tudo nutre.*

Esta sentença expressa claramente a incomensurável diferença de orientação que existe entre o homem totalmente afinado com a natureza da morte e o homem que mantém seu coração inteiramente voltado para a natureza da vida.

"A Mãe" de que se fala aqui designa um campo de substância astral pura, inviolada, um campo concentrado ao redor de todo domínio de existência, onde centelhas divinas devem ser levadas a manifestar-se. Algumas correntes são mantidas nesse campo, de onde emanam algumas radiações. Alguns escritos sagrados de todos os tempos também falam do "oceano infinito de substância-raiz" e das "águas da vida". O Apocalipse fala do puro "rio de água viva, claro como cristal, que procedia do trono de Deus e do Cordeiro". É esta poderosa fonte de vida que deve alimentar todos os filhos de Deus. É esta força única que deve explicar a vida. Sem ela, não se pode dizer que algum fenômeno, qualquer que seja ele, possa ser designado como "vida".

É, pois, compreensível, evidente e perfeitamente explicável que se tenha dado o nome de "Mãe" a essa plenitude astral. Essa Mãe precisou gerar o mundo todo. O plano completo da criação do Pai deve vir à existência através da força da "Mãe". Do Pai irradiam centelhas divinas, microcosmos, nos quais o espírito de Deus está presente. A centelha divina é a semente divina. Tudo o que se mantém oculto nessa centelha divina deve conseguir crescer e manifestar-se uma vez em contato com a Mãe do Mundo — a qual é, portanto, o campo astral da verdadeira vida. Portanto, através da Mãe e pela semente do Pai é criada a filiação, a descendência, uma maravilhosa realidade.

Lao Tsé vive dessa Mãe. Ele venera aquela que tudo nutre. Por que, então, a partir daí, seria ele tão diferente dos seus semelhantes? Vós mesmos podeis responder a essa pergunta. Os que nasceram da natureza não vivem do campo astral da Mãe do Mundo. Eles são oriundos do campo astral da falsa mãe, do campo astral da natureza da morte, e são mantidos por ele. Os que veneram e servem a verdadeira Mãe do Mundo dependem de uma orientação de vida diferente e, consequentemente, mostram uma atitude de vida diferente, que produz efeitos diferentes.

Por isso, torna-se compreensível que o homem nascido da natureza, desprovido da mínima sabedoria e unicamente dotado de uma faculdade de conhecimento intelectual, não possa acumular nem conservar conhecimentos outros que os deste mundo, e ainda assim bem poucos. Esses conhecimentos, adquiridos experimentalmente, só podem expandir-se experimentalmente. Desprovidos de sabedoria, eles conduzem, invariavelmente, ao abismo e, diz Lao Tsé, transformam este mundo numa selva.

Tendes, pois, diante de vós o grande contraste, essas duas figuras humanas: o homem nascido da natureza e a figura de Lao Tsé. Ambos possuem um microcosmo, ambos provêm de uma centelha divina. Um deles, porém, Lao Tsé, vive do campo astral da Mãe do Mundo, no qual o espírito de Deus se manifesta, se faz conhecer diretamente, de modo que o verdadeiro filho de Deus, o homem verdadeiro, nascido da centelha divina, através dela e com ela, e a sabedoria, que é Deus mesmo, liga-se direta e perfeitamente a seu aparelho cognitivo e dele faz uso. Nenhum aspecto sequer de seu comportamento, nenhum resultado dele decorrente sequer, é especulativo ou lamentável. Esta é, de etapa em etapa, de força em força, a manifestação da glória de Deus e do plano elaborado para seus filhos.

A par disso, considerai agora o outro homem. Será ele mesmo um homem? Não, ele não o é! Prisioneiro da natureza da morte, separado da Mãe do Mundo, sua manifestação e seu porvir estagnaram. Ele é o manco, o paralítico, o cego que deve ser curado. Como disse Jesus, o Senhor, ele, "tendo olhos, não vê, e, tendo ouvidos, não ouve", é um ser não nascido. Muitos dos que dispõem unicamente de uma consciência cerebral, de um intelecto, e que conseguiram armazenar alguns conhecimentos esotéricos no decorrer dos anos, deixam-se acalentar pela esperança de que essa aparência de ser humano tão danificada chegará um dia a um porto seguro, seguindo um desvio. Eles ainda fazem especulações sobre um progresso devido aos estudos.

Compreendei, pois, Lao Tsé. Unicamente uma mudança total no caminho que a humanidade nascida nesta natureza tomou a salvará. Unicamente um retorno verdadeiro à Mãe do Mundo, ao campo astral salvador do início, poderá ajudá-la.

O caminho que conduz a isso, vós o conheceis, a Escola Espiritual vo-lo indica diariamente. Começai, então, por desimpedir vosso caminho do mais importante dos obstáculos: a mistificação que consiste em acreditar que os conhecimentos do mundo, e não a sabedoria que é de Deus, poderão ajudar-vos. A aplicação prática de ambos é impossível! Eles são incompatíveis. Portanto: *Abandona os estudos, e a inquietação se afastará de ti.*

As atividades visíveis do grande Te resultam das emanações do Tao. Esta é a natureza do Tao.

Em sua criação, o Tao é vago e confuso. Quão confuso! Quão vago! No entanto, o centro contém todas as imagens. Oh! Quão vago, quão confuso! No entanto, no centro está

o ser espiritual. Este ser é muito real e detém o testemunho infalível.

Desde tempos imemoriais seu nome permanece imperecível. Ele dá existência à verdadeira criação.

Como sei que todos os nascimentos têm sua origem nele? Através do próprio Tao.

Tao Te King, capítulo 21

21-I

Em sua criação,
o Tao é vago e confuso

As atividades visíveis do grande Te resultam das emanações do Tao. Esta é a natureza do Tao.

Com esta citação da antiga sabedoria chinesa, apresentamo-vos o vigésimo primeiro capítulo do *Tao Te King*. Ao ler este capítulo, percebereis que o assunto se refere principalmente aos conceitos de Tao e Te. Podereis melhor compreender o que Lao Tsé quer dizer com isso, no sentido deste capítulo, se vos baseardes no último versículo do capítulo 20, ou seja:

Somente eu sou diferente dos homens comuns, porque venero a Mãe que tudo nutre.

No capítulo anterior, dissemo-vos que, neste versículo, "a Mãe" significa o campo astral original do início, perfeitamente puro, no qual o Pai se manifesta plenamente. Esse campo astral do início não desapareceu. Ele ainda existe e é inviolável. O homem que se aproxima do caminho gnóstico para segui-lo deve compreender isso claramente a todo instante. A grande Mãe do Mundo é inviolável. O espaço do qual, no qual e pelo qual deve elevar-se a realidade é inviolado.

A partir do momento em que um homem, um grupo de homens ou uma humanidade se afasta, por pouco que seja, do plano de evolução divino original, o campo astral desse homem, desse grupo ou dessa humanidade separa-se imediatamente do campo astral original, para que quem se afasta não prejudique o original em sentido degenerativo.

Semelhante separação é uma lei universal. Essa lei preserva, por um lado, a manifestação divina e, por outro lado, o elemento liberdade. Esse afastamento das condições astrais também pode ser qualificado, em certo sentido, como uma "queda". Todavia, essa designação não poderia ser considerada completa, pois compreendei que em cada homem, em cada grupo, em cada humanidade e em cada corpo celeste, surgem estados astrais diferentes uns dos outros, que se afastam do estado astral da Mãe do Mundo. Só se pode falar em "queda" quando, nesse vai-e-vem dos acontecimentos e desenvolvimentos, os elementos mal e maldade passam a dominar e quando existe a tentativa de tornar "estático" o que flui sem cessar.

Quando semelhante estado se manifesta — como é o caso de nossa humanidade — a separação se acentua muito nitidamente. Entre a natureza da morte e a natureza original da vida abre-se um enorme fosso, um precipício escancarado. E o que acontece, então, vós o sabeis, sem dúvida, tanto pela experiência como pelos ensinamentos da Escola Espiritual.

O campo astral, do qual e no qual o homem vive, corresponde precisamente a seu verdadeiro estado de ser. Todas as suas experiências, tudo o que lhe sucede na vida, todos os seus desejos, pensamentos e atos são a consequência da natureza da esfera astral de sua vida. Quando essa esfera astral é tão pessoal, tão individual, que se pode qualificar esse homem de marginal, as provas e as experiências, num campo astral afastado do da Mãe do

21-1 · Em sua criação, o Tao é vago e confuso

Mundo, também recebem um colorido muito pessoal. Todavia, se o comportamento de um ser humano assemelha-se muito ao da humanidade em geral, se ele age em quase tudo de acordo com as massas, então o destino coletivo o atingirá também com toda força. É assim que existe um carma pessoal, um carma grupal e um carma coletivo ou carma do mundo.

O outro ponto sobre o qual desejamos chamar vossa atenção é para a certeza de que a Mãe do Mundo é intangível, exatamente devido à lei da liberdade. Suponde que a humanidade se afaste do plano original — e como o sabeis todos se afastaram, se extraviaram (Rm 3:12) — imediatamente surge um campo astral delimitado, no qual se realiza um desenvolvimento dialético. O "subir, brilhar e decair" significa, então, sempre a perdição total, a destruição de tudo o que é ímpio e mortal no campo astral em questão. Reconstruí-lo até o ponto original em que houve o afastamento ocorre repetidamente. Nessas condições, por ocasião de um novo início, ou seja, no dia de manifestação seguinte, esse afastamento é facilmente anulado.

Com isso tentamos demonstrar claramente que todo e qualquer campo astral que se afaste da Mãe do Mundo jamais poderá atacar, ultrapassar e destruir a manifestação universal. Todo afastamento começa e se destrói por si mesmo, embora recebendo a possibilidade de recomeçar e de retornar ao original. É por isso que, tendo se ligado novamente ao campo astral original, Lao Tsé diz:

> *Somente eu sou diferente dos homens comuns, porque venero a Mãe que tudo nutre.*

O capítulo 21 do *Tao Te King* começa explicando como um homem que deseja semelhante retorno pode realizá-lo; e, em particular, sobre qual base científica irrefutável ele fundamenta esse retorno. É sobre isso que desejamos falar-vos.

*As atividades visíveis do grande Te
resultam das emanações do Tao.*

Quando um homem — por exemplo, um aluno da jovem Gnosis — toma a decisão de percorrer a senda de retorno, ele está seguro de que somente poderá fazê-lo se afastar-se totalmente do campo astral da natureza da morte e voltar-se para o campo astral da Mãe do Mundo. Esta é a condição essencial.

Tudo isso diz respeito a uma mudança total em sua vida, a uma revolução de natureza tríplice.

Em primeiro lugar, em virtude de vosso nascimento na natureza, mantendes ao vosso redor um campo astral muito individual, e em consequência vosso corpo astral encontra-se em determinado estado.

Em segundo lugar, estais ligados a determinado grupo de homens que possuem o mesmo tipo. Essa ligação é de natureza mais ou menos ampla. Podem existir características típicas, por exemplo, de natureza material, astral egocêntrica, nacional ou outras.

Em terceiro lugar, sois solidários com a humanidade em sentido amplo.

Dessa forma, sois prisioneiros de vosso próprio campo astral, do campo astral do grupo a que pertenceis e do grupo da humanidade como unidade social comunitária. Portanto, se desejais ter sucesso na mudança que tendes em vista como aluno da Escola Espiritual, ela deve ser tríplice. É preciso destruir, de maneira tríplice, as condições astrais existentes e colocar-vos em total harmonia com o campo astral original da Mãe da vida, como nos recomenda Lao Tsé. Caso contrário, simplesmente deslocareis os fatos importantes de vossa vida dentro do conjunto da natureza da morte.

Suponhamos que algumas pessoas se tornem alunas de nossa Escola, porém não realizem, de maneira alguma, uma revolução

21-1 · EM SUA CRIAÇÃO, O TAO É VAGO E CONFUSO

pessoal. Que suas decisões se limitem a ser vegetarianas, a não fumar e a abster-se de bebidas alcoólicas. Elas falam, sentem e pensam como se faz normalmente na Escola Espiritual, porém de forma dogmática. Além disso, elas possuem ideais sociais, comunitários e outros hábitos que podem ser combinados com o discipulado. A consequência será que elas formarão entre si um novo grupo, mas no âmbito da natureza da morte. Portanto, um grupo como tantos outros no mundo. O aguilhão da morte nelas, a verdadeira causa de seu aprisionamento, não seria absolutamente atacado, porque elas permanecem exatamente as mesmas quanto ao seu caráter, seu ser, sua aparência e sua natureza em geral. A única coisa que fizeram foi estabelecer entre si um novo cemitério. Além de um cemitério católico romano, de um protestante, de um judeu e de um público, surgiria um cemitério para as pessoas que se denominam rosa-cruzes. No fundo, elas não se teriam tornado em nada diferentes das outras.

Então, por que Lao Tsé tornou-se tão completamente diferente? Pois bem, sua veneração pela Mãe original, pela verdadeira filiação divina, está ligada a uma tríplice revolução pessoal, a uma tríplice libertação do aprisionamento astral no qual ele vivia, juntamente com um desejo infinito pelo campo astral original, aspiração que adquire forma e força no coração de semelhante ser.

Talvez digais: "Que tarefa imensa! E tão pesada para realizar-se!" Pensar dessa forma seria o maior erro de vossa vida. Quando o desejo a que nos referimos aqui adquire realmente forma no coração, a alegria interior, a força e o poder de tomar todas as medidas necessárias, bem como o entendimento exigido, levam ao sucesso absoluto. Isso poderia estar relacionado, por exemplo, ao fato de renunciar a uma posição social que, sem sombra de dúvida, estivesse obstaculizando vosso discipulado, ou romper numerosos laços e de tomar medidas radicais para adaptar vossa vida às consequências do discipulado.

Ao ouvir isso, muitos serão, talvez, de opinião que a hipótese de trabalho gnóstico constitui, por enquanto, uma base incerta num mundo como o nosso: "Seria realmente justificável, frente a nós mesmos e à nossa família, adotar a tríplice prática gnóstica? O fundamento que nos propondes parece, por enquanto, muito vago, muito confuso". "Oh, quão vago...!"

Lao Tsé, porém, responde:

As atividades visíveis do grande Te resultam das emanações do Tao. Esta é a natureza do Tao.

Para os que nasceram da natureza, para todos os que, por antecipação, já têm um lugar garantido neste ou naquele cemitério, o Tao é, na sua criação, extremamente vago e confuso. Não existe nada mais vago e confuso. E não poderia ser de outra maneira num campo astral separado da Mãe original. *No entanto, o centro — da criação do Tao — contém todas as imagens.*

Refleti sobre essas palavras, a fim de dissipar em vós literalmente tudo o que é vago e incerto no tocante ao discipulado real e concreto.

21-II

Tao, a grande força no centro

As atividades visíveis do grande Te resultam das emanações do Tao. Essa é a natureza do Tao.

Para os seres humanos nascidos da natureza, para todos que já de antemão pertencem ao "cemitério", Tao, em sua criação, é extremamente vago e confuso. Mais vago e mais confuso é impossível. Isso é uma coisa inevitável no campo de vida separado da Mãe primordial. Contudo, o centro contém todas as imagens da criação do Tao.

Certos autores traduzem a expressão *o grande Te* como "a grande virtude". Embora o Te, com certeza, seja uma grande virtude, é melhor traduzi-lo como "a senda da libertação" e "o resultado obtido ao percorrer a senda da libertação". Se nos aproximamos dessa forma da essência do Te, é para evitar que a grande virtude seja considerada um aspecto da vida oriunda da natureza.

Na natureza da morte existem coisas que podemos qualificar de virtuosas e boas, porém a virtude e o bem desta natureza jamais são perfeitos. Eles não têm nenhum vínculo com o bem único de que fala Hermes Trismegisto.

É por essa razão que o capítulo 21 do *Tao Te King* fala de atividades visíveis como resultado de percorrer a senda, como resultado da aplicação da tríplice prática gnóstica de que vos falamos no capítulo anterior; de efeitos que, por conseguinte, não devem, de forma alguma, ser vagos, pois resultam das emanações, dos influxos do Tao.

O Tao é o Um divino, o Absoluto, ele é o próprio "Isso". Não seria esta definição, no entanto, bem vaga? Não necessariamente. Por três razões. A primeira é que essas emanações são a natureza do Tao; a segunda, é que o Tao se situa "no centro"; e a terceira é que esse centro traz em si "todas as imagens". Tentaremos explicar-vos isso.

Em toda a manifestação divina, em todo o espaço da criação, o Tao — o Um divino — mantém-se "no centro". Nesse insondável espaço existem campos de natureza astral muito diferentes uns dos outros. A respeito dessa diversidade compreendida numa unidade pode-se dizer que o "Tao está no centro".

Visto isoladamente, isso é muito importante e reconfortante; mas é muito mais importante verificar que dessa força divina "no centro" provêm emanações, influxos, irradiações e atividades. Essas emanações preenchem, com sua majestade, todo o insondável espaço.

E isso se torna de capital importância quando descobrimos que as miríades de sistemas estelares que englobam os sistemas zodiacais que englobam os sistemas solares, que, por sua vez, englobam os corpos planetários, possuem todos em seu centro, em sentido literal, o Tao.

Cada planeta, cada sol, cada sistema é envolvido e penetrado pela essência do Tao, essência essa que forma um núcleo no centro desses corpos e sistemas celestes. Portanto, o planeta em que vivemos traz o Tao em seu coração no sentido mais absoluto. É por isso que se diz que o Espírito de Cristo reside no estrato central de nosso planeta.

Também por isso deve-se fazer uma clara distinção entre o Espírito planetário e o Logos planetário. O Espírito planetário

21-II · TAO, A GRANDE FORÇA NO CENTRO

No passado, sem dúvida vos perdestes, sob vários aspectos, no erro e na confusão. Então, compreendereis agora as palavras de Lao Tsé:

No entanto, o centro contém todas as imagens. No centro está o ser espiritual. Este ser é muito real e detém o testemunho infalível.

Será possível exprimir-se mais concretamente do que a linguagem sagrada de Lao Tsé? Do coração do Tao flui a essência espiritual divina, a Voz de Deus, o Verbo divino. Essa Voz, esse Verbo, engloba o plano inteiro.

Os caracteres desse Verbo divino consistem em representações e impressões muito concretas. Do princípio central do microcosmo, da rosa do coração, emana uma força-luz irradiante, uma força-luz que traz em si e consigo várias séries de imagens da grande realidade, imagens essas que deverão ser realizadas no homem e pelo homem. Pensai no rádio e na televisão. Esse exemplo banal pode mostrar-vos claramente que formidáveis séries de sons e de representações provêm do coração do Tao e podem ser percebidos pelo homem, se o instrumento que é seu sistema for capacitado para tanto.

Essa linguagem representativa dirige-se a vós a cada instante, chega até vós a cada instante, partindo de vosso centro. A linguagem divina que fala em nós é igual à que fala em vós. Dispomos assim de um meio de comparação, de percepção. O Logos planetário nos fala nessa mesma linguagem divina. Lembrai: não se trata do Espírito planetário. Resumindo, essas palavras e essa linguagem chegam a nós de inúmeras direções.

Essas palavras contêm um conhecimento altamente real. Elas detêm o testemunho infalível, afirma Lao Tsé, referindo-se a toda a gênese do Universo, ao que ela deve ser, em que ela está errada e como ela pode, novamente, ser corrigida em sua totalidade. Todo problema que submeteis ao tribunal interior do microcosmo, do cosmo e do macrocosmo vos é retransmitido em representações multidimensionais, transmutado numa imagem que podeis ver, compreender e assimilar.

Cada homem que, dessa forma, se aproxima verdadeiramente do "Senhor no Centro" participa da universidade do mundo divino. Unicamente o conhecimento assim assimilado constitui um testemunho infalível. É por isso que Lao Tsé afirma no capítulo 20: *Abandona os estudos, e a inquietação se afastará de ti*. Apenas o conhecimento de Deus em suas aplicações práticas é útil ao mundo e à humanidade e serve ao plano.

Compreendeis agora por que insistimos para que façais todo o possível, a fim de que o ser espiritual que habita em vós fale, e que o testemunho infalível se ilumine? Um testemunho imperecível de tempos imemoriais. Uma força que pode gerar a verdadeira criação. Uma criação que se realiza perfeitamente segundo leis científicas. Um processo que o candidato à ciência sagrada pode seguir passo a passo, pois o nascimento completo, o renascimento, tem sua origem no Tao, no Tao que está em vosso centro, que vos dá a força e pode ser compreendido através de seu poder criador de imagens.

21-III

O RENASCIMENTO NO TAO

Como já deve ser de vosso conhecimento, comenta-se que Lao Tsé teria escrito novecentos e trinta livros sobre ética e religião e setenta sobre esoterismo. Todavia, nada mais resta desses escritos, dentre os quais havia até mesmo exemplares impressos. Eles desapareceram sem deixar vestígios. O único texto de Lao Tsé que a humanidade possui é o *Tao Te King*, que compreende cerca de cinco mil palavras que poderiam ser escritas numa dúzia de páginas. Em geral, esse texto é considerado totalmente ininteligível, sendo essa, sem dúvida, a razão pela qual ele foi preservado para a humanidade.

A velha história que já ouvistes muitas vezes se renova sempre. O adversário do início, aquele que se manifesta através de todos os séculos, de diferentes formas, e nunca para, também aqui fez o possível para destruir os textos que pareciam perigosos para a manutenção da natureza da morte e poderiam esclarecer a humanidade sobre a grande realidade das duas naturezas. Vós sabeis o que muitos sinólogos pensam do *Tao Te King*, bem como o que devemos pensar de suas traduções. No entanto, no Oriente, em numerosas livrarias, podem ser encontrados muitos grossos volumes sobre essa obra. Em sua maioria, trata-se de textos truncados, destinados a levar os verdadeiros pesquisadores por falsas pistas. Portanto, não podemos censurar os sinólogos que pesquisam em tais fontes, pois no decorrer dos séculos muitos já caíram vítimas do adversário. No campo da natureza da morte, efetivamente tudo é feito para apagar os vestígios dos mensageiros divinos.

É por isso que existe apenas *um* caminho, *um* método para suprimir as imprecisões e as confusões que mascaram a grande realidade. É o caminho, o método do qual vos falamos. Deveis aproximar-vos da natureza do Tao que também está em vosso "centro". Deveis ir ao encontro da natureza do Tao numa perfeita oferenda do coração, animados por um ardente e profundo anseio. Descobrireis, então, que se trata, realmente, de um infalível testemunho de Deus, do reino de Deus em vós. Desde tempos imemoriais, diz Lao Tsé, o ser de Deus, que está tão próximo de nós, é imperecível. É esse fato que pode dar nascimento à verdadeira criação, ao verdadeiro renascimento.

Tentaremos agora lançar um rápido olhar sobre a maneira como essa criação pode realizar-se, e se realiza, no homem que aplica a tríplice prática gnóstica.

Em primeiro lugar, ele deve subtrair-se ao seu próprio campo astral, o campo da natureza que se afasta de Deus. Em segundo lugar, ele deve afastar-se do campo astral do grupo ao qual pertence devido ao seu nascimento na natureza.

Em terceiro lugar, ele deve romper, no plano astral, todos os laços que existem entre ele e o mundo da natureza da morte.

À primeira vista, essa tríplice tarefa parece um muro intransponível que nos impede a passagem. No entanto, essa foi, em todos os tempos, a tarefa de todos os grandes da história, de todos os filhos de Deus. Ela é nada mais nada menos do que a senda que Jesus, o Senhor, exemplificou em sua *via dolorosa*. Ele buscou e encontrou esse Reino que, desde o início, nunca foi deste mundo. Por isso, ele tornou retos os caminhos. Por isso, ele submergiu nas águas do Jordão, o rio da vida. Por isso, ele venceu o adversário astral.

Portanto, se verdadeiramente desejais imitar Cristo — e podeis fazê-lo, pois o reino de Deus está em vós — deveis começar de maneira concreta. Deveis voltar-vos para o "Senhor no centro", com um grande anseio, com todo o interesse de vosso coração. Se ainda não sois capazes de fazer nascer em vós tal anseio, se isso ainda é muito difícil para vós, pois bem, é que vosso tempo ainda não chegou. Ninguém pode forçar-vos a conceber esse anseio infinito do coração. E é impossível atingir isso por meio de exercícios ou por uma decisão do intelecto. Trata-se de um estado de ser comparável ao amor.

Se verdadeiramente amais um ser humano, ou ainda se conheceis semelhante amor, sabeis então que o coração todo se sublima através desse amor e que dele provém uma emanação, uma corrente que estabelece a ligação.

Pois bem, é com semelhante amor que o coração deve elevar-se até a rosa espiritual em seu interior, localizada em vosso centro. E é justamente por essa rosa estar tão próxima de vós, por procurar-vos já há muito tempo e aguardar vossa chegada, que a ligação se estabelece com força. Este é o fundamento do renascimento, do renascimento da alma. Por essas razões é dito na Bíblia que somente o amor liberta.

Quando os fundamentos do renascimento tornam-se verdadeiramente evidentes, as forças do Tao penetram todo o sistema da personalidade. Então, a natureza do Tao pode realizar seu trabalho. É preciso essencialmente que o homem, objeto desse milagre, mantenha seu coração na luz do Tao e não deixe os desejos de seu coração se perderem nos caminhos e nos vales da natureza da morte. Então, a personalidade toda romperá, progressivamente, todas as ligações astrais com a natureza que se afastou de Deus. A criação vem à existência!

Podereis ainda perguntar: "Como posso saber com certeza que o renascimento origina-se realmente no Tao? Não poderia eu estar cometendo um erro?"

A resposta a esta pergunta é: "Caro amigo, dia após dia, hora após hora, com uma certeza indestrutível, vós o sabereis através do próprio Tao", diz Lao Tsé. O Senhor no centro fala a todo instante em sua linguagem imagética ao ser que, em amor, descobriu o Deus interior e a ele se uniu. Para ele, o "relacionamento secreto" com o Altíssimo tornou-se realidade para sempre.

道德經

O imperfeito se tornará perfeito. O curvo se tornará reto. O vazio se tornará preenchido. O desgastado se tornará novo.

Com pouco, obtemos "Isso". Com muito, dele nos afastamos.

Por essa razão o sábio abraça o Um e, desse modo, transforma-se num exemplo para o mundo.

Ele não deseja irradiar luz, e justamente por isso é iluminado. Ele não se superestima, e justamente por isso se destaca. Ele não se vangloria, e justamente por isso tem mérito. Ele não se enaltece, e justamente por isso é superior. Ele permanece no não lutar, e justamente por isso ninguém pode vencê-lo.

Como podem ser vazias as palavras que diziam os Antigos: "O imperfeito se tornará perfeito"? Quando alguém alcança a perfeição, tudo vem a ele.

Tao Te King, capítulo 22

22-I

AS QUATRO GRANDES POSSIBILIDADES

Com certeza, já percebestes que os diferentes capítulos do *Tao Te King* devem ser compreendidos como um conjunto coerente. Considerai, portanto, o conteúdo do capítulo 22 à luz do precedente.

Vimos que no centro absoluto de cada microcosmo, que no homem nascido da natureza corresponde ao santuário do coração, vive e existe "o ser espiritual". É desse centro, dessa rosa do coração, que procede a verdadeira criação, o renascimento do espírito, da alma e do corpo. Se o homem encontra "o caminho", reconhece "a verdade" e vive "a vida", semelhante vitória não se fará esperar. Esta é a explicação para o axioma que Lao Tsé coloca no capítulo 22:

O imperfeito se tornará perfeito. O curvo se tornará reto. O vazio se tornará preenchido. O desgastado se tornará novo.

É inegável e absolutamente certo que o plano de Deus para o mundo e a humanidade terá êxito em sua totalidade. E o propósito de Lao Tsé é demonstrar isso claramente para seus alunos. Percebestes que as palavras concisas do *Tao Te King,* exprimindo tudo em poucas linhas, não são destinadas aleatoriamente a um público mais ou menos pesquisador. Lao Tsé dirige essas lições e essas ideias, formuladas de maneira tão sucinta, a seus alunos e colaboradores, aos emissários da Corrente Universal e seus auxiliares. Trata-se de obreiros que têm uma pesada tarefa e que, por vezes, sentem-se desencorajados e invadidos pela tristeza.

Trata-se de um estado psíquico de que fala o Evangelho que conhecemos e que pode acontecer a qualquer obreiro nas vinhas do Senhor. É a eles que o mestre dirige estas palavras:

O imperfeito se tornará perfeito. O curvo se tornará reto. O vazio se tornará preenchido. O desgastado se tornará novo.

Estas palavras devolvem aos obreiros a coragem para perseverar. Porque cada filho de Deus atingirá, sim, deverá atingir, o objetivo final. Cada um encontrará a senda da perfeição, cada um tornará retos os caminhos, cada um conseguirá preencher o que foi esvaziado, e o resultado triunfal será a renovação de tudo o que foi desgastado.

Todos os que se aproximam da Escola Espiritual e aceitam o discipulado tornam-se colaboradores potenciais do grande e santo trabalho. Um trabalho totalmente consagrado à elevação e a serviço do que é imperfeito, desviado, vazio e degradado.

Por isso, precisais ver claramente diante de vós "as quatro grandes possibilidades". Essas quatro possibilidades são indicadas na filosofia de Buda como "as quatro verdades". As quatro possibilidades a que se refere Lao Tsé são:

1. o caminho da perfeição,
2. o tornar retos os caminhos,
3. o preenchimento do que foi esvaziado,
4. a renovação pela transfiguração.

Ao abordar essas quatro possibilidades e certezas finais, devereis levar em conta a ordem em que elas foram citadas, pois elas se referem a um processo que se realiza nessa ordem.

22-I · AS QUATRO GRANDES POSSIBILIDADES

Ao lerdes o primeiro versículo do capítulo 22, talvez pensastes tratar-se de palavras místicas e reconfortantes, do tipo: "Perseverai, apenas caminhai e tudo dará certo!" Neste caso, o que foi dito e a maneira como foi dito não é assim tão importante, porém a demonstração de uma espécie de bondade amigável: "Não se preocupe. O que está torto, um dia acabará por ser endireitado!" Não, a essência dessas palavras, a ordem em que são colocadas, portanto sua estrutura, estão totalmente de acordo com uma lei natural divina, segundo a qual se cumpre a manifestação universal da criação e da criatura.

Sabeis que, no que se refere à criatura de Deus, o homem, está destinado o seguinte:

Depois de um período de preparação, chamado involução, ele é colocado perante uma tarefa designada evolução. Ao contrário do que muitos alegam, essa evolução não é um processo automático. O homem não evolui passivamente, porém deve evoluir por si mesmo, pela autorrealização. Ele deve permitir que o objetivo divino cresça nele e através dele. Sem coação e num amor perfeitamente conhecedor.

É por isso que, no início do caminho da autorrealização, do crescimento do Deus em si, o homem é colocado, hoje como ontem, diante da senda da perfeição. É-lhe dado o conhecimento total do plano. O axioma: "O imperfeito se tornará perfeito" está oculto no primeiro aspecto. Quem quer que esteja preparado para isso, verá diante de si a senda da perfeição.

O plano então revelado deve ser executado. Ele deve ser realizado pelo próprio homem, voluntariamente e com devotamento, portanto com pleno interesse e imenso amor. A essência espiritual, que está "no centro", torna cada um capaz de atingir o objetivo.

Quem não o faz ou não quer fazê-lo põe em ação imediatamente a contranatureza, a natureza que pune e corrige a si mesma. Caso necessário, entra em ação a natureza da morte, que sempre reconduz as referidas pessoas à razão superior da centelha divina nelas presente.

O caminho da perfeição está, por assim dizer, em vosso centro desde o primeiro início. A razão superior é eterna e permanece eternamente a mesma. O homem em nossa natureza sofre no próprio corpo e em seu ambiente as consequências por ter-se desviado do plano de Deus. Ele está tão perdido que "esqueceu" tudo e, estruturalmente, está tão desnaturado que, diante da senda da perfeição, não é mais capaz de compreender, e vê, quando muito, uma "razão obscura". Torna-se, portanto, fundamentalmente necessário trazer sempre à vossa presença a senda da perfeição, para, em seguida, esclarecer todos os seus aspectos.

Se um homem nascido da natureza e a ela ligado leva tantos golpes que sua natureza inferior acaba por enfraquecer-se, pode ser que ele perceba o grito do coração que emana do átomo original. Então, a escura nuvem — situada entre a razão superior do Tao, que está "no centro", e o coração abatido da criatura — tem a possibilidade de se dissipar, permitindo, assim, ao buscador enxergar novamente face a face a senda da perfeição.

Em uma das proposições da *Ética* de Espinosa é feita a seguinte asserção: "Quem, levado pelo medo faz o bem com receio do mal, não é guiado pela razão". Todavia, o homem tocado pela razão que está no coração das coisas (no centro) terá unicamente sensações de alegria e intenso anelo.

Suponde que tenhais sido muito golpeados pela vida e ficastes tão chocados que, por medo de sofrer ainda mais profundamente, vos refugiastes na Escola Espiritual da Rosacruz e que, sob o domínio desse intenso medo, vos tornastes alunos. Pois bem, é impossível que, ao tomardes conhecimento da filosofia gnóstica, possais vislumbrar diante de vós, por um segundo que seja, um único clarão da senda da perfeição. Pode ser que a razão, que está "no centro", jamais vos tenha falado. Então, a rosa do coração ainda está totalmente oculta no botão, o ensinamento gnóstico ainda não faz sentido algum para vós, não tem o menor significado, a menor força.

Uma escola espiritual como a nossa jamais se enquadra numa religião natural, porque, como diz Espinosa: "Aqueles que se esforçam por pressionar o homem através do medo" — ele se refere ao medo de uma justiça vingativa — "levando-o assim a fugir do mal em vez de amar a virtude, buscam unicamente tornar o homem tão infeliz quanto eles mesmos".

Portanto, prestai atenção nesta característica: o ser humano que chegou ao final de seu caminho na natureza da morte e que atingiu o fundo do poço; que foi consumido pela angústia, preocupação e medo, bem como pela luta e pelo instinto de conservação, deve interrogar-se para saber se ainda se sente levado a buscar novos objetos ou causas de angústia, preocupação e medo e a criar novas justificativas para começar ou prosseguir uma luta qualquer. Em caso positivo, ele ainda não terminou sua travessia pelo país da desesperança, e o nadir de seu sofrimento ainda não foi atingido.

Quando o fim psicológico chega, nasce o silêncio, a resignação, e a voz da rosa ressoa através de vosso sofrimento, a palavra da razão que está no centro. Então não vos afastais novamente; ao contrário, a alegria e o anseio invadem o vosso ser: "O homem tocado pela razão terá unicamente sensações de alegria e um intenso anelo".

Por que alegria? Porque o caminho da perfeição manifesta-se pela primeira vez na plenitude de sua beleza irradiante.

Por que um intenso anelo? Porque, após sofrimentos e provas indizíveis, após ter sido ferido até o âmago de seu ser, o indivíduo vê a sabedoria e a plenitude da vida libertadora brilhar tão claramente e oferecer perspectivas tão vastas, que um desejo incomensurável de ter êxito faz sobressaltar o coração.

É assim que, na alegria e no anelo, deverá estabelecer-se o verdadeiro discipulado. Então já não há problema, e já não nos preocupamos em saber se aceitamos ou não as consequências da nova atitude de vida. Então, alegremente, num grande impulso e com uma energia quase ilimitada, queremos realizar o segundo aspecto do processo quádruplo: tornar retos os caminhos.

22-II

O SÁBIO FAZ DE SI MESMO
UM EXEMPLO PARA O MUNDO

Em nossas considerações precedentes, pudestes verificar se já destes início ao discipulado real e contemplastes o caminho da perfeição. E ficou evidente que os que conhecem esse discipulado não têm a menor dificuldade em "tornar retos os caminhos". Eles aproveitam naturalmente e com grande interesse todas as ocasiões e utilizam todas as possibilidades de percorrer a senda da perfeição que contemplaram.

"Tornar retos os caminhos" assenta-se na prática da Rosa-Cruz joanina, prática essa na qual podemos empenhar-nos assim que a iluminação interior se torne realidade. Portanto, é muito marcante e importante que as quatro grandes possibilidades mencionadas — *O imperfeito se tornará perfeito. O curvo se tornará reto. O vazio se tornará preenchido. O desgastado se tornará novo* — estejam em total conformidade com a mensagem de salvação que todos os grandes instrutores do mundo nos deram a conhecer.

Cada homem que se desviou da senda de Deus deve poder primeiro contemplar o caminho verdadeiro, a senda única. É a primeira condição, após a qual, evidentemente, pode e deve ter lugar o discipulado de João Batista. Este consiste pura e simplesmente em tornar retos os caminhos, isto é, tudo preparar para o grande retorno. Quem coloca em prática tal discipulado corrige tudo o que poderia impedir esse retorno. Consequentemente, ele adota um novo comportamento revolucionário.

Nós o afirmamos: somente assim tornamo-nos verdadeiros alunos da Escola Espiritual gnóstica. Ou, falando na linguagem dos Antigos: é unicamente dessa forma que nascemos em Nazaré, que nos tornamos nazarenos. Em outras palavras, somente então nos tornamos e somos um ramo da árvore da vida. Somente então nos tornamos alguém que se separou, que se excluiu, da natureza da morte.

Portanto, quem chega ao final de seu caminho na natureza da morte e, de seu nadir, pode contemplar, em um lampejo, a amplitude e a glória da verdadeira vida, esse homem utiliza totalmente a segunda possibilidade de que vos falamos: tornar retos os caminhos, isto é, seguir o caminho de retorno em direção ao seu ponto de partida. Nesse caso, o que foi esvaziado será preenchido.

O homem nascido da natureza é vazio do prana da vida. Essa irradiação astral original, a força vital original da Mãe da Vida, deve, portanto, afluir novamente ao sistema da personalidade. Trata-se de uma fase no decorrer da qual uma nova força de alma anima o candidato: aquilo que foi esvaziado é de novo preenchido por uma força vital.

Aqui podemos empregar a quarta grande possibilidade: *O desgastado se tornará novo*. A renovação da transfiguração será realizada. Assim, portanto, aparece a verdade das palavras: *Com pouco, obtemos "Isso". Com muito, dele nos afastamos.*

Agora prestai atenção para não minimizar a linguagem em estilo telegráfico de Lao Tsé, pois ela traduz de modo completo o caráter altamente revolucionário da senda gnóstica da autorrealização.

Para que o verdadeiro eu torne-se algo, é preciso que nos despojemos totalmente do antigo homem; é preciso que atinjamos o não ser e renunciemos totalmente à cultura do reino dos mortos. O buscador deve ter a coragem de diminuir até tornar-se menos do que nada. Tornando-se menos do que nada, ele obtém "Isso". Com muito, dele se afasta.

22-II · O SÁBIO FAZ DE SI MESMO UM EXEMPLO PARA O MUNDO

Se diminuímos, o Outro pode crescer; a voz da rosa do coração ressoa e tem lugar o encontro com "Isso", com o Tao. *Por essa razão,* afirma Lao Tsé, *o sábio abraça o Um e, desse modo, transforma-se num exemplo para o mundo.* Um notável exemplo para o mundo é o homem que coloca em prática a palavra da Rosa-Cruz joanina.

Lao Tsé descreve detalhadamente o processo que está resumido na expressão diminuir para que o Outro possa crescer:

1. não luzir,
2. não superestimar-se,
3. não vangloriar-se,
4. não elevar-se,
5. permanecer na ausência de luta.

Quem se aproximar das quatro grandes possibilidades, sem dúvida realizará essa quíntupla revolução pessoal.

Deveis atentar para o fato de que o homem nascido da natureza, muito consciente de si mesmo — e é precisamente este tipo de homem que temos em vista neste momento — é obcecado pela cultura. Em nossos dias, existem milhões deles no mundo. É uma tendência característica da maioria da raça atual. É por isso que os dias do fim aproximam-se a passos largos.

Quando o homem nascido da natureza atinge os limites de suas possibilidades terrenas, surgem, de um lado, a degenerescência e, de outro, um poderoso impulso cultural. Entre as massas e entre os que são psiquicamente fracos ou moralmente deficientes, devido ao meio em que vivem, a transformação acontecerá rapidamente num sentido degenerativo. Todavia, no homem muito consciente — que chegou ao limite e não adquiriu conhecimento das condições reais da vida — produzir-se-á grande tensão. Ele quer ir sempre mais adiante, ele quer adquirir coisas maiores, mais grandiosas. O instinto de poder o fustiga. E a tensão o espreita, pois a lei da natureza ordena-lhe que pare de modo absoluto.

Este impulso irresistível para a cultura leva uma parte cada vez maior da humanidade para os estudos, ou ao que se entende por isso.

Esse fenômeno acontece no mundo todo — prova de que chegamos ao final de um período, pois a consciência do eu atingiu seus limites. Homens de todas as raças atiram-se aos estudos. Muitas escolas secundárias, institutos e universidades crescem progressivamente. Toda a educação a isto se ajusta. Todavia, no mesmo ritmo diminui, decresce, o número de técnicos, os que verdadeiramente mantêm o mundo. Em todos os países ditos desenvolvidos diminui o número de trabalhadores braçais, e há carência nesse campo. A falta deles é preenchida com imigrantes, ao passo que em todos os ramos e especialidades vemos aumentar sensivelmente o número de estudantes.

Compreendeis que essa situação vai acarretar muitas crises, se é que elas já não começaram. É o grande sinal da tensão surgida nos limites da natureza dialética. Os homens nascidos da natureza, muito conscientes de si mesmos, querem, eles mesmos, irradiar a luz! Nessas condições, eles se superestimam imensamente; sua função, sinal de seu nível cultural, é envolvida por uma auréola de glória. O homem se aferra a subir tão alto quanto possível. Quanto mais alto o degrau alcançado, melhor.

Não surpreende que isso traga intenso conflito e extrema autoconservação. No campo de tensão da consciência nascida da natureza a batalha pela autoconservação palpita em todas as frentes. É provável que vós também estejais mais ou menos nessa situação!

É assim que não tardará a aparecer, por necessidade — devido à crescente falta de mão de obra — o homem mecânico, o robô, com todas as consequências decorrentes. Assim, antes mesmo que todos os nascidos da natureza se tornem intelectuais, doutores e

22-II · O SÁBIO FAZ DE SI MESMO UM EXEMPLO PARA O MUNDO

professores, um imenso precipício abre-se diante de todos os que sabem tudo, com exceção do "único necessário".

E vós sabeis isso melhor que nós, visto que, em razão de vossa posição social, ocupais os melhores lugares. O mundo e a humanidade já conheceram muitos períodos semelhantes. Porventura as palavras do capítulo 22 do *Tao Te King* não interpretam a realidade de nossa época?

Portanto, como nós, sentis, por assim dizer, o grito do coração de Lao Tsé, transmitido a seus alunos para tornar a humanidade consciente do único necessário, relembrá-la das quatro grandes possibilidades, prescrever-lhe a quíntupla revolução pessoal, antes que seja tarde demais, antes que, em nossa época, o suicídio fundamental aconteça de fato mais uma vez. Revolução pessoal ou suicídio, eis a realidade diante da qual se encontra a humanidade!

É por isso que o sábio, que compreende, mantém-se totalmente afastado das corridas e perseguições desenfreadas no campo de tensão da natureza dialética. Ele recusa categoricamente todos os meios de ir ao campo de batalha e mantém seus adversários à distância. Ele segue o caminho da rosa e da cruz e chega a uma sabedoria totalmente diferente. Então, ele contempla a aurora da verdadeira vida e descobre que as fronteiras desapareceram. E, oh, milagre, é exatamente quando sua consciência diminui que ele se reveste do "Outro"!

No não lutar segundo a natureza, o sábio obterá uma vitória positiva e clara. Neste vale de lágrimas que é a terra, na natureza da morte, ele realizará uma grande tarefa a serviço da humanidade, de forma que lhe será concedido um lugar no panteão dos imortais. É a isso que se referem as últimas palavras do capítulo 22:

> *Como podem ser vazias as palavras que diziam os Antigos:*
> *"O imperfeito se tornará perfeito"? Quando alguém alcança*
> *a perfeição, tudo vem a ele.*

22-III

O IMPERFEITO TORNAR-SE-Á PERFEITO

Certamente conheceis as palavras de Jesus, o Senhor, mencionadas por Lucas (9:24): "Porque, qualquer que quiser salvar a sua vida perdê-la-á; mas, qualquer que, por amor de mim, perder a sua vida, a salvará". No Evangelho de Marcos (8:35), algumas palavras foram introduzidas: "Pois qualquer que quiser salvar a sua vida perdê-la-á, mas, qualquer que perder a sua vida, por amor de mim e do evangelho, esse a salvará".

Em vista de tudo o que foi dito no capítulo anterior, percebereis que essas palavras correspondem inteiramente às do *Tao Te King*. Novamente verifica-se que a verdade eterna foi anunciada em todos os tempos. Portanto, é impossível que as palavras dos Antigos, dos grandes servidores do Espírito, sejam vazias — *o imperfeito se tornará perfeito* — se seguirmos o reto caminho e se aplicarmos o método correto. O eu deve diminuir e a alma deve crescer. Dessa forma, o verdadeiro homem poderá manifestar-se graças à alma vivente. Esta é a Doutrina Universal, que nos foi trazida ao longo dos séculos como mensagem de salvação, como verdade imutável, portanto como um evangelho.

Visto que nossas reflexões se baseiam nessa certeza — certeza essa que não deve deixar qualquer traço de dúvida para o aluno da Escola Espiritual — voltemo-nos para as palavras finais do capítulo 22:

Quando alguém alcança a perfeição, tudo vem a ele.

Quem, através da quíntupla revolução pessoal, realiza plenamente em si as quatro grandes possibilidades de que vos falamos, ou quem tira os véus das quatro verdades, verificará que tudo vem a ele, isto é, que ele se liberta de tudo o que é dialético.

Trata-se de um acontecimento maravilhoso, do qual é útil fazermos uma ideia. Uma ferramenta só mostrará sua utilidade se a utilizarmos. E ela provará para que serve, se a utilizarmos de forma correta. A personalidade humana é uma ferramenta. Sua tarefa, sua missão, é prová-lo. Nos dias atuais, ela nasce repetidas vezes da natureza, porque, devido à má utilização da ferramenta, a morte a aniquila. Porém, logo que a alma vivente começa a dirigir a personalidade, a morte torna-se mera lembrança do passado, e o nascimento na natureza é vencido. Sem uma alma vivente, a personalidade é e permanece sempre absolutamente imperfeita.

Trata-se de algo perfeitamente compreensível. Portanto, devemos perguntar-nos como é possível que os seres humanos não compreendam essa lógica. A causa é que a personalidade, por ser nascida da natureza, é dotada de um estado de consciência natural. E a mistificação consiste em considerar essa consciência natural como estado de alma vivente. E como verificamos carências, supomos que elas desaparecerão gradativamente se cultivarmos de modo suficiente a consciência natural.

Infelizmente, o homem nascido na natureza somente descobre depois de buscas profundas, penosas e geralmente muito longas, que o imperfeito jamais pode tornar-se perfeito, a menos que todos os elementos do que é perfeito sejam reunidos e funcionem completamente em conjunto.

O grande milagre da criação de Deus é justamente esse, isto é, que cada aspecto do homem completo seja um aspecto vivente e que se possa falar, portanto, de uma vida tríplice: a vida da personalidade, a vida da alma e a vida do espírito. E somente quando

22-III · O IMPERFEITO TORNAR-SE-Á PERFEITO

esses três aspectos se reúnem, cada qual no estado desejado pela intenção divina, somente assim, o verdadeiro homem divino pode viver e existir.

Se compreendeis isso e se a personalidade quiser fazer os esforços necessários para atingir o grande objetivo, não soarão mais vazias as palavras dos Antigos: *O imperfeito se tornará perfeito*. Quando um mortal, cheio de aspiração, vê realmente diante de si a tríplice senda da perfeição e aceita as consequências decorrentes, tudo e todos se rendem a ele.

"Por quê?", perguntareis. "Pode-se ter certeza disso?"

O Universo todo é movido por leis naturais. Há inúmeras leis na natureza e muitos fenômenos produzidos por essas leis, que são suprimidos ou transformados por leis naturais superiores. Porém, a mais elevada das leis é a lei do próprio Tao. Essa lei é plenamente realizável. E ela anula, como deve ser, tudo o que não se harmoniza com ela. Tudo o que é inferior, tudo o que é não divino, tudo o que provém da personalidade deve unir-se ao superior, que é o próprio Tao.

Todos os que vivem em harmonia com o Tao, que se orientam para o Tao e que de três fazem um, são revestidos de um grande poder, o maior poder no céu e na terra. Nenhum poder ultrapassa o do mago gnóstico. Por isso ele é como uma autoridade no mundo.

Talvez compreendais que quem possui semelhante poder não fará mau uso dele, seguindo e aplicando os métodos refinados das personalidades humanas imperfeitas. A personalidade humana impõe sua vontade, suas decisões e sua orientação assim que a oportunidade para tanto se apresenta. O gnóstico não combate, não luta contra a obstinação, a impotência e a ignorância. Se ele adentrasse o campo de batalha dessa forma, isso de nada lhe adiantaria com relação à luz da perfeição. E, acima de tudo, ele perderia sua alma. "Pois que aproveita ao homem ganhar o mundo inteiro, se perder sua alma?" (Mt 16:26).

Vós, alunos da Escola Espiritual da Rosacruz Áurea, sois uma personalidade humana. Possuís uma alma, no mínimo uma alma em desenvolvimento. E tendes, como um Senhor em vosso centro, a força nuclear de vosso microcosmo, como uma rosa vivente. Sem a fusão total desses três num só, segundo a lei divina, permaneceis imperfeitos.

Mas nada, nem ninguém, é capaz de vos impedir de estimular o imperfeito a atingir a perfeição, seguindo a senda que vos indica a Escola Espiritual. Então, tudo, absolutamente tudo virá a vós!

Se percorrerdes essa senda, as palavras de Jesus, relatadas por Marcos, no capítulo 9, versículo 1, também se aplicarão a vós: "Em verdade vos digo que, dos que aqui estão, alguns há que não provarão a morte sem que vejam chegado o reino de Deus com poder".

道德經

Quem fala pouco é "espontâneo" e natural.

Como pode ser que uma borrasca não dure uma manhã inteira e nem um aguaceiro um dia todo? Tal é a atividade do céu e da terra. Se o céu e a terra não podem durar muito tempo, menos ainda o homem.

Por isso quem regula todo seu comportamento pelo Tao torna-se semelhante ao Tao. Quem se regula pela virtude torna-se semelhante à virtude. Quem se regula pelo crime torna-se semelhante ao crime.

Quem é semelhante ao Tao recebe o Tao. Quem é semelhante à virtude recebe a virtude. Quem é semelhante ao crime recebe o crime.

Não ter fé suficiente é não ter fé.

Tao Te King, capítulo 23

23-1

Quem fala pouco
é "espontâneo" e natural

Quem fala pouco é "espontâneo" e natural. Estas palavras de Lao Tsé não vos soarão estranhas, pois conheceis essas horas de silêncio em nossas conferências de renovação, e por diversas vezes já chamamos vossa atenção sobre o profundo significado desse silêncio. Sabeis também que a linguagem muito sucinta de Lao Tsé oculta muitas coisas. Uma única palavra sua frequentemente desvenda para nós a inteira filosofia gnóstica.

É por isso que dedicamos especial atenção ao primeiro versículo do capítulo 23, na tentativa de, assim, avaliar toda a sua profundidade. O mistério da palavra e do som deve ser revelado se quisermos compreender as intenções de Lao Tsé.

Reconhecereis que a linguagem de um ser humano está sempre em estreita ligação, por um lado, com a respiração e, por outro lado, com o seu intelecto. Não podemos falar sem respirar; da mesma forma, sem o intelecto não podemos emitir nenhuma fala. A laringe, o órgão que nos permite emitir sons articulados, tem uma importância apenas secundária com relação à respiração e ao intelecto.

Diversos autores afirmam que o homem distingue-se dos animais porque possui uma laringe vertical que lhe permite falar.

Trata-se aí de uma meia-verdade, pois todos os órgãos do corpo*
físico são indispensáveis para que, efetivamente, o homem possa
expressar-se na matéria.

Encontramos na cabeça e no coração do homem e do animal
uma quantidade de órgãos muito pequenos que os ligam diretamente à esfera de vida astral. Para numerosas espécies animais e
para os diferentes tipos de homens não é tanto o coração, mas
o plexo solar que tem um papel predominante. A ligação fundamental da criatura física viva com a esfera astral determina a
qualidade, a total natureza dessa criatura.

A esfera de vida astral não é uniforme e contém inúmeros
campos de qualidades muito diferentes. Em cada campo astral
manifesta-se uma grande quantidade de situações e de possibilidades. Assim, é fácil compreender que cada homem possui um tipo
astral próprio, uma chave astral própria. Essa chave é expressa
por todo o ser do homem e está presente não apenas dentro dele,
mas também ao seu redor. Dessa forma, a criatura depende da
respiração.

Queremos dizer com isso que, embora vivamos todos no mesmo campo de respiração, na mesma atmosfera, possuímos cada
qual um campo de respiração muito particular, elaborado e formado pelas nossas condições astrais pessoais.

A cada respiração, a cabeça e o coração funcionam segundo
as condições astrais do momento. Em mais de um sentido, da
respiração provém a vida. A respiração determina não apenas a
atividade intelectual, mas também o desejo. Há uma base astral
interior, que se manifesta pelos chacras, e uma atividade astral
exterior, que se conecta com a base astral interior pela respiração.

Quando um pensamento é produzido pelo cérebro ou um
desejo nasce no coração, e ambos emanam da cabeça e do coração,
então se projetam na substância astral que nos envolve de todos os
lados, assim como o peixe é envolvido pelo elemento água. Essas
projeções são refletidas de volta e mantêm assim nossa natureza

23-I · Quem fala pouco é "espontâneo" e natural

astral fundamental, nosso campo de respiração e nossa respiração, bem como toda a nossa vida de pensamentos e desejos, encerrados em determinada esfera de ação.

Suponde que despertem em vós alguns pensamentos e alguns sentimentos que não têm nenhuma relação com vosso tipo astral fundamental, sendo, portanto, totalmente estranhos a ele. Então, eles são sempre causados por alguma influência em vosso campo de respiração, pois o outro caminho, através dos chacras e do corpo etérico, está fortemente obstruído pelo sangue, pelo fluido nervoso e pela secreção interna. Como, então, essas influências e seus subsequentes resultados puderam penetrar em vosso campo de respiração? Pois bem, foi através da palavra. Se uma pessoa fala, ela o faz no momento em que expira. Ninguém fala quando inspira. Isso só será possível se vos forçardes — intencionalmente, portanto — e apenas durante momentos muito curtos, e a voz não soará, então, de modo natural.

Quando inspirais, a matéria astral penetra na cabeça através de vosso campo de respiração e vos leva a determinada atividade mental. Quando expirais, vossa voz ressoa e, através da palavra, ativais a imagem, a força e a vibração trazidas a vós pela substância da respiração, transmutando, dessa forma, os valores astrais numa realidade vivente, ativa e mágica. Portanto, falar é uma atividade criadora, devida ao ar expirado.

Ao exalar o ar, o prana é dividido em várias condições vibratórias carregadas com as respectivas imagens-pensamentos, e desse modo o prana, em suas várias gradações, é transportado via laringe, tornando, assim, audíveis o mental e o astral. Isso se transforma em sons. Vogais e consoantes compõem, em caracteres mágicos, imagens sonoras.

Todas essas imagens sonoras têm sua origem no astral. Essa origem, através da magia da palavra, é, portanto, evocada, vivificada, liberada e ativada. Essa atividade, essa magia, tem evidentemente consequências, ela causa impactos diretos. Essas consequências, às vezes, podem ser salvadoras e libertadoras e, às vezes, aprisionadoras e muito perigosas, tanto para quem fala quanto para quem ouve.

Eis por que Lao Tsé faz esta advertência: *Quem fala pouco é "espontâneo" e natural.* Como já dissemos, cada ser nascido da natureza possui sua própria natureza astral fundamental. Portanto, sua primeira preocupação deveria ser não piorar a qualidade de seu estado de ser nem deixá-la cristalizar-se. Por sua paixão pela fala, o homem não somente desperdiça sua energia criadora, como também prejudica seriamente a si mesmo e aos outros.

Quem fala pouco, que disso está perfeitamente consciente, que sabe o que faz, que conhece suas responsabilidades, permanece totalmente espontâneo e perfeitamente natural. Então, a base para uma realização autônoma e libertadora está presente.

Protegei-vos, portanto, dos faladores, dos tagarelas e dos bisbilhoteiros. A força criadora superior é muitíssimo mais danosa do que a força criadora inferior. Protegei-vos de todos os que vos abordam como para agarrar-se a vós, perturbando-vos com suas emanações, inundando-vos com um mar de palavras, impondo-vos suas preocupações, injetando-vos seus pensamentos, bradando suas críticas e infectando-vos com seu estado de ser astral.

Suponhamos agora que as palavras oriundas da Gnosis despertem em vós pensamentos e sentimentos que não tenham nenhuma relação com vosso tipo astral fundamental. Ou seja, que as palavras pronunciadas nos templos da Rosa-Cruz evoquem em vosso campo de respiração forças perfeitamente contrárias a vosso estado de ser comum. Só vos resta inalar esses valores, que vos são tão estranhos, pois ao ouvirdes o testemunho da Gnosis, abristes vosso ser a eles.

A princípio, na maioria dos casos, o coração e a cabeça respondem como que tomados por um forte vendaval e um violento aguaceiro. Porque vossa natureza profunda foi tocada não na harmonia, mas na desarmonia. Pensamentos e sentimentos de natureza estranha vos perturbam. Vossa natureza fundamental foi atacada e ela se defende.

    Trata-se, então, de saber que palavras proferireis. Serão palavras de oposição, protesto ou incompreensão? Ou serão palavras de autorrendição? No primeiro caso, os vendavais e os aguaceiros se intensificarão. No segundo caso, tudo se aquietará muito depressa.

23-II

Quem é semelhante ao Tao recebe o Tao

Em nossos comentários do capítulo 23-I, vimos como a utilização do poder da palavra concedido ao homem pode causar grandes tensões e dificuldades. No estado de ser em que a raça humana nascida da natureza se encontra atualmente, as situações de conflito são inevitáveis, quer em sentido libertador, quer em sentido degenerativo. Isso porque a palavra tem um poder criador, ela é um órgão criador. Esse poder criador vivifica as forças astrais evocadas que circulam em vosso sistema vital e as transmite ao sistema respiratório, com todas as consequências decorrentes, como já o demonstramos.

Todos os que se veem confrontados com esse grande problema são compelidos a resolvê-lo completamente, pois as irradiações intercósmicas, que se impõem atualmente ao conjunto do campo terrestre, forçam-nos a encontrar uma solução. O órgão criador superior deve ser libertado e utilizado de maneira correta se não quisermos cair sob a grande degeneração dos instintos inferiores. Durante o longo curso de sua existência, a humanidade, periodicamente, teve de satisfazer a essa exigência. Eis por que as palavras de Lao Tsé são muito atuais, e todo homem tem o dever de encontrar a solução para esse grande conflito.

E para conseguir isso é preciso começar falando pouco. Dessa forma sois "vós mesmos" e "naturais", protegendo-vos dos delírios verbais de certas pessoas, não prestando ouvidos a conversas delirantes que são negativas e vos transmitem influências astrais totalmente indesejáveis.

Poderíeis observar que, mesmo sem falar, as atividades mentais e sentimentais de vossa cabeça e de vosso coração vos atrapalham, pois não devem os pensamentos, os sentimentos e os desejos que descem abaixo de certo nível ser considerados perigosos? Certamente, mas ao transformar esses pensamentos, esses desejos e esses sentimentos em palavras, vós os "concretizais" e os tornais incontáveis vezes mais ativos; pois o que é criado é mais ativo do que o que permanece latente.

Deixemos, porém, o lado negativo desse tema, apresentado para ajudar-vos a encontrar uma solução. Suponhamos, novamente, que vosso sistema natural seja tocado em seu campo de respiração pela palavra da Gnosis, que se dirige a vós e para a qual vos abristes. Assim sendo, sois tocados por forças luminosas astrais que não são as vossas, ou ainda não o são. Daí resultam, evidentemente, tensões interiores, pois vossa natureza astral fundamental a elas se opõe espontaneamente; aguaceiros e temporais são desencadeados, a menos que... vos torneis "espontâneos"!

Lao Tsé utiliza aqui uma imagem que chama a atenção para a conhecida noção do *wu wei*, o não fazer. Tão logo tenhais certeza de que a Gnosis vos tocou e perturbou vosso campo de respiração, não exteriorizeis vossas tensões pela conversa. Cessai todo comentário sobre os temporais interiores, e conduzi-vos ao estado do "não fazer". Suspendei toda a luta e rendei-vos totalmente à Gnosis.

Se assim fizerdes, se adentrardes esse estado, os temporais cessarão. Ingressando no não fazer, no silêncio interior, na autorrendição e permanecendo calados, vós vos ligareis ao que Lao Tsé denomina "a virtude" e vos encontrareis na senda que leva ao

Tao. *Quem é semelhante ao Tao recebe o Tao. Quem é semelhante à virtude recebe a virtude.*

Quem não age dessa maneira submete-se ao crime e comete crime. Ao utilizar, como Lao Tsé, a palavra "crime", não deveis pensar num crime horrível, mas deveis refletir que qualquer ação ou comportamento que vos afasta da Gnosis e vos mantém em vosso estado de ser nascido da natureza é absolutamente "errado".

Aprofundemo-nos um pouco nesse assunto para que chegueis a uma compreensão correta. A maioria dos alunos da jovem Gnosis, além de conservar tudo o que neles é louvável, mantém sua antiga base de vida de nascidos da natureza. Em outras palavras, eles conservam seu estado astral fundamental. As representações comuns do bem e do mal, do positivo e do negativo agitam-se neles frequentemente.

Não obstante, a Gnosis lhes fala e toca interiormente seu coração e sua cabeça. Um conflito maior ou menor torna-se inevitável. O que, dessa forma, neles penetra, é contrário à sua natureza astral fundamental e a transpassa como uma espada, embora não seja contrário ao *wu wei*, ao aluno que é "espontâneo" e "natural", ou seja, ao aluno que está pronto. Nos que não estão prontos, isso desencadeia duradouros temporais.

Então, eles se procuram mutuamente, se visitam, e a conversa recai sobre assuntos do templo e do toque no templo. Isso pode suscitar uma desordem infernal, pois, com efeito, quem se exprime e dá testemunho? Acaso seria a nova palavra neles? Não, porque ela ainda não nasceu. Por quê? Porque eles mantiveram sua natureza astral fundamental. Porventura a alma, a nova alma neles, irá expressar-se? De forma alguma! A força da nova alma permanece confinada no duplo etérico, sem poder penetrar no santuário da cabeça, onde a antiga base astral não mudou. Durante a conversa, surgem constantemente desacordos. O que existe não é um acordo de entendimentos na base do *wu wei*, porém todo tipo de opiniões frequentemente contraditórias e opostas. Um desacordo é uma má ação, um crime, pois se trata de polemizar para ter razão. Qual razão? A razão da natureza fundamental de um dos participantes. E assim nos obstinamos, entramos em choque, não raro de modo doentio, o que é um crime!

Se fosse apenas isso, desse crime restaria apenas certa esterilidade. Porém, esses debates, essas orgias de palavras que acarretam um frenesi de criações, constituem uma grande impureza. A algazarra de vozes dos participantes faz surgir inúmeras forças astrais. Um turbilhão de influências astrais presentes sobrecarrega o campo de respiração. Essas pessoas se agrediram mutuamente, cometeram um verdadeiro crime, enquanto tudo o que a Gnosis queria fornecer-lhes retirou-se desde o início do encontro. O toque não somente foi inútil, mas sobretudo a ocasião de um grande dano moral. Deixai, pois, penetrar estas palavras no fundo de vossa consciência: *Quem é semelhante ao crime recebe o crime.*

Compreendei que existem diversos aspectos e formas de danos morais. Porém, aquela a que nos referimos aqui é a pior de todas. Toda discussão é um crime, é uma afronta a todas as pessoas envolvidas. E atentai para o fato de que esse tipo de crime não se limita a algumas pessoas. Os efeitos astrais dessas querelas, de qualquer tipo que sejam, envenenam a esfera vital inteira da humanidade. É uma grande imoralidade! E não é terrível que uma escola espiritual gnóstica possa causar isso em seu trabalho a favor de toda a humanidade?

Como isso é possível? Pois bem, por falta de fé e de confiança, com todas as consequências decorrentes. É assim que o estado astral fundamental é mantido. *Não ter fé suficiente,* afirma Lao Tsé, *é não ter fé.*

23-III

NÃO TER FÉ SUFICIENTE É NÃO TER FÉ

No capítulo anterior, demonstramos em detalhes como o homem vive totalmente dominado e dependente de seu estado astral. Se a orientação astral fundamental do ser nascido da natureza não mudar, se nesse ponto o homem não se libertar desse aprisionamento, ele não poderá ter a esperança de seguir um aprendizado libertador.

A tarefa é: tornar-se semelhante ao Tao, tornar-se semelhante à virtude. Ora, a força que nos confere essa semelhança é a força da fé. Quando um ser humano possui uma fé sólida na realidade e na verdade da Gnosis e ao mesmo tempo está presente um intenso desejo de participar dessa sublime realidade, todos os obstáculos que poderiam interpor-se entre ele e seu objetivo são removidos. A fé triunfa sobre tudo! É por isso que a maravilhosa faculdade da fé deve ser completamente desenvolvida para que um resultado seja alcançado. E as palavras de Lao Tsé: *Não ter fé suficiente é não ter fé*, são de uma clareza inegável.

É melhor perguntar-se primeiro onde se aloja a faculdade da fé. Em qual parte do corpo está ela centralizada? Estaria ela ligada a algum órgão? Ou seria ela um órgão?

Se buscais seriamente uma resposta a estas perguntas, descobrireis que a fé é não somente um estado afetivo, mas também uma questão de compreensão e, sobretudo, de vontade. Emanando do coração e da cabeça, a fé envolve o ser inteiro. Somos penetrados e inflamados por ela. É correto afirmar que os que sentem despertar em si a faculdade da fé têm uma comoção psíquica, com a correspondente consequência física. No corpo, o estado de fé revela-se no sangue, no fluido nervoso e na secreção interna, os quais são atingidos pelas vibrações da fé. Caso contrário, não se trata da fé que tudo penetra.

Essa atividade, às vezes tão poderosa, deve ser claramente sustentada pelo corpo etérico, que, por sua vez, deve ser sustentado pelo corpo astral. Os sete chacras do corpo astral abrem-se à luz da Gnosis com todas as consequências decorrentes.

Observai a enorme diferença que existe entre uma fé positiva e sua força e a fé em seu aspecto negativo. Depois de tudo o que dissemos acerca da fé, podereis facilmente concluir a diferença.

A fé positiva, bem como a força que está ligada a ela, desenvolvem-se com base em dois elementos astrais: a respiração astral dos chacras e a respiração comum. A primeira se desenvolve pelo seguinte caminho: chacras, corpo etérico e corpo* físico; a segunda, pelo: campo de respiração pessoal, santuário da cabeça, respiração, fala. Quando essas duas influências astrais, esses dois processos, fundem-se um no outro, e quando o que está no mais profundo do ser torna-se semelhante ao que está no exterior fala-se de fé positiva. Esperamos que possais agora ver claramente que semelhante estado de fé só é possível se seguirmos o caminho em completa autorrendição.

Examinemos agora o aspecto negativo da fé. Um homem pode, seja por razões cármicas ou influências hereditárias, seja por causa de grandes sofrimentos, demonstrar interesse por determinada corrente religiosa. Para que esse interesse produza um resultado positivo, será necessário que essa orientação seja seguida de um comportamento libertador. Sem esse comportamento, os sete chacras do corpo astral não poderão girar em sentido inverso, e ao homem em questão resta apenas a influência astral que passa pela respiração direta, pelo cérebro e pela fala. Então, uma parte da personalidade é tocada pela nova influência, enquanto que a outra, a mais importante, permanece imperturbada.

Fica evidente que essa situação deverá provocar todo tipo de estados indesejáveis. Os oradores religiosos, ávidos por converter as multidões através de uma influência astral unilateral, conseguirão, nessa exaltação, injetar-lhes uma pequena dose de fé, mas será uma fé negativa, um fogo de palha, que queimará muito depressa, deixando com frequência vestígios deploráveis atrás de si.

Agora que sois capazes de distinguir entre a fé positiva e a fé negativa, podeis perguntar-vos do que a fé é capaz.

Tomemos como exemplo um homem que realmente aspire à salvação vivente da Gnosis. Esse anseio, nascido no coração, irá manifestar-se na cabeça, seguido da compreensão e também da vontade. Esse homem compreenderá que, se quiser que esse anseio resulte em realização e em posse, um novo estado de vida, uma nova atitude de vida, é exigido dele, uma nova atitude de vida, próxima da "virtude" e longe do crime.

Naquele que segue semelhante caminho tem lugar uma grande mudança, prenúncio da transfiguração. Os chacras começam a girar no sentido inverso de seu estado natural. As forças da alma se concentram no corpo etérico. Os quatro alimentos santos tocam todo o sistema físico.

Após esse prólogo da fé, após essa preparação da fé, nasce, em dado momento no curso de vida, a fé verdadeira e triunfante. Ela se anuncia como uma forte vibração no ser todo, que será preenchido com a verdadeira força da fé. A respeito desse poder diz a Bíblia: "Se tiverdes fé como um grão de mostarda, direis a este monte: Passa daqui para acolá, e há de passar" (Mt 17:20), e: "Ora, a fé é o firme fundamento das coisas que... se não veem" (Hb 11:1).

Tudo isso refere-se a uma nova força astral, a força-luz da Gnosis, que pode ser magicamente empregada para a salvação da humanidade por aquele que para isso se preparou e disso deu provas. Essa força mágica é aplicada através do órgão criador superior. A palavra vivente é pronunciada, do mesmo modo que Jesus, o Senhor, a pronunciou: "Quero, sê limpo" (Mt 8:3). Dessa forma, estareis em condição de saber e de experimentar do que a fé é capaz, tal como Lao Tsé a compreende.

道德經

Quem fica na ponta dos pés não se mantém ereto. Quem estica muito as pernas não pode andar.

Quem quer irradiar luz não é iluminado. Quem quer ser o homem verdadeiro não sobressai entre os demais. Quem se vangloria de seu trabalho não tem mérito. Quem se promove não é superior.

Tais condutas comparadas ao Tao são como restos de comida ou outras coisas repugnantes, que sempre são abominadas.

Portanto, quem vive no Tao delas se afasta.

Tao Te King, capítulo 24

24-I

O EGOÍSMO

Ao lerdes o capítulo 24 do *Tao Te King,* sem dúvida compreendestes tanto seu tema quanto sua intenção. O perfil do homem nascido da natureza, em seus atos e gestos habituais, ali está retratado com algumas hábeis pinceladas. É um retrato tão moderno, tão atual, que não sabemos o que é mais espantoso: se, há milênios, Lao Tsé descreveu o homem do século vinte, ou se, em todos esses anos, o homem da natureza não mudou.

Todavia, vosso espanto desaparece imediatamente quando compreendeis uma vez mais que, em vista de seu estado psíquico, o homem nascido da natureza nada pode mudar. As circunstâncias externas mudam, em geral e nos detalhes, mas o homem nascido da natureza permanece invariavelmente do mesmo tipo, isto é, do tipo correspondente ao seu egoísmo. O egoísmo é o impulso original da natureza, ao qual o ser humano se acostumou em diversos níveis. Ninguém pode libertar-se do egoísmo sem, antes, renunciar totalmente ao seu eu.

A forma mais forte e mais cristalizada do egoísmo é a do homem egocêntrico, empedernido que, do berço ao túmulo, considera unicamente seu eu e seus próprios interesses. Tal pessoa não nutre qualquer tipo de laço afetivo ou familiar, tal como afeição por sua mãe ou um bom entendimento com seu cônjuge ou seus filhos. Essa forma de egoísmo, que tudo exclui, está mesmo abaixo do animal, pois mesmo no reino animal observamos que existe um elo, embora passageiro, que une mãe e filhos, e que os animais podem até mesmo sacrificar-se para proteger seus filhotes.

É por isso que, em nossos dias, só conhecemos essa forma de egoísmo numa manifestação psíquica degenerativa, ou seja, em pessoas que, psiquicamente perturbadas, tudo sacrificam por sua cupidez e sua luxúria subanimais.

Observai, no entanto, que essa forma de egoísmo cresceu muito rapidamente em nossos dias, em todos os países e em todos os povos. Isso demonstra que a humanidade está caindo rapidamente abaixo do nível qualificado de humano, o que é uma clara indicação de que o fim está próximo.

Uma forma mais elevada de egoísmo é aquela em que, embora colocando-se o eu no centro, também a família é incluída. Nesse grupo, os elos sanguíneos falam de forma mais ou menos forte, num tempo mais longo ou mais curto. E é necessário compreender esse fenômeno, pois é claro que a solicitude e a dedicação à família são uma forma de realização e de reafirmação pessoais, portanto são uma expansão do eu. É uma forma de egoísmo onde se expressam todas as virtudes altamente estimadas da paternidade e da maternidade.

Esse egoísmo tem sido objeto de várias formas de condicionamento cultural e é regulado e sustentado por inúmeras leis. E não restam dúvidas de que se trata de uma forma evidente de egoísmo, como o demonstram os esforços e as alegrias, os cumprimentos e o orgulho que se seguem aos sucessos obtidos pelos membros da família, mesmo que muitas vezes não tenha ocorrido em bases morais muito elevadas.

O egoísmo torna-se ainda mais evidente quando duas famílias têm o mesmo objetivo e as mesmas cobiças. E até mesmo quando a vida e a solidariedade familiar e o nível cultural seriam o que se poderia chamar de elevados, uma luta terrível se declara. Essa luta tem a mesma base e a mesma força astral dos ferozes combates do homem pré-histórico. As formas do conflito podem ser diferentes, porém o fundamento e o resultado são sempre os mesmos: luta e derrota.

A seguir, o egoísmo se amplia e se torna o egoísmo de um grupo, o egoísmo de um povo e de uma raça. Os desenvolvimentos e as consequências daí resultantes são muito conhecidos de todos. E quando alguém é atingido pela psicose do egoísmo de um grupo ou de um povo, isto não exclui de forma alguma as outras formas de egoísmo definidas anteriormente. Ao contrário, elas podem ser fortalecidas em decorrência disso, pois os interesses do indivíduo podem, facilmente, ser entravados pelos interesses do grupo. A força do egoísmo individual experimenta então uma tensão muito mais forte. E as consequências são evidentes: a luta explode.

Para podermos compreender bem as intenções de Lao Tsé, não nos esqueçamos de que o desenvolvimento do egoísmo numa curva ascendente sempre é acompanhado pelo desenvolvimento moral. Existem inúmeros exemplos de homens que sacrificaram seus próprios interesses a favor dos interesses da família, do grupo, do país, do povo, da nação e, em menor proporção, aos de sua raça. A literatura nos fornece exemplos ilustres. Sem dúvida, devemos considerá-los com a maior reserva, pois a disposição e o ardor para o sacrifício estão sempre entremeados por uma forma de egoísmo. Entretanto, é certo que o desenvolvimento do egoísmo pode ser sempre acompanhado de um desenvolvimento moral estimulado pela religião e pelo humanismo e mantido pela lei.

Atualmente, no que diz respeito à cultura do egoísmo, a humanidade prepara-se para subir o último degrau da escada, naturalmente sob diversos pretextos morais. Uma vez alcançado esse degrau, e conservando-se todos os degraus inferiores, como é normal numa escada, não haverá nenhum degrau mais alto. Isso significará o fim da inteira época Ariana, da mesma forma que já chegamos ao fim de certo período dessa época. Nesse último degrau, veremos a confluência, a reunião, a unificação de toda a humanidade. Primeiro, o indivíduo, depois a família, a linhagem, o povo, a raça e finalmente toda a humanidade. A cada período, a cada era, os homens percorrem todo esse caminho até o fim. O desaparecimento total da oposição que existe atualmente entre os povos, as nações e as raças indicará o fim.

Os sinais precursores dessa próxima grande revolução mundial são claramente perceptíveis. Ouvimos sem cessar pregações sobre a integração total. Em todos os lugares homens trabalham para neutralizar as diferenças entre as religiões. Alguns blocos políticos já se formam; e já se vislumbram claramente dois grandes grupos entre os quais se divide a humanidade: o leste e o oeste. Ambos sabem que, se conservarem seu ponto de vista sobre sua própria cultura do egoísmo, o aniquilamento total da humanidade tornar--se-á um fato.

Ao mesmo tempo, muitos veem nitidamente que terminou o tempo em que os combatentes formavam uma frente na linha de combate, onde tombavam os mortos e os feridos, enquanto que, atrás, em segurança, o estado-maior orquestrava a guerra e, mais atrás ainda e em maior segurança, os diferentes grupos econômicos dirigiam tudo de seu abrigo. Como o princípio fundamental do egoísmo é a autoproteção, e a possibilidade de atacar e aniquilar de surpresa não existe mais, e as armas técnicas interditam de forma absoluta o extermínio improvisado, seremos obrigados a nos unir.

Pode até ser possível, e é mesmo verossímil, que antes que o mundo todo sinta que essa obrigação é inelutável ainda tenhamos de travar muitos combates; o que já não podemos é impedir o progresso desta última fase.

Um grande número de autoridades está profundamente convencido da necessidade de implementar uma nova ordem. Fala-se de contatos diários e incessantes entre os grupos dominantes dos

24-1 · O EGOÍSMO

dois lados, tanto no plano político como no religioso, embora nem tudo seja noticiado na imprensa mundial.

E o que devemos perguntar-nos não é "Vamos fazê-lo?", porém "Como fazê-lo? Como fazer para que o povo, a massa, aceite isso, e como justificar essa grande revolução de todos os valores até então considerados invioláveis?"

Mas, compreendei-o, a humanidade não tem saída, ela está encurralada. Pensávamos poder limitar aos outros os efeitos da explosão da bomba atômica, porém os riscos tornaram-se tão grandes que, brevemente, cantaremos em coro: "Todos os homens são irmãos!" Muitas igrejas e movimentos religiosos buscam igualmente a unidade forçada.

Por que tudo isso? Bem, porque a cultura do egoísmo, a luta pela existência e o medo da morte e do aniquilamento impulsionam a humanidade para esse último passo. A unidade forçada ou o aniquilamento recíproco: a humanidade deve escolher entre estes dois extremos!

Compelida pelo sofrimento e pelo temor à morte, a humanidade escolheu a primeira alternativa, ou ainda está em vias de fazê-lo. Dessa forma, a cultura do egoísmo humano atingirá seu limite, conservando, entretanto — e atentai bem para isto — todos os outros aspectos que não podem ser erradicados.

Então, logo essa grande unidade dos povos e das raças será mantida unicamente através de coerção, com a colaboração e sob a direção de todas as autoridades. No fim, o mundo todo se verá, portanto, debaixo de um regime fascista e corporativo. Todos os homens serão obrigados a serem mutuamente "irmãos": último artigo da lei da autoconservação.

Enquanto isso, todos se esticarão tanto quanto possível na ponta dos pés para agarrar o máximo de presas e obter o maior lucro. Eles esticam o passo para atingir seu objetivo tão depressa quanto possível. No início, os pobres fiéis das religiões naturais só falarão da luz que se concretiza para irradiar sobre a humanidade toda, a luz desejada por Cristo. Mas a grande luta para saber quem será ou parecerá ser o maior e o mais importante prosseguirá. A indústria se aproveitará do egoísmo para explorar a humanidade em proporções monstruosas.

Os que, como observadores mais ou menos objetivos e dotados de algumas qualidades de alma, observarem todas essas tramas, bem como a próxima aceleração da corrida para o abismo, ficarão profundamente desgostosos com esse imenso embuste. Essas formas de agir, *comparadas ao Tao, são como restos de comida ou outras coisas repugnantes, que sempre são abominadas.*

Porventura tendes a intenção de vos unir a semelhante engano? Ou escolhereis — buscando a senda do Tao — o outro caminho?

24-II

OS MUROS DE JERICÓ

Nossas considerações iniciais sobre o capítulo 24 do *Tao Te King* de Lao Tsé demonstraram para onde, finalmente, leva o egoísmo humano. E podemos sentir-nos desolados, principalmente se levamos a pior na luta pela existência ou pela defesa de nossos interesses. Todavia, não nos esqueçamos que o egoísmo, portanto o egocentrismo, é uma característica do homem nascido da natureza. Quando a vida desponta na natureza da morte, a criatura é ameaçada de todos os lados. Dessa forma, manifesta-se o egoísmo, o instinto de conservação. Em sua condição de seres nascidos da natureza, todos os homens, sem exceção, são egoístas.

Ao lerdes isto, certamente sereis tocados por uma série de sentimentos e pensamentos, pois não é de vosso agrado serdes chamados de egoístas. Tendes, mais ou menos, a impressão de terdes sido ofendidos. Com exceção de um grande grupo de homens que vivem sua condição de nascidos da natureza com tal paixão que acham perfeitamente natural essa característica fundamental do gênero humano, os demais sentem-se um pouco ofendidos por essa fria verificação: o homem é egoísta.

Esse é um fenômeno notável, porque semelhante reação com certeza não é uma característica do chamado ser natural. Mas, observai que não estamos falando do desgosto causado pelo insucesso de uma atitude egoísta, mas de um sentimento de decepção, do sentimento de ter sido enganado, de ter sido derrubado de seu pedestal. Sofreis, principalmente por causa de vosso conhecimento da Bíblia e da Doutrina Universal, no qual o egoísmo, como fonte de calamidades, é desmascarado. E a voz da rosa em vós, vossa consciência, apela continuamente à vossa atitude de vida.

Aflui, então, a corrente ininterrupta de reflexões: "Isso, entretanto, deve ser diferente; deve ser melhor. E isso deve desaparecer o mais depressa possível". Assim prossegue a famosa luta pela existência. As considerações de ordem moral declaram guerra contra vosso comportamento egoísta. E cada um conhece o desfile de moralistas, místicos, humanistas e outros que atiçam o combate interior.

Afirmamos, porém, que esse combate é totalmente sem esperança, pois é impossível mudar a natureza fundamental do gênero humano! Está fora de cogitação! É por isso que, quando vós e vossos coirmãos e coirmãs estais em plena luta — e vós estais! — e vivenciais ao máximo o combate que opõe o egoísmo à moralidade, tentais fazer triunfar a moralidade. Descobrireis que vós e vossos amigos sempre levais a pior e, apesar disso, permaneceis os mesmos.

Tendes uma moralidade mais ou menos elevada. Podemos aprendê-la, seja através da necessidade, da morte ou da dor, da mesma forma que aprendemos os usos e costumes culturais. Podemos aprender a fazer como se irradiássemos luz, como ser agradáveis, como aparentar ser místicos. Sem ter a intenção de ser hipócrita, podemos imaginar-nos um gnóstico, possivelmente um homem com a alma renascida. Da mesma forma que aprendemos a apresentar-nos como pessoas simpáticas e agradáveis, também aprendemos a parecer místicos.

Mas não podeis fazer o egoísmo desaparecer. O egoísmo é inerente ao homem nascido da natureza. A intenção de Lao Tsé no capítulo 24 do *Tao Te King* é fazer que seus discípulos compreendam isso.

E não existe um aluno sequer que, com uma série de considerações morais, mantendo a si mesmo em rédeas curtas, não tente seguir seu discipulado sob o signo de semelhante "rearmamento moral".

Pobres de vós! Sabei que vossa armadura moral serve apenas a um único objetivo: a proteção de vosso egoísmo, sem nenhuma exceção. E pensais assim: "Seria tão bom, seria maravilhoso se eu conseguisse ser um bom aluno; se eu conseguisse um novo estado de alma; se eu preenchesse as condições do discipulado; se eu conseguisse isso ou aquilo no sentido da Gnosis etc." Em geral, substituís o "eu" pelo "nós"; isso soa melhor. Mas o "nós", ou o "eu", não melhora as coisas, pois tudo o que o "eu" quer e deseja não passa de uma tentativa de abrigar o eu com toda segurança em determinado aspecto do egoísmo.

Esse impulso de autoconservação preenche todo o vosso ser. Então vos esforçais consideravelmente. Ficais nas pontas dos pés e vos esticais o máximo possível para agarrar o que cobiçais. Mas não conseguis ficar em pé nem permanecer eretos. Tentais dar certa velocidade à vossa vida, e tanto quanto possível e até onde podeis esticar as vossas pernas, tentais avançar na direção cobiçada. Mas inutilmente!

Após inúmeras tentativas desesperadas, todas infrutíferas, ficais totalmente à vontade, pois não demorais muito a perceber que os outros tampouco têm sucesso em sua empreitada de rearmamento moral! É quando o eu começa a "fazer de conta". Ele põe-se a falar da luz, ele "irradia" uma suposta luz. O resultado é um estado astral que não tem a menor relação com a luz, mas é uma parte de vosso equipamento moral e vos tranquilizais com isso. Vós vos afadigais e vos dedicais totalmente à Escola da Rosacruz e ao seu trabalho, mostrando assim vossa personalidade. Fazeis uma tentativa de personificar o homem verdadeiro — sem sucesso algum. Falais muito a respeito de vossa dedicação — mas isso não traz o resultado esperado. Fazeis uma tentativa de dar um salto — mas caís novamente por terra, em vosso estado de ser habitual. O que quer que façais é sempre e definitivamente negativo. Não sois hipócritas — apenas vos submeteis ao jogo do rearmamento moral. Mas vossas armas não são verdadeiras, elas não são mais do que ilusão.

Somos, portanto obrigados a concluir: *Tais condutas, comparadas ao Tao, são como restos de comida ou outras coisas repugnantes, que sempre são abominadas.*

Quem tenta a autorrealização da maneira acima descrita termina por seguir o caminho da evolução de que falamos no capítulo precedente: ele vai do individualismo primitivo à unificação forçada, sinal do fim.

Imaginai agora a realidade de nossa jovem Fraternidade gnóstica. Sem dúvida, nossos alunos constituem um grupo. Todos eles conhecem mais ou menos a unidade de grupo. Mas, será que eles formam realmente uma comunidade de almas viventes? Teriam eles ultrapassado seu estado de nascidos da natureza e, portanto, seu egoísmo essencialmente animal, como dito acima?

Se a resposta a essas questões for negativa, não será então o rearmamento moral que mantém esse grupo? Eles não cessam de tomar resoluções, de mergulhar em novas reflexões, de se aplicar normas corretivas — e são sempre decepcionados, porque o egoísmo não desaparece. Eles se ferem mutuamente devido a diferentes tipos de caráter, de comportamento, e isso acarreta muito sofrimento.

No fundo, vossa vida não se tornou mais fácil. Seguistes determinado caminho na condição de individualista convicto, e eis que chegastes em uma comunidade! E como vosso egoísmo está sempre presente, vos colocastes sob a lei: inúmeras regras ordenam a vida da comunidade! Tudo o que acontece retorna de uma ou outra forma. O sol se levanta, o sol se põe, e tudo permanece o mesmo. Um grande cansaço se apodera de todos.

E para onde quer que se dirija a humanidade como um todo, a comunidade dos individualistas é a primeira a chegar. Ela atingiu o limite de seu desenvolvimento. Não há maiores moralistas do que vós — isso é impossível! Tirastes disto tudo o que pudestes, e agora chegastes a uma fronteira. A partir daí, como escola, como grupo, estais diante do fim, do fim absoluto — pois, que mais pode haver? — ou então de um irrompimento!

Quando um indivíduo ou um grupo quer livrar-se do egoísmo fundamental, ele deve começar por lançar-se à frente no caminho dos homens até o fim inelutável, até os limites do que é humanamente possível alcançar. Todo o arsenal do rearmamento moral deve ser dissipado antes que seja possível transpor esses limites. Entretanto, ele sempre retorna ao deserto pela força de atração do egoísmo e do instinto de autoconservação.

Seria, então, inútil salvaguardar uma moralidade elevada? Seria, então, injustificada a manutenção de uma moralidade de grupo, quando isso parece trazer tanta tristeza e fracassos?

Não, isso torna o indivíduo e o grupo aptos para a grande autorrendição. Em outras palavras: vós vos dispondes a renunciar a cada exigência egoísta — por exemplo, a necessidade de impordes uma opinião pessoal — a favor da única vida que é a vida da alma, que é a vida da verdadeira terra prometida. Somente quem vive no Tao vence o egoísmo.

As qualidades de alma, que se acumulam em vosso corpo vital devido à vossa participação na Escola Espiritual, devem ser capazes de manifestar-se, devem poder transformar-se no Outro. Por isso, para tornar desperto esse Outro que dormita em vós, deveis fazer o velho homem calar-se, dia e noite; deveis subordinar e renunciar a cada impulso da natureza em favor do Outro em vós.

Somente os que vivem no Tao ultrapassam o egoísmo. A alma, que deve tomar forma no corpo vital e nele crescer, segue normas de vida completamente outras. O campo de vida da alma é completamente diferente da esfera terrestre grosseira. Se desejais abandonar o deserto onde vacilais a cada passo, apenas existe um meio: praticar conscientemente a autorrendição até os mínimos detalhes. Sempre considerar o outro superior a si mesmo e aplicar a mais elevada moralidade.

Isto quer dizer: manter as normas da Escola Espiritual, a lei do Tao, à frente dos vossos interesses, à frente dos interesses dos vossos familiares, dos vossos amigos e amigas e de todas as vossas relações, e isso até os mínimos detalhes. Esta é a aplicação da lei de amor em sua própria essência. "Ama a Deus sobre todas as coisas e a teu próximo como a ti mesmo".

Se vos colocardes a vós mesmos sob as leis do Tao, mediante vosso comportamento para com o próximo, confrontareis vossos companheiros com essa lei única do amor divino, e os auxiliareis e os impulsionareis adiante.

Quando essa atitude de vida for absolutamente certa e puder ser chamada fundamental, é sinal de que a alma nasceu, e o Espírito Sétuplo entra progressivamente em ligação com ela. No decorrer desse processo — compreendei o simbolismo! — dareis sete voltas ao redor do local chamado Jericó. Trata-se do espaço maravilhoso designado como "o novo campo de vida". E por fim, na sétima volta, os muros que vos separam da renovação fundamental caem — e estareis livres!

Vossa vida se desenvolve, portanto, entre dois polos: egoísmo e moralidade, os quais se opõem mutuamente e procuram neutralizar-se, porém sem resultado. No sentido negativo, é possível que o egoísmo saia vencedor. O homem, então, cai a um nível subanimal. No sentido positivo, ele é levado até o limite. Caso não consiga transpô-lo, continua, conforme as antigas lendas o enfatizam, a perambular através do deserto durante quarenta anos, o número da plenitude, sob o domínio do egoísmo e da moralidade sem esperança.

O egoísmo é sempre a víbora que vos engana e vos pica. A moralidade tenta imunizar-vos contra os perigos. É o fogo devorador no qual se consome o ser nascido da natureza. É o inferno que ele criou para si mesmo até no mais elevado estado de moralidade.

O grupo todo da jovem Gnosis está no limite, graças a Deus! É por isso que ele sente o violento sofrimento do desespero, graças a Deus! O fogo arde intensamente, graças a Deus! E por isso o desespero: "O que mais, em nome de Deus, podemos fazer?" Quem do coração solta esse grito compreende o que deve ser compreendido, graças a Deus!

Porque existe um estado de vida completamente diferente. Existe outra moralidade que não pode e nem deve ser chamada dessa forma; nós a chamamos: autorrendição. Em outras palavras, trata-se de fazer que toda a vossa existência, todos os vossos interesses, tudo o que caracteriza vosso egoísmo, do mais individual ao mais abrangente, tanto o egoísmo pessoal como o impessoal, dependam da vida no Tao, do ser do Tao. É necessário fazer que tudo dependa da Escola Espiritual e da Gnosis e, como Jesus, ocupar-se inteiramente "dos assuntos do Pai". Afirmar, como o menino Jesus a seus pais: "Mulher, que tenho eu contigo?" (Jo 2:4) Não sabeis que me convém tratar dos negócios de meu Pai?" (Lc 2:49). Essa é a vida no Tao, isso é participar do amor divino. Isso significa a libertação da alma, a queda dos muros de Jericó.

Estamos diante desses muros como Escola Espiritual e como grupo. Não sejamos infelizes nem nos desesperemos por causa da incompreensão, e não nos critiquemos mutuamente por causa do egoísmo que é absolutamente natural, mas permaneçamos na alegria e façamos sete voltas ao redor dos muros de Jericó.

24-III

DEVOTAMENTO AO TAO

Com referência a nossas explicações do capítulo 24 do *Tao Te King* de Lao Tsé, talvez seja importante dirigir vosso olhar para o que segue. Na Doutrina Universal é grandemente enfatizado que enquanto o eu da personalidade, ou o egoísmo como estado de consciência, ainda não está dissolvido completamente naquilo que denominamos alma, não se pode falar, nem se falará, de novo estado de vida.

Contudo, ninguém deve partir do pressuposto de que é preciso começar pelo aniquilamento total do eu, pois enquanto o instrumento de consciência superior, isto é, a alma, ainda não cresceu em vós, tendes necessidade de um instrumento de consciência inferior para a coesão dos veículos da personalidade em sua tríade. Além do mais, o eu, em seu sacrifício, deve, primeiro, conduzir a personalidade através da noite, até a aurora do dia em que a alma possa tomar a direção da personalidade.

Portanto, vede-o claramente: uma tarefa é atribuída ao homem-eu, ao homem egocêntrico. É por isso que os escritos sagrados nos advertem que, durante a peregrinação do eu inferior, do eu terreno, o viajante jamais atinge o objetivo situado no outro lado do rio.

Se compreendêsseis isso, os problemas que vos preocupam atualmente tomariam outro aspecto. O homem nascido da natureza, o homem egocêntrico, tem uma tarefa a cumprir. Fundamentalmente, ele tem um objetivo a atingir. Como ser egocêntrico, ele não é mau, nem pecador, nem anormal na onimanifestação. Mas, em sua atual situação e no campo de vida em que vive, tanto sua consciência como sua natureza devem servir para libertar o Outro em si, ou seja, o homem-alma. Ele só se torna pecador, anormal e mau se ele não realizar a tarefa que está no fundamento de seu ser.

Todas essas ideias estão contidas na imagem familiar da figura dupla João-Jesus: João é o homem que cumpre sua tarefa de autorrendição; Jesus, o homem-alma, é liberto e batizado por João. Jesus, o Senhor, afirma, acerca de João, que ele é o maior dentre os nascidos da natureza, pois é ele quem torna possível o nascimento do verdadeiro homem, do verdadeiro homem-alma.

Provavelmente compreendeis a extrema importância não somente de ver claramente vossos limites e vossas possibilidades terrenas de homem nascido da natureza, mas, ao mesmo tempo, de descobrir vossa missão e de colocá-la no centro de vossa vida. É por essa razão que vos falamos sempre da nova atitude de vida, da atitude de vida de quem quer cumprir a única missão que lhe foi confiada por Deus. Se essa for a vossa vontade, se seguirdes essa senda, então, e só então, o Cristo em vós se revelará.

Compreendei, entretanto, o significado das palavras, que talvez conheçais muito bem, segundo as quais Cristo — a alma com a qual o Espírito Sétuplo está em ligação — toma para si todos os vossos pecados. As palavras: "Ainda que os vossos pecados sejam como a escarlata, eles se tornarão brancos como a neve" (Is 1:18). Se, como um dos chamados, percorrerdes a senda da endura, a senda da autorrendição, e se em vós a alma tornar-se realmente vivente, então essa alma vivente atrairá e elevará para o novo campo de vida tudo o que se encontra oculto em vosso microcosmo, conferindo a essa entidade completa as características do novo estado de vida. Portanto, o Filho divino se manifestará em vós como o Salvador, o sublime Redentor. E ele tomará para si todos os pecados.

Como percorrer essa senda? O caminho já vos foi demonstrado e explicado muitas vezes, bem como o método que se deve seguir para realizar essa peregrinação. E ele consiste no devotamento ao Tao. Deveis realizar uma "conversão" em vosso caminho de vida, como o fez Cristiano Rosa-Cruz na véspera da Páscoa. Nessa reorientação, devereis abandonar e rejeitar conscientemente vossa personalidade nascida da natureza, que é vosso egoísmo, e, com total lucidez, renunciar a servir unicamente vossa própria pessoa, atitude esta que engendra todos os pecados e todos os sofrimentos. E, a partir desse momento, devereis servir e obedecer ao Tao, que é o amor impessoal.

O homem nascido da natureza do período atual é um ser cuja personalidade está muito cristalizada. Sua natureza, sua consciência e seus órgãos estão totalmente de acordo com a esfera vital em que ele permanece. A alma não pode permanecer nessa esfera vital. Quando muito a alma pode chamá-lo e estimulá-lo a buscar o reino da alma e dele aproximar-se. Porque o reino do príncipe-alma não é deste mundo.

Se o homem obedecer e escutar esse chamado, ele ainda terá necessidade de seu estado de consciência particular, adaptado a suas necessidades, a fim de dar início ao trabalho de tornar retos os caminhos até o limite inelutável, até as margens do Jordão. Somente então o Outro tomará a si a tarefa e o conduzirá por caminhos que, como homem-personalidade, ele não poderia seguir. O Outro nele fará seu ser inteiro progredir de magnificência em magnificência.

O homem da mais remota Antiguidade sempre teve consciência desse poderoso processo de salvação. No entanto, ele caiu prisioneiro do esquecimento. Não obstante, os Mistérios sempre conservaram a sublime ciência da libertação. Da mesma forma que alguém que mergulha nas profundezas do mar necessita de um equipamento especial, também o homem que mergulhou no nadir da materialidade necessita de um estado de consciência especial. Se ele deseja escapar do nadir, é preciso que abandone o estado de vida do nadir, que renuncie a ele. Isso quer dizer que, em dado momento, um estado de consciência absolutamente diferente, novo, o estado de consciência da alma vivente, toma o lugar do antigo: "Quem perder a sua vida por amor de mim", diz Jesus o Senhor, "achá-la-á" — isto é, encontrará o Tao.

Se considerais tudo isso simplesmente como uma questão de moralidade, como um novo aspecto da armadura moral que já possuís, então o nadir, o limite, vos reterá. Todavia, se adotardes uma atitude de vida totalmente oposta ao vosso egoísmo, esse comportamento colocará um fim em vosso estado natural e ao mesmo tempo vos libertará completamente.

道德經

Antes que céu e terra existissem havia um ser indefinido.

Quão quieto e calmo. Quão imaterial.

Ele se mantém só, em si mesmo, e não se modifica.

Ele flui através de tudo e, no entanto, não corre perigo.

Poder-se-ia designá-lo a Mãe de tudo o que existe debaixo do céu.

Não sei seu nome.

Mas, querendo atribuir a "isso" um nome, eu o denomino Tao.

Se sou forçado a descrevê-lo, então eu o chamo grande.

Além de grande, eu o chamo fluente.

Além de fluente, eu o chamo distante.

Além de distante, eu o chamo aquele que sempre retorna.

Por isso o Tao é grande, o céu é grande, a terra é grande, o Rei é grande.

Existem quatro grandes potências no mundo, e o Rei é uma delas.

A lei do Rei é terrena, a lei da terra é celeste e a lei do céu é do Tao. Porém a lei do Tao é dele mesmo.

Tao Te King, capítulo 25

25-I

Religião e teologia

Antes que céu e terra existissem havia um ser indefinido. Assim começa o capítulo 25 do *Tao Te King*. Com estas palavras, compreendeis, sem dúvida, que este capítulo visa dar-nos indicações sobre a evolução das coisas sob seus dois aspectos: o cosmo e o *anthropos,* ou seja, o mundo e o homem. Para isso, ele dirige nossa atenção ao fato de que, antes da existência do céu e da terra, existia "outra coisa". A maioria dos que se dedicam à metafísica, ao estudo do supra-sensorial, esqueceu completamente essa ideia. O que é lamentável, pois, sem esse conhecimento, indubitavelmente cometemos erros.

Se prestardes atenção a esse primeiro versículo do capítulo 25, compreendereis que, desde o início, existem efetivamente dois campos de natureza astral, dois espaços. Essa ideia é absolutamente familiar àqueles que pertencem à jovem Gnosis. Com efeito, afirmamos sempre a existência da natureza da morte e da natureza da vida, da natureza dialética e da natureza original. E esse conceito não é puramente filosófico, porém cientificamente demonstrável.

Certamente, toda a manifestação da salvação gnóstica baseia-se nele: a senda da natureza dialética leva à natureza original. A filosofia gnóstica de todos os tempos sempre mencionou esses dois espaços, essas duas naturezas, sempre falou sobre as regiões de vida e as regiões da libertação.

A esse respeito é preciso fazer uma distinção sutil que nem sempre é notada. Existe uma grande diferença entre as águas da vida e a água viva. A Doutrina Universal afirma que a água viva serve para a libertação daquele que se encontra nas águas da vida. Outrora existia uma cooperação interior entre a água viva e as águas da vida, quando estas ainda não estavam corrompidas, quando ainda não se tratava de uma queda, porém de um campo de desenvolvimento em equilíbrio com a natureza única, a de Deus mesmo. Portanto, o que outrora servia para a criação serve atualmente para a regeneração. Trata-se de dois poderosos campos de natureza astral: um campo que tenta, sem cessar, criar e manter a ordem no outro campo astral.

Na Bíblia, encontramos igualmente o antigo ensinamento sobre as duas naturezas. As palavras: "No princípio, Deus criou o céu e a terra", por exemplo, referem-se a essa ideia. Isso se torna evidente se pensarmos que os escritos originais não utilizam a palavra "Deus", porém uma forma no plural, como Sefirotes e *Elohim*. Essas denominações revelam-nos a existência de ondas de vida bem superiores à nossa e qualificadas como absolutamente puras, perfeitas e divinas.

Os teólogos das diversas tendências religiosas suprimiram deliberadamente essas denominações, porque sua teologia, hoje como ontem, não passa de uma "ciência" no sentido comum, portanto não se baseia na sabedoria universal. Eles queriam impedir que seus adeptos, que os viam como oniscientes, perguntassem quem eram exatamente os Sefirotes ou os *Elohim*. Eles não poderiam dar nenhuma resposta sem referir-se aos filósofos gnósticos, que nunca temeram a verdade, porque a possuíam e tinham a capacidade de compreendê-la. Esses teólogos prefeririam a morte a ter de se mostrar tão claramente inferiores àqueles que eles renegavam, perseguiam e mandavam matar. Além disso, eles perderiam todos os seus adeptos. Portanto, eles esconderam-se atrás da designação abstrata "Deus".

25-1 · RELIGIÃO E TEOLOGIA

O prólogo do Evangelho de João também mostra claramente a existência de dois campos de vida: "o Verbo" e "as trevas". Porque as trevas não compreenderam o Verbo, os enviados do Verbo vêm até as trevas. E verificamos, sempre novamente, que a cada era são justamente os enviados da luz e seus servidores que são perseguidos pelos grupos de teólogos. E quer os chamemos de teólogos, escribas ou fariseus, os fatos permanecem os mesmos. Jesus, o Senhor, foi perseguido e condenado à morte pela igreja de seu tempo, com a anuência das autoridades. Enquanto o mundo dialético, a natureza da morte, perdurar, nenhuma modificação ocorrerá nesse sentido.

Podeis observar que as grandes calamidades que, desde o início da nossa era, se espargem sobre nosso campo de vida não são o resultado do que temos o costume de chamar de "religião", mas unicamente daquilo que tomamos por ciência. A teologia é somente o produto de uma atividade intelectual. Por essa razão, ela só pode ser desastrosa, como todas as demais ciências, a menos que seja baseada na sabedoria universal e provenha da fonte da água viva. Toda ciência cujo desenvolvimento não se originou dessa fonte invariavelmente provocou desastres através da história da humanidade.

Seria muito importante que os homens compreendessem a única exigência que lhes é imposta. Primeiro, em meio à degradação da vida atual, é preciso que o coração expresse o desejo de resolver a confusão e os problemas que esmagam cada vez mais o mundo e a humanidade. O impulso do coração, o anseio do coração e o ímpeto para a sabedoria, é a matriz da verdadeira religião e da verdadeira ciência. Se conheceis esse estado de ser, essa opressão do coração, essa aspiração, esse impulso do coração que nos faz procurar resolver os problemas da vida, então o desejo de sabedoria nasce em vós.

O que é o mundo e o que é a humanidade? Qual é a missão e o caminho da humanidade?

Pelo impulso do coração os órgãos intelectuais são colocados em movimento. O processo do pensamento sustenta o impulso do coração. A mente busca, procura uma solução por todas as partes. Desse modo, primeiro surge uma filosofia especulativa. A boca fala e dá testemunho do desejo, da busca, do raciocínio intelectual e de tudo quanto foi encontrado e descoberto. Daí resulta um longo caminho de experiências.

Então, o homem segue seu caminho através das contradições da natureza da morte e descobre que tudo vai e vem, sem que nada se modifique. Desse modo, o desejo — como atividade do coração — e a pesquisa intelectual — como atividade do santuário da cabeça — são estimulados, levando cada vez mais o homem a pesquisar e desejar e tentar servir a humanidade.

Então, no devido momento, todas essas especulações chegam ao fim, pois, subitamente, no decorrer do processo, a luz do outro reino penetra até as profundezas do ser. Pela graça e pela verdade, o Verbo fende as trevas, e a filosofia do pensamento especulativo é substituída pela grande realidade mesma, pela força e pela sabedoria únicas e perfeitas que pertencem ao Tao.

É somente dessa sabedoria, dessa Doutrina Universal, como posse de primeira mão, que serão geradas a religião e a ciência capazes de dar à humanidade a alegria, a paz, o amor e a felicidade verdadeiros. É por isso que se diz que somente o amor liberta e que Deus é amor. Daí as palavras: "Ama a Deus sobre todas as coisas e a teu próximo como a ti mesmo".

Deveis compreender isso muito bem, pois todos os homens têm muitos amores neste mundo: sexo, família, matéria, país, povo, raça, amigos, amigas e sua vida — e sob o impulso de sua condição humana, eles retêm e abarcam muitas coisas e muitas pessoas, inclusive a Escola Espiritual da Rosacruz.

Mas, tudo isso, sem exceção, só se refere às primeiras fases do processo inevitável, o desejo e o pensamento especulativos — até o momento em que a verdade vivente mesma desperta no homem.

Então, a Divindade, que é amor, desce até ele como posse de primeira mão. E ele próprio se torna amor, como Deus é amor. Amai a Deus sobre todas as coisas. Se, dessa maneira, encontrastes Deus — e cuidai para não tomar essas palavras como uma expressão mística da qual constantemente se faz mau uso — se encontrastes Deus no caminho da consciência gnóstica, somente então podereis amá-lo verdadeiramente. E quando, em verdade e em realidade, vos tornais desse modo semelhantes a Deus, podereis aproximar-vos de vosso próximo como sois, com a força que possuís; e somente então podereis amá-lo como a vós mesmos.

Então, apenas duas coisas são possíveis como comportamento inatacável e inviolável: servir e amar a Divindade, o ser que está acima e além da terra e do céu, a realidade essencial do outro reino — e porque vos tornastes semelhantes a essa realidade, a essa natureza, servireis e amareis igualmente ao vosso próximo graças ao vosso estado de ser. Não podereis fazê-lo de outro modo. E, então — porque não podeis fazê-lo de outro modo — apenas vos restará apresentar ao vosso próximo as exigências da senda e oferecer-lhe a força para corresponder a elas.

Suponde que, em vista de vossa existência, vos tenhais transformado em luz. Acaso vos acercaríeis de vosso próximo com as trevas? Seríeis capazes de permanecer impassíveis enquanto vosso próximo servisse as trevas? Aquilo que sois, isso manifestais nos outros e para os outros. É a única coisa que podeis oferecer a vosso próximo para revelar-lhe a força necessária ao cumprimento da exigência única. E, caso ele não possua nem a capacidade nem a vontade de satisfazer a essa exigência de amor, então vós o amareis a ponto de deixá-lo completamente livre, de libertá-lo. Porque, vós o sabeis, quem não é da Gnosis, quem ainda não pode sê-lo, não entra no outro reino. Reter esse homem significaria queimá-lo. E isso não é amor.

É por isso que o grande amor ao próximo, que pertence à realidade mesma, está sempre pronto a esperar. E esperará até que o equilíbrio entre as duas naturezas seja atingido: uma, a natureza única, que é de Deus, e a outra natureza, a do campo de desenvolvimento. Assim que esse equilíbrio é atingido entre esses dois campos de vida, entre essas duas naturezas, eles se fundem num só. Refleti sobre tudo isso antes que passemos à análise do capítulo 25.

25-II

ANTES QUE CÉU E TERRA EXISTISSEM, HAVIA UM SER INDEFINIDO

Como dissemos, existem dois espaços, duas naturezas. Designamo-los como a natureza da vida e a natureza da morte, a natureza dialética e a natureza divina. Na natureza dialética opera continuamente o movimento das forças opostas. Como os homens não compreendem as forças opostas, elas ocasionam muito sofrimento e tristeza, principalmente quando os homens se agarram a um desses aspectos para retê-lo. A natureza dialética foi concebida como a escola de aprendizado da eternidade. Por isso é necessário que as coisas não parem de mudar, de ir e vir, de se suceder alternadamente em seus diferentes aspectos. Portanto, no grande espaço da natureza da morte vemos não somente mudanças nas diferentes sociedades humanas — mudanças essas provocadas pela rotação e pela alternância das irradiações — mas também transformações estruturais fundamentais.

É dessa forma que a estrutura de nosso planeta se modifica de tempos em tempos. Continentes desaparecem no fundo do mar e outros dele emergem. Pela precessão dos equinócios, os climas se modificam segundo o deslocamento dos polos. Existem igualmente períodos em que o planeta todo se dissolve, morre e desaparece. O sistema solar, igualmente, representa uma forma de vida submetida a diversas encarnações. Não é apenas a personalidade que surge para, a seguir, volatilizar-se, mas também a manifestação planetária. A inteira vida solar, igualmente, está sujeita a um fim e a uma revivificação.

O que queremos, agora, é que vivifiqueis essa imagem o mais que puderdes dentro de vós. Considerai com muita atenção o fato de que, antes de vossa existência, havia algo mais: vosso microcosmo ou mônada. Antes de vossa existência, havia um ser indefinido, imaterial e, em comparação com vosso estado de vida, tranquilo e calmo. Que diferença! Vós, uma criatura que provém e vive no movimento, e vossa mônada, que provém e vive de algo totalmente diferente. O mesmo acontece com a terra. Antes de seu surgimento havia um ser indefinido, perfeitamente imaterial. Periodicamente, a terra se contrai pela ação dos movimentos que a atormentam e emergem em sua superfície a partir de suas profundezas. Porém, a outra terra, aquela que João viu descer e revelar-se diante dele, essa outra terra, é completamente imaterial. É preciso distinguir entre o Espírito planetário, que é uma manifestação material, e o Logos planetário, a existência monádica do planeta. A mesma relação existe para a vida solar, para a vida no zodíaco, nas galáxias e no espaço dialético como um todo.

Contemplando e vivenciando tudo isso, podemos concluir que, no fundo, o espaço dialético inteiro, com todas as suas formas e aspectos aparentes, *não* existe. Podemos chamar algo que aparece e desaparece de realidade superior? Trata-se de uma ilusão que se dissipa por si mesma.

Quanto a vós, o que não é uma ilusão, porém uma realidade, é o microcosmo. O microcosmo é a eternidade, o real; a personalidade: o finito, o irreal.

Quanto ao nosso cosmo, o que é real é o Logos planetário, o qual se manifesta eternamente; quanto à vida solar, é Vulcano. No que diz respeito ao todo, é a outra onimanifestação, a grande realidade superior, a natureza da água viva verdadeira, o Tao. Do

Tao provêm e vivem os microcosmos, todos os *Logoi* planetários, Vulcanianos e todos os Cosmocratas.

Assim, podeis ver claramente o contraste entre o material e o imaterial. O imaterial — a grande realidade da verdadeira onimanifestação divina da qual se trata aqui — se mantém por si mesma e não se modifica. Ela flui através do todo e, no entanto, não corre perigo. Ela é, em essência, o Pai-Mãe da outra onimanifestação, a material.

Dessa forma, levados por Lao Tsé, invertemos todas as relações. A grande realidade da imutabilidade é diametralmente oposta ao que o homem denomina realidade. Esta, no fundo, não existe. Acaso não afirmais diariamente: "Preciso considerar bem isso, é a minha realidade, é a minha vida"? Se pensais assim, ainda não viveis. Ah, se vivêsseis de fato! Se assim falais, vós, no fundo, não existis.

Não existir? Perguntamo-vos, porém: podemos chamar de real algo que desaparece continuamente, que se volatiliza completamente? Vós o vivenciais sempre como sendo real, porque vos esforçais para vê-lo desse modo e porque vos agarrais a ele para retê-lo.

Se, interiormente, considerásseis e percebêsseis como irreal essa aparente realidade, como algo que, do ponto de vista taoístico, efetivamente *não* existe, e se vivêsseis esse não ser psiquicamente de modo real, assumiríeis verdadeiramente vossa grande realeza. O microcosmo é uma realidade. A personalidade é apenas uma projeção, uma imagem refletida. Uma imagem refletida não é, entretanto, a realidade!

No entanto, através da imagem refletida, a única realidade poderia efetuar um poderoso trabalho pelas irradiações e pelos efeitos refletores. A única realidade absoluta manifestar-se-ia através da imagem refletida. Um poderoso trabalho de irradiação seria, então, realizado. Quando a ilusão vos abandona, quando arrancais vossas vestes de bufão e vos redescobris como uma projeção da eternidade, desenvolve-se um poderoso trabalho de irradiação. Então a luz consegue brilhar nas trevas, onde quer que elas apareçam.

Eis aí a realidade acerca do não ser. Esta é a razão por que dizemos: "Não eu, mas o Deus em mim; não eu, mas o Outro. Não eu, mas o Pai em mim". Da mesma forma que a projeção é causada por aquilo que se projeta, assim o Filho provém do Pai. É por isso que o Filho pode dizer: "O Pai e eu somos um".

Quando o instinto de conservação desaparece, quando ele vos abandona completamente, quando a ilusão que vos faz afirmar "Eu sou isto, e possuo aquilo" cede, quando tudo isso se dissipa, então também vós podeis declarar: "O Pai e eu somos um". Quando vos elevardes ao não ser, quando encetardes a endura e praticardes a grande autorrendição, portanto quando neutralizardes completamente a ilusão de vossa própria existência, então vos tornareis um com o Outro.

Então se confirmarão as palavras: "Quem perder a sua vida" — sua existência egoísta — "por amor de mim, esse, justamente por isso, a conservará". A personalidade deve novamente responder à lei da outra natureza. Este é o segredo da existência: há uma atitude de vida que, se adotada por vós, permitirá à realidade, ao Único, projetar-se através de vós.

Nessas condições não é, pois, evidente, não é importantíssimo falar com insistência acerca desse único imperecível? E nos fundirmos nele, em autoesquecimento e num total não ser, buscando já não conservar-nos? Então, tudo vem. Então, tudo *é*. Então, uma poderosa luz invade as trevas da existência para a bênção de incontáveis. A natureza da morte deixa de ser apavorante.

Se compreendeis agora tudo isso como deve ser compreendido, então, em vós, no tão embaciado e manchado espelho do coração, a voz da rosa, a voz da mônada, poderá emitir seu chamado. E isso através do *wu wei,* do não ser, da endura. E vosso coração ficará pleno do desejo da única solução possível.

Como dito anteriormente, essa aspiração engendra o desejo de liberar essa sabedoria. Quando a filosofia especulativa chegar a seu fim inevitável, o espelho embaciado será limpo pela luz e pela força do outro reino. Em determinado momento, o homem vê "face a face". A grande realidade se desvenda para ele em primeira mão. A religião "dos que veem o invisível", segundo a expressão de Paulo, torna-se, então, uma atitude de vida. A ciência do pensamento divino, que se projeta no intelecto, leva à prática da grande arte de viver.

É assim que tudo é libertado através da compreensão e da atitude de vida do não ser. O não ser tem a capacidade de refletir o ser, o absoluto. A grande maravilha espalhará, qual novo sol, sua aurora na natureza das forças opostas, a qual volta a tornar-se a escola de aprendizagem da eternidade.

Como definir, em semelhante alegria, tal magnificência? Não conhecemos seu nome, nós a denominamos Tao. Se devêssemos descrevê-*lo,* diríamos que ele é *grande,* sublime. Sendo grande, diríamos que ele é fluente. Além de fluente, diríamos que ele é distante. Além de distante, diríamos que ele sempre retorna. Porque existem forças poderosas, que brilham e turbilhonam, que tudo envolvem. Na base da onimanifestação existe um plano sublime. Esse plano deve ser realizado. E se realizará!

Como? De que maneira? Ele se projeta, ele se reflete e, ao projetar-se, ele se transforma numa oficina, uma oficina alquímica. Essa oficina torna-se uma realidade astral. A essa oficina, a essa forja, os microcosmos descem, bem como os Cosmocratas e as entidades sublimes de geração divina.

Os golpes de martelo retinem e os cânticos se elevam, os hinos de louvor dos que trabalham no único grande plano da realização universal. O arquiteto é aquele que se projeta a si mesmo. Os realizadores são as forças e os seres vivificadores projetados.

O grande milagre torna-se realidade — o *Mysterium Magnum,* a Grande Obra!

25-III

A LEI QUÁDRUPLA DO TAO

No final do capítulo 25 do *Tao Te King*, podemos ler:

Por isso o Tao é grande, o céu é grande, a terra é grande, o Rei é grande. Existem quatro grandes potências no mundo, e o Rei é uma delas. A lei do Rei é terrena, a lei da terra é celeste e a lei do céu é do Tao. Porém a lei do Tao é dele mesmo.

A imagem da manifestação completa apresentada aqui mostra-nos claramente dois extremos: de um lado o Tao, do outro o Rei.

Quem é esse Rei? É a personalidade humana que, em sua forma, manifesta a realeza. Qual realeza? Pois bem, o reflexo puro de todas as intenções latentes no Tao.

É por essa razão que, em todos os escritos sagrados, a verdadeira personalidade humana é comparada a um templo e definida como tal. E não é dito aos homens, periodicamente e em tom de repreenda: "Acaso não sabeis que sois um templo de Deus?" O templo de Deus é o templo da realeza do Espírito, o templo dos homens da raça dos reis e sacerdotes. O templo no qual o mais elevado desígnio do Tao deve finalmente exprimir-se. Do Tao emana uma irradiação. Dos que são provenientes do Tao, os microcosmos ou as mônadas, portanto também emana uma irradiação. Essa irradiação pode expressar, projetar tudo o que está contido no microcosmo.

Compreendei e verificai uma vez mais, perfeita e claramente, o que Lao Tsé deseja fazer-vos compreender. O homem personalidade é a projeção, a expressão do ser. Sem a personalidade, essa projeção é o não ser. Somente juntas elas formam a realidade do divino. Sem essa cooperação, em perfeita harmonia e compreensão recíproca total, a personalidade humana é como uma maldição e destinada ao aniquilamento. Sem essa cooperação, a mônada é semelhante a um morto-vivo, como a esfinge dos mistérios egípcios.

Mas todos os que desejam participar da nova consciência deverão esforçar-se muito para atingir o objetivo fixado. Trata-se de uma atitude de vida nova e concreta, uma atitude de vida que nunca está no meio-termo, uma atitude de vida orientada para todas as irradiações que emanam do núcleo fundamental e em total harmonia com elas.

A personalidade não recebe unicamente a vida da Divindade, mas também um ensinamento vivo, irradiante. É por isso que, no princípio, sempre há o Verbo.

A esse respeito, é sem dúvida interessante notar que o conceito original de "religião" era completamente diferente em significado e essência do das atuais condições de vida. Originalmente, o sacerdote não era um servo que celebrava os rituais sacerdotais ou recitava as orações ritualísticas, porém quem vivenciava o divino de maneira prática, direta. O que a mônada projetava, como efusão radiante, era compreendido e aplicado diretamente e, assim convertido, tornado utilizável.

Para compreender isso, precisais apenas observar o antigo significado da palavra "sacerdote". Os sacerdotes da antiguidade não eram ministros de cerimônias e rituais religiosos. No longínquo passado, a palavra "sacerdote" significava "filósofo". Graças ao estado de alma vivente desse filósofo, o Espírito projetava-se na personalidade. Dessa força, por ela e nela, o sacerdote vivia e existia em perfeita harmonia com o Tao. Ele não podia agir de outra forma.

Portanto, o grupo de entidades da raça dos reis-sacerdotes formava a verdadeira Fraternidade dos homens-deuses, a Ordem de Melquisedeque, da qual Jesus Cristo é, de pleno direito, chamado o sumo sacerdote. Essa Ordem observava uma lei, a lei do verdadeiro estado humano, a lei do Tao em sua realidade vivente. Foi desse modo que o "assim como em cima" tornou-se o "assim embaixo". A lei do Tao era a lei do Rei, do homem que adquirira a realeza. Evidentemente, essa lei refere-se a uma missão a ser cumprida na terra.

Se um grupo de reis-sacerdotes realmente realiza sua tarefa na terra, disso emana obrigatoriamente uma influência santificadora e abençoada sobre toda a terra. A terra é, pois, glorificada pela realeza do homem. Uma terra glorificada torna-se una com o céu, com um campo astral purificado. E não poderia ser diferente, uma vez que, nessa elevação, a majestade do Tao acaba por manifestar-se.

Portanto, se compreendeis tudo isso verdadeiramente, inclinai--vos diante das quatro grandes potências e da lei quádrupla: a do rei, a da terra, a do céu e a do Tao. Observai bem o fato de que Deus é luz. Mediante essa luz, a Divindade, a realidade e a verdade do Tao se manifestam em vós, através do céu e da terra.

Que é exigido da personalidade para a realização dessas quatro verdades? Em primeiro lugar, a grande purificação do *wu wei*, do não ser, do não fazer, da autorrendição. Em segundo lugar, como resultado, o renascimento da alma. Em terceiro lugar, consequentemente, a unidade de irradiação é estabelecida. E, em quarto lugar, vem a comovimentação com o divino de que fala Hermes. Assim, a lei quádrupla é restabelecida, a lei da plenitude divina.

Quem ingressa no comovimento restabelece em si o antigo ritmo do Tao. É por isso que, outrora, esse comovimento era comparado a uma dança. O ritual ulterior da dança tornou-se, no melhor dos casos, uma aproximação de algo que foi perdido, suscetível de ser restabelecido pelo verdadeiro homem que vive no Tao. As irradiações da luz dão aos átomos um movimento giratório. A substância astral forma, assim, as rodas dos mistérios, as rodas do vir-a-ser universal. Quem percebe essas rodas ígneas deve, consciente e positivamente, acompanhar essas forças em seu movimento e mover-se em harmonia com elas até a realização:

"Olhei, e eis que um vento tempestuoso vinha do norte, e uma grande nuvem, com um fogo revolvendo-se nela; e um resplendor ao redor, e no meio dela havia uma coisa, como de cor de âmbar que saía do meio do fogo. E, do meio dela, saía a semelhança de quatro seres viventes [...] Cada um deles tinha quatro asas [...] E o fogo resplandecia e do fogo saíam relâmpagos [...] Eu os observava e eis que havia uma roda na terra junto aos seres viventes, brilhante como berilo [...] andando eles, andavam elas" (Ez 1:4,21).

道德經

O pesado é a raiz do leve; o descanso é o mestre do movimento.

Por isso o sábio jamais desiste do pesado e do descanso.

Por mais que ainda haja belezas a serem vistas, ele permanece na paz e se afasta delas.

Mas, infelizmente, o Senhor das dez mil carruagens considera o reino leve para si.

E, considerando-o leve, ele perde seus ministros. Deixando-se arrastar, ele perde sua soberania.

Tao Te King, capítulo 26

26-1

O PESADO É A RAIZ DO LEVE

Certamente conheceis a força da gravitação, seus efeitos e sua origem. Para o homem atual, ela é determinante levando-se em conta os consideráveis esforços empreendidos pelos físicos para vencer as forças gravitacionais da terra.
É sabido que todos os corpos celestes, inclusive a terra, possuem uma força de atração magnética. Consequentemente, tudo o que pertence à terra, tudo o que é de sua natureza, não podendo desprender-se dela, é mantido em seu lugar, e portanto tem a possibilidade de vida.
A força da gravidade tem dois aspectos, duas propriedades. A mais conhecida é a força de atração; a outra, a de repulsão. Através da força de repulsão, tudo o que não é da mesma essência da terra e que, portanto, poderia ser nocivo a ela e suas criaturas, é repelido e mantido afastado de seu sistema.
Essa dupla ação da força da gravidade provém do décimo estrato terrestre, notadamente do coração da terra, onde se encontra o núcleo central do Espírito planetário. Esse foco determina a atividade gravitacional dos outros nove estratos. Daí resulta que, além da esfera material com seus dois aspectos, isso também se refere à esfera etérica com seus quatro aspectos, bem como às esferas astral e mental com seus dois aspectos. Portanto, todos os

campos de manifestação da personalidade estão sob o controle das influências gravitacionais que emanam do Espírito da terra. A personalidade possui, além do corpo material, o corpo etérico, o corpo astral e uma pequena parte da faculdade mental. A faculdade mental ainda não está totalmente desenvolvida como corpo da personalidade. Os veículos da personalidade estão, portanto, perfeitamente submetidos à atividade gravitacional dos diversos aspectos de nosso planeta. Portanto, não é somente o corpo material que é atraído pelo Espírito da terra, mas também o corpo etérico, o corpo astral e as partes mentais da personalidade.

Isso explica por que a rotação da roda do nascimento e da morte refere-se unicamente aos diversos campos de manifestação do Espírito da terra. Quando, no decorrer de uma viagem espacial, um cosmonauta escapa mecanicamente do poder de atração direta da esfera material, automaticamente ele passa para o campo etérico, depois para o astral e, a seguir, para o campo situado na fronteira da esfera mental. Adiante disso, existe apenas o nada absoluto para a personalidade, um vazio, pois ali outras forças eletromagnéticas de gravidade exercem sua influência, exigindo diferentes condições astrais, mentais, etéricas e materiais.

Essa última fronteira é válida para todo mortal cujo coração está inteiramente ligado ao coração da terra. No interior desse limite, as vidas das personalidades se sucedem no microcosmo, o qual está ligado ao Espírito planetário. O Espírito planetário é o centro de gravidade tanto do microcosmo como da personalidade. Nenhum microcosmo pode, facilmente, libertar-se da reclusão nessa esfera eletromagnética. Porém, os capítulos precedentes vos mostraram que existe outra terra, absolutamente invisível para o mortal nascido da natureza, embora filosoficamente demonstrável. Trata-se da terra santa, do sistema planetário do Logos planetário.

A Doutrina Universal mostra a diferença entre o Espírito planetário, que é responsável pela vida material grosseira, e o Logos planetário. O Logos planetário é o Senhor do planeta original, inviolável e divino, região essa de um indescritível esplendor eterno. Nosso planeta é proveniente dessa terra santa, desse planeta original, e é a escola de aprendizado, o campo de evolução, onde o microcosmo deve entrar e de onde ele se elevará, quando terminar seu aprendizado, para retornar à Pátria. O Logos planetário é, pois, o princípio — o Alfa — e também o fim — o Ômega.

Portanto, a grande missão em que se baseia a existência de cada microcosmo é, depois de completada a viagem, a de celebrar seu retorno ao Ômega e ouvir as palavras: "Eis que faço novas todas as coisas. E disse-me: Escreve; porque estas palavras são fiéis e verdadeiras [...] Eu sou o Alfa e o Ômega, o princípio e o fim. A quem quer que tiver sede, de graça lhe darei da fonte da água da vida".

Vede, portanto, claramente a que ponto as duas naturezas, de que a Gnosis dá testemunho, estão estreitamente ligadas. Vede como os dois sistemas solares com seus planetas, portanto, com nossa terra e a terra santa, elevam-se completamente um no outro, embora separados. Vede como o microcosmo encerra em si ao mesmo tempo "a Pátria" e "a terra do exílio". E compreendei por que vos é dito periodicamente: "O reino de Deus está em vós".

O microcosmo que nos envolve é o aspecto absoluto do planeta original, a terra santa. A personalidade pertence à terra terrena. O microcosmo provém da terra do Pai, do lar do Pai; a personalidade provém da natureza dialética. À personalidade são dirigidas as palavras: "O reino de Deus está em vós".

Estaríamos exagerando? Não seria mais adequado dizer: "O reino de Deus está muito próximo"? Não! Para bem compreendê-lo, observai a relação que existe entre o Espírito planetário e o Logos planetário. Sobre o Espírito planetário é dito que sua realidade é um mistério. Trata-se de uma entidade em desenvolvimento numa curva ascendente. O Espírito planetário está estreitamente ligado ao Logos planetário e executa suas ordens.

Ele é a projeção do Logos planetário e, como o sabeis, seu núcleo está situado no coração da terra.

Vede a vós mesmos: existe um microcosmo e uma personalidade. O microcosmo é de filiação divina, enquanto a personalidade está submetida às leis do espaço-tempo. Toda a esfera de atividade da personalidade, tanto no seu aspecto material, como no etérico, astral e mental, é determinada pelo coração da personalidade. A inteira condição eletromagnética, a inteira qualidade da personalidade, seja quanto ao que ela atrai ou ao que ela repele ou ao que lhe é indiferente, tudo isso é determinado pelo estado, pela natureza do coração. Portanto, o coração é, para cada mortal, o grande foco da vida. Esta é a razão por que um irmão da Rosa-Cruz certa vez afirmou: "O que o coração não quer não entra na cabeça".

Compreendereis agora por que o texto do capítulo 26 do *Tao Te King* refere-se ao centro de gravidade da vida mortal e ao local onde ele se situa. Em vosso caso, onde ele se encontra? Eis o que importa nesta vida! Trata-se de uma questão muito importante, pois o centro de gravidade da vida situado no coração, o foco vital, dirige totalmente a marcha de vossa existência e determina vossas experiências.

O pesado é a raiz do leve; o descanso é o mestre do movimento. É por isso que o sábio jamais desiste do pesado e do descanso.

Agora podemos penetrar completamente no sentido dessas palavras. A vida possui um centro de gravidade, a fonte de toda sua orientação. Sua sede é o coração. O estado momentâneo de vosso coração determina o centro de gravidade momentâneo de vossa vida. Esse centro de gravidade, essa força de gravidade, é a base fundamental de vossa existência, de tudo quanto fazeis ou deixais de fazer.

26-I · O PESADO É A RAIZ DO LEVE

Ao observar alguém fazendo determinadas coisas, podeis espantar-vos e dizer: "Como isso é possível?" Ou exclamais alegremente: "Que ótimo. Como isso é possível?" Todos esses atos, tanto os positivos como os negativos, partem do centro de gravidade da vida situado no coração. Portanto, é no coração que se encontra a raiz da planta da vida que vos eleva até a luz do presente vivente. É por isso que *o pesado é a raiz do leve*. O centro de gravidade de vossa vida é a raiz de tudo o que, em vossa existência, é colocado na luz da realidade.

Talvez percebais agora que essa realidade é um "movimento", uma atividade incessante, cuja natureza é visível e cujos frutos se tornam demonstráveis. Uma força é necessária para produzir esse "movimento", esse crescimento e esse resultado. Assim, existe uma raiz — uma força — um movimento — e, por conseguinte, um resultado.

Suponde, por um instante, que o centro de gravidade de vossa vida se situe na Gnosis, que ali se situe a raiz de vossa existência. A força que provoca o movimento poderia ser chamada de "repouso" e de "paz". A paz do coração torna-se, então, o mestre do movimento.

Na Epístola aos Hebreus existe um capítulo inteiro dedicado a esse repouso: o quarto capítulo. Nele é dito àqueles que são continuamente chamados a percorrer o único caminho em direção a esse repouso: "Temamos, pois, que, porventura, deixada a promessa de entrarmos no seu repouso [de Deus], pareça que algum de vós fica para trás." Esforcemo-nos, pois, por entrar nesse repouso.

Quando o centro de gravidade do homem situa-se na Gnosis, dele emana uma força, um movimento. Algo se eleva na luz, e os frutos se tornam visíveis. Esse fruto, esse resultado vivente, é a paz interior, o repouso, o maravilhoso estado de ser que ultrapassa todo entendimento. Por conseguinte, esse resultado pode tornar-se, num dado momento, o mestre do movimento.

Evidencia-se, pois, que existe um poderoso segredo, um mistério ligado ao coração que podeis e deveis resolver, o mistério de como podereis deslocar o centro de gravidade de vossa vida, a raiz de vossa existência, das profundezas da terra até a causa primeva do Logos. Pois bem, agora o sabeis: é um mistério do coração. Se conheceis bem a Bíblia, sabeis que tudo gira ao redor desse problema: desligar-se da terra terrestre e entrar na eterna magnificência do outro planeta, a terra santa, a qual João num dado momento viu descer do céu e à qual se uniu totalmente.

Como pode um aluno realizar isso? De que maneira pode ele resolver esse mistério em uma Escola como a nossa com a ajuda do método gnóstico?

O *sábio* que resolveu esse mistério *jamais desiste do pesado e do descanso,* diz Lao Tsé, pois o centro de gravidade de sua vida está no Outro, desenvolve-se no Outro. E quando ele provou essa maravilha, certamente nunca mais renunciará a ela em favor dos frutos materiais das trevas.

Preparai-vos, pois, para, conosco, solucionar esse prodigioso mistério.

26-II

AS TRÊS CRUZES

Como já é de vosso conhecimento, o coração humano é a sede da vida, a força nuclear da mônada, a rosa imortal. Essa rosa é reconhecida por sua intensa luz irradiante, multicolorida. Ela se encontra no cimo do santuário do coração. Por conseguinte, todo ser humano nascido da natureza é um rosa-cruz em potencial, pois a rosa da personalidade está sempre atada à cruz.

Essa rosa é a representação do Logos planetário no homem nascido da natureza. Portanto, o reino original encontra-se em todos nós. O caminho e a lei da vida tocam-nos; eles fazem parte de nosso sistema.

O coração apresenta sete aspectos, sete câmaras, sete ventrículos, dos quais cada um tem uma função sétupla. Como a rosa está no centro, a personalidade tem, portanto, a possibilidade de emitir sete vezes sete raios.

Se visualizarmos a rosa como a estrela irradiante de cinco pontas, a estrela de Belém, e o coração como um círculo irradiante do qual emanam sete vezes sete raios, então estaremos diante do poderoso símbolo do Templo de Haarlem. Esse é o mais sublime de todos os símbolos que conhecemos. É a palavra de Cristo em nós. É Deus na carne.

No centro absoluto do microcosmo, correspondendo com o coração da personalidade nascida da natureza — sim, exatamente no coração da personalidade nascida da natureza —, o homem é nascido de Deus, ele está no campo de vida do absoluto, ele faz parte do céu-terra, ele se encontra na imensidade abrangida pelo Alfa e o Ômega, o princípio e o fim.

Entretanto, há um terrível obstáculo! Porque, ao lado dessa realidade espiritual, maravilhosa e gloriosa, a personalidade do homem possui ainda outra consciência, totalmente diferente. Ela está situada no santuário da cabeça. Aí está localizada a sede do eu, da consciência animal ou intelectual. A consciência da rosa é supra-sensorial, divina. A consciência-eu, ao contrário, é um aspecto, uma parte da personalidade. Por isso ela é animal-mortal. E não é em vossa cabeça que se situa o centro de gravidade de vossa existência?

Isso é lógico — caso considereis "vida" o caminho a ser percorrido na terra pela personalidade, tropeçando do berço ao túmulo. Isso é ilógico, chega a ser loucura mesmo, se buscais e desejais a vida absolutamente real. É totalmente impossível participar da grande realidade com a consciência intelectual.

O eu egocêntrico, a consciência-eu em que, muito provavelmente, está o centro de gravidade de vossa vida, deve submeter-se totalmente ao supra-sensorial, ao Senhor da vida, que habita no coração. O centro de gravidade de vossa vida deve transferir-se completamente da cabeça para o coração. Então, o grande milagre se revela a vós!

Essa é a endura, a interiorização, a mudança fundamental da personalidade inteira em direção ao verdadeiro e sublime eu, em direção ao Senhor da vida em vós, em direção à sagrada rosa áurea que habita no coração e dele irradia. A endura não vos orienta para o exterior, mas para o interior, para o eu verdadeiro e sublime, para a sagrada rosa áurea.

Compreendei-o bem, pois podeis começar hoje mesmo esse grandioso processo. Mas, atentai para o seguinte: o passado de inúmeras existências que se sucederam em vosso microcosmo, o passado recente de vossa existência atual e a ilusão do eu que vos dominam — porque o centro de gravidade de vossa vida continua situado no santuário da cabeça, na consciência-eu — contaminaram, macularam e danificaram incrivelmente vosso coração.

Portanto, a purificação do coração é a imensa tarefa que vos aguarda. *Isso* é tornar retos os caminhos! Sem começar por aí, sem obter uma vitória nesse campo, vosso discipulado não faz o menor sentido. Compreendei-o bem. Com isso não tencionamos dizer que deveis abandonar a razão e trocá-la pelo misticismo. O misticismo dos dias atuais nada mais é do que uma tentativa do eu da natureza para encontrar refúgio no coração danificado e sobrecarregado.

Vemos, portanto, as três cruzes erigidas no monte Gólgota:

No centro, a cruz do homem vitorioso, do homem que venceu, do homem da rosa áurea irradiante, Cristiano Rosa-Cruz.

A seu lado, a cruz do homem egocêntrico, empedernido, que crê tudo saber, tudo possuir, tudo dominar na natureza da morte. O homem que ignora o único caminho, portanto o zombador, que recusa o caminho. Não é ele o assassino de seu verdadeiro ser, o maior inimigo do Deus nele?

E do outro lado, vemos o terceiro personagem: o homem que se debate para encontrar uma saída. O homem que luta para deslocar o centro de gravidade de sua vida para o coração. O homem que busca a nova orientação, o novo "movimento" a partir do centro de gravidade do coração. O homem que busca a paz e o repouso interiores verdadeiros. Por sua auto-oferenda, ele aspira a alimentar a raiz da única vida até a última gota de seu sangue. O deslocamento do centro de gravidade da vida lhe concederá a iluminação definitiva, bem como o repouso, que é o mestre do movimento.

Todavia, a luz irradiante e duradoura e a paz interior que ultrapassa todo entendimento ainda não se desenvolveram. O centro de gravidade foi deslocado, a nova base, assentada. Porém, agora deve acontecer a purificação total do coração, o completo esvaziamento, a grande mudança, a endura: morrer em vida.

Trata-se de um trabalho sete vezes sétuplo. É uma intensa luta que, principalmente no começo, causa grande sofrimento. Uma luta em que frequentemente o homem vacila e muitas vezes fracassa. Por isso o homem, sob muitos aspectos, ainda permanece como o assassino de seu eu divino mais elevado.

Todavia, ele conhece o Outro. Ele sabe que esse é o filho divino, e sem cessar ergue seus olhos e orienta seu centro de gravidade para essa fonte de graça e de verdade. Consequentemente, ele está em condição de perceber a voz do Outro. Essa voz pronuncia as palavras mais sublimes que se possa dirigir a um ser humano: "Em verdade te digo que hoje estarás comigo no paraíso".

Afastai dessas tão conhecidas palavras os lendários véus bíblicos. Percebereis, então, a Gnosis pura e sabereis que esses valores estão ao alcance de vossas mãos. Dessa fonte divina em vós, a sabedoria absoluta, eterna, pode começar a jorrar em abundância. O mortal nunca mais será um assassino se, por sua perseverança, souber vencer a oposição e elevar-se até a sabedoria. Então, ele nunca mais precisará abandonar seu centro de gravidade recém-adquirido e entrará na paz eterna.

Por mais que ainda haja belezas a serem vistas, ele permanece na paz e se afasta delas.

Agora podeis ver claramente o que é exigido de vós. Não pela Escola, mas por vosso sublime e divino eu. Sois totalmente vividos e dominados por vosso ser intelectual, por vossa consciência cerebral, que nada mais é do que o resultado atual do nascimento na natureza, cujo fundamento é o passado hereditário e cármico. Trata-se exclusivamente da forma externa, da casa onde a rosa escolheu morar.

Mas, acaso seria a forma o essencial? Não; o morador da casa, o morador da forma, é o essencial. Na melhor das hipóteses, existe certa interação mais ou menos caótica entre a casa e seu morador, entre a cabeça e o coração. Os problemas da cabeça e do coração se alternam constantemente, e desse modo cabeça e coração se põem em mútuo conflito e sempre há grande confusão e divisão interior.

Ora, como a forma domina o ser, não conhece sua tarefa e não tem consciência de sua vocação, infelizmente o homem se coloca numa situação em que *o Senhor das dez mil carruagens considera o reino leve para si.*

A forma que sois, morada da personalidade, tem a grande missão de dar à rosa a possibilidade de se manifestar totalmente, de dominar essa mesma forma, transfigurando-a sem cessar, até a realização de cada tarefa exigida no decorrer do grande desenvolvimento. A forma, a personalidade, deve comportar-se de tal modo que veja descer o céu-terra em seu ser, a fim de alcançar o grande objetivo.

Portanto, a forma não é inútil e sem valor, porém é essencial no grande processo como a terra, nosso planeta o é no processo do céu-terra. É por isso que Lao Tsé a denomina "Senhor das dez mil carruagens", ou seja, muito forte, muito poderosa, muito talentosa, e equipada com grandes faculdades.

Todavia, quando o homem-forma adquire consciência dessa grande força e desses poderes e, a seguir, passa a depreciar o eu--divino, colocando-se, ele mesmo, no centro e se considerando o principal, ele perde suas faculdades, perde seus ministros. E por deixar-se arrastar por suas ilusões, ele perde toda sua ligação com a realidade, com toda a soberania, e sua queda torna-se total.

Deslocai, portanto, enquanto é tempo, o centro de gravidade de vossa vida e fazei de vossa forma um templo onde o Deus em vós possa habitar. O sábio faz isso. *Ele jamais desiste do pesado e do descanso.*

Os nascidos desta natureza, em nossa época, frequentemente apresentam sinais de degenerescência. O centro de gravidade de suas vidas situa-se principalmente na consciência cerebral intelectual. É também por esse centro que eles tentam vivenciar o discipulado gnóstico. Assim, quando muito, eles caem na religiosidade natural e levam uma vida mais ou menos séria a serviço de Deus, da Escola e da Gnosis. Porém, esse tipo de discipulado é constantemente entravado e solapado diante dos problemas da vida dialética. Isso porque, em essência, nada muda quando tentamos servir à Gnosis com a consciência-eu, com a consciência cerebral.

Compreendeis, então, que a religiosidade é, na ordem universal das coisas, em grande parte, um embuste? Se, de fato, o percebestes, concordareis conosco.

Portanto, não deveis empenhar-vos em servir a Deus, porém em tornar-vos Deus. Essa é a vocação de toda a criação. Esse é o plano. Essa é vossa missão. É com essa finalidade que a rosa das rosas permanece em vosso coração: a união, a unificação com a divindade que está em vós.

Por isso, a religião sempre é um compromisso. A religiosidade é, quando muito, um primeiro passo. Se paramos nisso, a religião torna-se uma forma de ateísmo. É por isso que, na natureza da morte, existe um conflito incessante entre religiosos e antirreligiosos. É por isso que no terreno religioso predominam sempre todo tipo de experimentos e as maiores confusões. Essa é a razão pela qual os grupos religiosos sempre se exortam mutuamente: "Realizemos, enfim, a unidade!"

É possível que desejeis aprofundar-vos nessas ideias, que certamente são novas para vós. Podereis, assim, libertar-vos de muita confusão. Deslocai o centro de gravidade de vossa vida. Fazei de vossa forma corpórea o átrio do templo tríplice. Ide ao encontro do Deus em vós, após terdes purificado vosso coração. Então, o Deus em vós poderá entrar no grande santuário.

A senda da Gnosis é a senda do tornar-se deus, não a senda da religiosidade. O sábio o sabe. O sábio o faz. Eis por que ele nunca cessa de buscar e de encontrar nisso seu centro de gravidade e o centro de sua paz.

26-III

O TRÍPLICE DOMÍNIO

Como dissemos no capítulo precedente, três cruzes se erguem, cravadas no monte Gólgota, o lugar do crânio: a cruz do homem-eu prisioneiro de si mesmo, a cruz do homem que luta por sua salvação e a cruz do homem vitorioso.

É possível que isso vos tenha chocado. Com efeito, é espantoso que, se por um lado o verdadeiro centro de gravidade da vida deve fixar-se no santuário do coração, por outro lado vemos as três cruzes no local do crânio, no santuário da cabeça, que chamamos sede da consciência intelectual.

Para compreender isso é preciso que vos lembreis que a purificação do coração, a preparação do local de serviço do eu superior e a possível vitória devem ter lugar no santuário da cabeça. Da mesma forma, o fracasso total também tem lugar no santuário da cabeça. A força da rosa deve elevar-se do coração; ela tem suas raízes no coração. O despertar, a iluminação, a ressurreição evidenciam-se na cabeça.

Assim que o senhor da forma recua, o príncipe, a alma vivente, irradia em seu lugar. Uma das três imagens, uma das três cruzes, uma das três assinaturas imprime seu sinal no espelho da testa: ou o sinal do homem-eu, ou o sinal da alma batalhadora que recebeu a promessa da graça, ou o sinal do Filho do homem.

Talvez possais compreender melhor agora o prodigioso sétimo dia de *As núpcias químicas de Cristiano Rosa-Cruz*. Todos os que desejam fazer desabrochar totalmente a rosa maravilhosa estão reunidos na torre do Olimpo. Essa torre tem sete pavimentos, da mesma forma que o coração tem sete aspectos, sete câmaras. A purificação do coração é um trabalho de natureza sétupla. O grande trabalho do discipulado é um trabalho sétuplo ao qual o aluno deve consagrar-se inteiramente.

Uma vez completado esse trabalho, Cristiano Rosa-Cruz sobe até um oitavo pavimento desconhecido, que dava para uma abóbada diretamente abaixo do telhado. E é nesse local que a vitória se revela: o grande renascimento, a Rosa-Cruz vitoriosa. A porta da eternidade, cujo símbolo tradicional é o número oito, abre-se completamente. A ressurreição torna-se uma realidade.

E agora o ressuscitado dá testemunho, de múltiplas maneiras, pois todo esse trabalho preparatório e o trabalho que podemos designar como as "núpcias alquímicas" — isto é, a transformação da personalidade que se desenvolve porque a rosa do coração passa a governar a vida da forma — mostram propriedades prodigiosas:

em primeiro lugar, o total domínio da esfera material terrena,
em segundo lugar, o total domínio da esfera etérica terrena,
em terceiro lugar, o total domínio dos aspectos astrais e mentais terrenos.

Esse domínio, entre outras coisas, concede ao candidato a consciência plena em todos os veículos da personalidade. Isso traz consequências especiais e maravilhosas. Por exemplo, a personalidade é ligada ao espaço e ao tempo por sua veste material. Nos demais veículos da personalidade, o tempo e o espaço vão perdendo importância e cessam totalmente de existir. Quando um irmão da Rosa-Cruz se encontra, num local, em determinado ponto do globo, ele não encontra dificuldade alguma para estar, ao mesmo tempo, em outro ponto qualquer da esfera terrena. Do ponto de vista do espaço-tempo, ele é onipresente em todos os domínios da terra. Aparentemente, ele está limitado pela matéria — no entanto, ele está completamente livre.

Compreendereis o grande significado dessas palavras ao refletirdes sobre tudo isso. Desse modo, a vasta unidade de grupo de todos os irmãos e irmãs da grande comunidade de almas torna-se um fato consumado. As enormes dificuldades da vida do espaço--tempo desaparecem.

As aparições de Jesus, o Senhor, entre sua ressurreição e sua ascensão, dão provas disso aos discípulos e aos alunos. Trata-se de um estado sobre o qual o evangelho gnóstico *Pistis* Sophia* dá abundantes testemunhos. O que os místicos denominam "ascensão" não é apenas a entrada no mundo do Espírito planetário na qualidade de novo homem realizado, mas também significa já não pertencer a este mundo, em outras palavras, significa pertencer ao mundo do estado de vida original e divino, o mundo do Logos terreno, o céu-terra de João.

E vede diante de vós essa maravilha: à medida que nosso grupo de peregrinos se prepara para o caminho que leva à eternidade, com todas as forças que esse caminho encerra; à medida que eles plantam sua Rosa-Cruz no monte Gólgota; à medida que seu barco celestial, o corpo-vivo, prossegue e se eleva, chegará o momento em que uma parte dos irmãos que celebraram sua ascensão derramará sua força imensa sobre o corpo-vivo, testemunhando da gloriosa promessa de Pentecostes: "Recebereis a virtude do Espírito Santo, que há de vir sobre vós: e ser-me-eis testemunhas [...] até os confins da terra" (At 1:8).

Preparai-vos, pois, para a festa eterna do Pentecostes que se aproxima: escolhei o correto centro de gravidade para tornar-vos mestres de todos os movimentos.

道德經

Quem caminha bem não deixa rastros. Quem fala bem não dá motivos para censura. Quem conta bem não precisa de ábaco. Quem fecha bem não usa ferrolho, e, no entanto, ninguém pode abrir o que ele fecha. Quem amarra bem não usa corda e, no entanto, ninguém pode desamarrar o que ele amarra.

Por isso o sábio sempre sobressai ao ajudar os homens e não rejeita nenhum deles. Ele sempre sobressai ao ajudar as coisas e não rejeita nenhuma delas. A isso eu chamo ser duplamente iluminado.

Portanto, o bom é o mestre do mau. O mau é o mestre do bom.

Quem não dá nenhum valor ao poder e não ama a opulência, mesmo que sua sabedoria possa parecer tolice, adquiriu a onisciência.

Tao Te King, capítulo 27

27-1

O ÚNICO BEM

Ao refletirdes sobre o capítulo 27 do *Tao Te King*, compreendereis que Lao Tsé fala de um comportamento quíntuplo e de uma bondade quíntupla, que é a sua assinatura. A bondade tratada aqui é de uma essência totalmente diferente da bondade do homem nascido da natureza, pois o bem de Lao Tsé tem um resultado totalmente diferente da bondade que caracteriza o homem nascido da natureza.
Lao Tsé parte do bem superior hermético, ou seja, do único bem. O homem da natureza comum, no entanto, só conhece o bem associado a seu inseparável companheiro, o mal. É por isso que é importante, desde o início deste capítulo, chamar vossa atenção sobre esse ponto, porque Lao Tsé fala acerca de um mundo totalmente diferente daquele que conheceis. Ele fala de uma ordem mundial e do respectivo comportamento que daí resulta, que não se aplicam, de modo algum, à natureza comum. Se vos esquecerdes disso, qualquer reflexão sobre a antiga sabedoria chinesa terá um resultado perfeitamente negativo e dará lugar a grandes dificuldades em vossa vida.
Este mundo — vosso mundo — já não tem conhecimento da grande realidade das duas naturezas. Ele já não tem conhecimento do fato de que o reino dos grandes de espírito não é deste mundo. O antiquíssimo ensinamento das duas naturezas é a

chave da manifestação divina de salvação. Quem já não pode usar essa chave, quem perdeu essa chave, e, portanto, já não pode encontrar o caminho de retorno ao Reino do Pai, debate-se perdido e confuso no labirinto da natureza da morte.

Sob essa luz, consideremos dois dos mais importantes fenômenos e atividades da vida em nosso mundo: a teologia, com sua religiosidade natural, e o humanismo.

Quem deseja servir a Deus e compreender a parte da Bíblia que ainda não está totalmente mutilada, portanto quem deseja obter a beatitude eterna, fará esforços desesperados para ser verdadeiramente "bom" e para espalhar a bondade ao seu redor. Ele tentará satisfazer às exigências da bondade mediante seus sentimentos, pensamentos e ações.

Mas, assim que empreendeis semelhante tentativa, um fato doloroso surge: quando desejais fazer o bem, o mal está ao vosso lado. Sim, pois ao praticar o bem do fundo do vosso ser, fazeis exatamente o mal de modo absoluto. Vossa bondade tem consequências negativas, vossa bondade não é retribuída, ela é um fracasso total. Ou, ainda, o resultado positivo do início cristaliza-se rapidamente, petrifica-se totalmente qual um fóssil de algo que era espontâneo e vivo.

Como isso acontece? Como isso é possível? Diante desse fato, o teólogo, em sua cegueira, rechaça a conclusão irrefutável de que a bondade, que ele colocou em prática e ensinou à sua congregação, não poderia ser a bondade e não teria nada a ver com o único bem. Para encontrar uma explicação, ele então inventou "o diabo". Justamente ele, que tinha tanto medo do mal e queria ser tão perfeitamente bom, fez do mal uma realidade astral.

Esse pensamento em si não é ilógico, pois se, em vossa ingenuidade, acreditais ser bom e fazer perfeitamente o bem como ser nascido da natureza, porém o resultado é totalmente oposto ao que imagináveis, então é evidente que uma força contrária deve agir, uma força opositora. Pois bem, essa força transformou-se no diabo, pois se pensais durante algum tempo no mal, portanto, fazeis considerações mentais sobre ele, materializais o mal devido às propriedades da substância astral.

Quando essa materialização chega a estorvar-vos — e ela o *fará*, já que sois seus criadores e sentis a presença de vosso diabo —, então colocais a par disso todos os vossos seguidores e formulais doutrinas a esse respeito. E todos os vossos, seguindo vossas pegadas, reforçam a materialização astral negativa criada por um só homem até transformá-la numa entidade monstruosa que prejudica a humanidade toda e infecta a esfera de vida astral.

É por isso que repetimos a grande verdade gnóstica: a causa da personificação do mal reside na bondade desta natureza. Eis aí o negativismo, a falta de perspectiva de toda teologia, de toda religiosidade segundo a natureza. Seria muito importante que compreendêsseis isso e que o aceitásseis como novo ponto de partida da Gnosis. Poderíeis, por exemplo, aceitar essa conclusão de Jesus, o Senhor, que diz: "Ninguém é bom" — nem *um* sequer! Que Deus vos faça compreender perfeitamente essas palavras.

A ordem de natureza que a humanidade conhece, que ela experimenta e pela qual se explica seu nascimento, é uma "ordem" do mundo dialético, o que significa que ela não é uma realidade absoluta, que ela não pode sê-lo. Tudo o que faz parte do conjunto de seus fenômenos, tudo o que designamos como suas propriedades, tudo vai e vem sem cessar. Ela "é", mas, em dado momento, não é mais. É o movimento segundo as leis naturais dos opostos. Ela não pode ser absoluta, ela só pode manifestar-se no movimento dialético do subir, brilhar e descer.

A ideia, o sonho, do bem único está no imo do ser humano. Em todos os seres nascidos da natureza existe um impulso para o bem. Até o pior dos criminosos sonha com o bem. Porém, em sua manifestação de seres nascidos da natureza e estando na natureza dialética, é-lhes impossível realizar esse bem, exercer essa bondade. "Ninguém é bom" — nem *um* sequer!

Quando o homem, indo de encontro à ordem da natureza, pratica, pois, essa bondade, quer exercê-la e, erroneamente, a qualifica de "amor", ele simplesmente reforça as oposições, frequentemente acentua os contrastes, o afastamento entre a luz e as trevas torna-se muito mais doloroso e os sofrimentos da humanidade crescem incomensuravelmente. Isso porque a lei da natureza se cumpre e, pelo movimento das forças opostas, a luz, que ele gostaria de conservar e à qual se aferra, transforma-se em trevas, e o amor, em ódio. Sua realidade se transforma em ilusão e sua vida é inútil. Em sua luta para conservar e tornar estável o que não pode sê-lo, por suas atividades sentimentais e mentais, ele fez do mal uma realidade astral em sua própria esfera de vida e fora dela.

Essa é a realidade na ilusão da dialética, e é assim que toda a esfera astral é corrompida pelo exército dos arcontes e éons. Essa é a colheita da religiosidade segundo a natureza!

É por isso que são inúmeros os que, no decorrer dos séculos, se afastaram de toda religião e tentaram a experiência do humanismo. O resultado negativo da religião era tão evidente, o caos da vida tão grande, que era inevitável uma profunda alteração, pois a bondade à qual se aspirava não era assim tão boa a ponto de impedir que se cuidasse de si mesmo da melhor maneira! Como resultado, a consciência-eu foi fortemente estimulada, e a luta pela existência, que se manifestou assim, em dado momento, mostrou o imenso contraste entre a miséria e a riqueza, entre os sofrimentos dos oprimidos e os excessos dos abastados.

Foi nesse solo que se originou o humanismo, a luta pela libertação conduzida pelos proletários de todos os países. E uma grande bondade cresceu em todos os que desejavam ajudar os oprimidos. A democracia nasceu e os direitos humanos incitaram o apelo à liberdade. Inúmeros movimentos foram criados para socorrer os pobres e os oprimidos. A Europa toda vibrou de humanismo.

Isso levou a um pico de sentimento antirreligioso: o que a Igreja não soubera realizar, o humanismo o faria em suas manifestações múltiplas e variadas. A Europa encontrava-se no auge da civilização: a bondade cientificamente aplicada, todos os homens irmãos. As poucas manchas ainda visíveis brevemente pertenceriam ao passado.

E vede o resultado dessa onda de bondade em nosso século:[9] um horrível medo, uma terrível pestilência, uma carnificina frenética, cientificamente explicada, tal como a história do mundo todo, inclusive a pré-história, jamais presenciou. Deploramos em nossa Escola, com justa razão, o terrível destino dos cátaros, os irmãos e irmãs da Fraternidade precedente, e os sofrimentos a que foram submetidos. Todavia, pode-se comparar os atos de seus assassinos aos de crianças de jardim de infância no que se refere ao que o nosso século nos reservou.

Nosso século, esclarecido, humano, transpirando bondade, bateu todos os recordes de assassínio, crueldade, extermínios e loucura científica. Até agora, o apogeu da bondade sempre revelou a maldita baixeza do homem. A miséria humana atual não pode ser descrita: nós vos pouparemos dos detalhes. Vós os conheceis!

Que nos trouxe a civilização? Para que labirinto a humanidade foi conduzida? O labirinto da ilusão, de fazer estremecer diante de tantas lágrimas e sangue derramados. A bondade? Ninguém é bom, nem *um* sequer! A religião dos nascidos da natureza, o humanismo dos nascidos da natureza, a ciência dos nascidos da natureza, que imenso e terrível fracasso!

Pode ser que não estejais totalmente de acordo. Pois bem, a experiência vos ensinará. A bondade humana deixou atrás de si muitos rastros, e todos podem ver essa profunda ferida aberta. O mundo tornou-se no sepulcro mais horrível de todos os tempos, graças à religião, ao humanismo, à ciência e a todo o resto.

---

[9]O século xx.

E Lao Tsé nos diz: *Quem caminha bem não deixa rastros.* Como defender semelhante ponto de vista à luz crua da vida atual? No próximo capítulo, tentaremos dar-vos uma resposta a essa pergunta.

27-II

QUEM CAMINHA BEM NÃO DEIXA RASTROS

Repitamos os primeiros versículos do capítulo 27 do *Tao Te King*:

Quem caminha bem não deixa rastros. Quem fala bem não dá motivos para censura. Quem conta bem não precisa de ábaco. Quem fecha bem não usa ferrolho, e, no entanto, ninguém pode abrir o que ele fecha. Quem amarra bem não usa corda e, no entanto, ninguém pode desamarrar o que ele amarra.

O início desse fragmento — *quem caminha bem não deixa rastros* — é maravilhoso, são palavras muito difíceis de compreender à luz da vida atual, proveniente da natureza.

Visto objetivamente, todos os que buscaram a Escola Espiritual gnóstica e com ela entraram em contato são chamados "homens bons". É assim que eles são conhecidos. Em virtude de seu estado atual de nascidos da natureza, eles já tiveram experiências, seja de bondade religiosa seja de bondade humanitária, de que vos falamos no capítulo anterior. Também é possível que esses dois aspectos dirijam o curso de suas vidas.

Mas, dizei-nos agora: acaso vossa prática da bondade não deixou profundas marcas atrás de si? É possível que já tenhais refletido sobre isso algumas vezes. Vossa bondade, em muitas ocasiões, não teria provocado profundas feridas? Teria vossa bondade sido dirigida unicamente a homens que a mereciam totalmente? Acaso não terá isso despertado inveja? Teria sido a compaixão a causa de vossos atos? Em quantos problemas não vos envolvestes exatamente devido às manifestações de vossa bondade? Por que razão vossa demonstração de bondade era tão evidente para uns e tão ausente para outros?

Essas perguntas nos levam a uma profunda reflexão, pois vosso comportamento bondoso deixou atrás de si inúmeros e profundos rastros. Tendes provas suficientes de que algo não vai bem no exercício de vossa bondade. Um ditado popular afirma: "Ele não é tão bom quanto parece", mas vós pareceis bom! Vossa assinatura é a bondade nascida da natureza. Essa bondade, por mais admirável que seja, deixa rastros e cava profundos sulcos na alma. A bondade humana, quer aplicada por um único homem ou em sociedade, quer individualmente ou em grupo, nunca deixa de causar prejuízos.

Os sábios tinham conhecimento disso; eles falaram sobre isso, eles ainda falam e vos advertem. Eles vos mostram a realidade, eles vos fazem sentir vossa própria realidade. Essa é uma realidade que vos causa sofrimento. Como poderíeis sair disso?

Virtude e conhecimento podem ajudar-vos. O fato de vos sentirdes, desde vossa juventude, entusiasmados por uma religiosidade evidente, ou por uma forte tendência para uma vida cheia de humanismo, ou por uma tendência artística pela beleza, ou ainda pela sede de conhecimento, ou por alguns desses aspectos ao mesmo tempo, é altamente notável e constitui, poder-se-ia dizer, uma base para uma eventual experiência totalmente nova. É o toque da força da rosa, do reino de Deus em vós. Trata-se agora de tornardes essa base interior em virtude perfeita, em virtude libertadora.

A base para a virtude está, portanto, presente em vós. Porém, existe algo mais. Existe em vós, à vossa disposição, conhecimento.

Compreendei-nos bem! Não estamos falando de conhecimentos adquiridos nas escolas, dos quais necessitais para navegar nas correntes das forças contrárias. Temos em vista o único e verdadeiro conhecimento vital, o Ensinamento da Vida, a Doutrina Universal, que está oculto no átomo original e é revelado pela Gnosis, como estímulo para abrir-vos a senda do verdadeiro conhecimento.

Ora, a propensão para a virtude, a virtude que consiste em ser bom, em fazer o bem, associada a esse conhecimento pode libertar-vos e vos libertará.

Todavia, considerai do fundo do coração a advertência de Chuang Tsé: "Virtude e conhecimento são remédios perigosos que não devem ser utilizados de forma imprudente. Se vossa virtude é verdadeira e vossa lealdade é firme, mas vosso espírito não é penetrado por elas, e então?"

A tendência para uma virtude perfeita, para uma bondade irradiante está profundamente ancorada em muitos seres humanos. Da mesma forma, muitos são os que, intelectualmente, dominam muito bem a filosofia gnóstica revelada. Que posse magnífica! O primeiro grupo é conduzido pelo coração, o outro, pela cabeça. Separadas uma da outra, essas duas características são inúteis e perigosas.

Também existem os que, sob diversos aspectos, deixam agir, na vida prática, conjuntamente a cabeça e o coração. Não obstante, evidencia-se que essa atitude também deixa profundas marcas atrás de si, porque o eu da natureza ainda domina sua vida.

Além do mais — e citamos mais uma vez Chuang Tsé — "O Tao não pode ser dividido. Dividir o Tao é quebrar a unidade". Essas são palavras extremamente importantes, pelas quais vemos claramente que é impossível transmitir a verdadeira Gnosis, a Gnosis salvadora e redentora, através de atos de bondade ou de dogmas. O Tao apenas pode ser experimentado em sua totalidade — ou não pode ser experimentado de modo algum. É por isso que cada homem deve buscar, por si mesmo, o caminho do Tao, encontrá-lo e vivenciá-lo.

Está claro que a personalidade nascida da natureza está munida de diversas faculdades, de poderosas faculdades. Todas essas faculdades, porém, só servirão e atuarão corretamente se utilizadas nas justas proporções, em colaboração com o microcosmo, em união com o ser divino no homem. A virtude e o conhecimento devem levá-lo a seguir a senda, a colocar em prática a nova atitude de vida, o retorno à natureza divina pelo caminho do grande sacrifício da endura. Eis aí o essencial. É *disso* que se trata.

O grande erro do ser nascido da natureza é pensar que essas faculdades, eventualmente grandes, de sua cabeça e de seu coração estão prontas para uso, que, por sua utilização, ele distribuirá ao seu redor bênçãos, conhecimento, sabedoria e progresso, servindo, assim, à Gnosis e à humanidade. Porém, "o Tao não pode ser dividido. Dividir o Tao é quebrar a unidade."

Portanto, se desejais participar do que é concedido nos templos da Rosa-Cruz, é preciso colocar em prática a nova atitude de vida. É preciso que vós mesmos sigais o caminho até o fim. Se não encetardes o caminho, se vos mantiverdes presos a vossos próprios atos com vossas pretensas faculdades, semelhante conduta deixará profundas marcas atrás de si. Então, reforçareis e acentuareis a oposição dos contrários e aumentareis o mal.

Se sabeis que sois um "jovem rico", um homem talentoso, ao ouvirdes estas palavras podeis virar as costas, cheios de tristeza, e adotar uma atitude de vida passiva ou perigosa ao extremo. Mas também podeis seguir o conselho de Jesus, o Senhor: "Vai, vende tudo quanto tens [...] e segue-me" (Mc 10:21), em profunda obediência ao santo trabalho, à Corrente Universal e a seus enviados, e cumprir vossa tarefa. Abandonai a ilusão de serdes perfeitos; a ilusão que vos faz afirmar: "Tudo posso — também posso fazer isso — vou conseguir isso". Colocai sob um correto julgamento vossa propensão à virtude e ao conhecimento e, assim como é dito na Bíblia, orai e jejuai.

Que significa isso? Evidentemente, não se trata de murmurar orações durante horas a fio. Menos ainda, viver de pão e água, ou nada comer durante dias, praticando uma ladainha de rituais. Os antigos sábios diziam que "orar e jejuar" significava orientar toda a vida para o outro reino, para a verdadeira pátria, libertando o reino em si e, assim harmonizado, estabelecer a unidade com as manifestações da vontade. Nesse estado de ser, não ouvireis mais com os ouvidos o tumulto das forças contrárias, mas abrireis totalmente vossa compreensão, vossa razão, todo o santuário da cabeça à efusão do Espírito sétuplo.

Os antigos sábios diziam: "Deixa para os ouvidos a audição dos ouvidos. Deixa para a razão a compreensão do trabalho da razão. Quando a alma está silenciosa e não forma imagens, ela se abre para a concepção. Na alma aberta, o Tao" — o Espírito sétuplo — "desce". Isso é orar e jejuar.

Caso sigais o caminho dessa forma, caso vivais dessa forma vosso discipulado, tornareis reais as palavras: *Quem caminha bem não deixa rastros*. Então, o microcosmo inteiro caminha com Deus. Então, espírito, alma e corpo estão mutuamente ligados segundo a mais elevada lei da natureza divina. Somente então vossas faculdades serão empregadas segundo a intenção original.

Somente dessa maneira vos libertareis de vós mesmos e utilizareis vossa liberdade a serviço da humanidade ainda prisioneira. Entrai no salão superior e, em perfeita orientação de todo o vosso ser, jejuai, o que significa: perseverai e orai.

"E, entrando [em Jerusalém], subiram ao salão superior, onde habitavam [...] Todos estes perseveravam unanimemente em oração." E, no dia de Pentecostes, "todos foram cheios do Espírito Santo" (At 1 e 2). Portanto, a efusão do Espírito Sétuplo realizou-se para eles.

Somente depois desse momento, a bondade e o talento da virtude e do conhecimento não causarão mais ferimentos a vós mesmos nem a outrem, pois:

Quem caminha bem não deixa rastros. Quem fala bem não dá motivos para censura. Quem conta bem não precisa de ábaco. Quem fecha bem não usa ferrolho, e, no entanto, ninguém pode abrir o que ele fecha. Quem amarra bem não usa corda e, no entanto, ninguém pode desamarrar o que ele amarra.

27-III

QUEM FALA BEM
NÃO DÁ MOTIVOS PARA CENSURA

Em nossos comentários sobre o capítulo 27 do *Tao Te King* de Lao Tsé, dissemo-vos como o homem "bom" pode caminhar sem deixar rastros. Todos os talentos, possibilidades e qualidades de que ele dispõe, ou que poderia desenvolver em virtude de sua personalidade nascida da natureza, são libertadores para ele mesmo e para os demais unicamente se ele os submete à alma vivente, o que quer dizer: se ele entrega sua personalidade à Gnosis através da endura, e, nessa autorrendição, abre para a outra natureza todo o seu ser. Então, o microcosmo e a personalidade terão formado uma unidade.
A atitude de vida, o estilo de vida, que daí decorre é totalmente preservado do movimento das forças opostas. Então, a morte é totalmente vencida. Tao, o indivisível, o Espírito Sétuplo, foi, então, revelado. E, dessa forma, a personalidade voltada para "o alto" não deixa marcas aqui "embaixo". Com efeito, embora essa personalidade esteja *no* mundo, ela já não é *deste* mundo. Eis aí o mistério do Tao!
Quem percorre o "caminho bom" já não deixa rastro e se livra de todas as razões e causas do carma. Quando uma personalidade segue o justo caminho e encontra o Outro — interiormente —, ela suprime tudo o que a liga à terra em consequência do curso

de sua vida. Aqui reside o mistério do que se denomina o perdão dos pecados.

Na Bíblia está escrito: "Ainda que os vossos pecados sejam como a escarlata, eles se tornarão brancos como a neve" (Is 1:18). Isso não ocorre exteriormente, como sob o efeito de uma intervenção divina, mas a partir do momento em que um homem caminha "bem" e, portanto, entra em ligação com o Reino Imutável, apagando todas as consequências do seu carma. Ele já não deixa rastros. Portanto, ele domina o mundo dialético e já não é sua vítima. Ele destruiu o que gerava a morte no caminhar de sua vida.

Quando um ser humano, através de seus atos de bondade agora esclarecidos sob todos os ângulos, desperta e faz nascer as forças e atividades opostas, ele se liga a todas as suas consequências e não pode desligar-se delas. Essa é a principal causa do acorrentamento à roda do nascimento e morte: deixar atrás de si rastros cármicos de vida na natureza da morte.

Somente quando um homem caminha "bem" no sentido da magia gnóstica ele não deixa rastros atrás de si e liberta-se da natureza da morte. Então ele se tornou absolutamente livre da terra terrena. Somente então ele tem o direito de trabalhar na terra a serviço do mundo e da humanidade. Através da força-luz que dele emana, ele se torna de uma grande importância para o mundo e a humanidade, como o indicam os numerosos relatos e lendas dos antigos sábios.

Acabamos de falar-vos, com detalhes, sobre o mal da bondade praticada dialeticamente. Pensai também no mal causado pelas palavras desnecessárias sempre repetidas, pelas palavras pronunciadas sob a pressão das forças astrais. Quantas consequências acarretam as falsas palavras mesmo "completamente bem intencionadas" segundo os critérios comuns da bondade! Múltiplos motivos de censura encontram-se frequentemente ocultos nelas.

Mas quem percorre o caminho da Gnosis fala invariavelmente bem e não dá motivos para censura, com todas as consequências cármicas que ligam à terra. Ele também "contará" bem, "fechará" bem, "abrirá" bem e "amarrará" bem. Ele não necessita de ábaco, nem de ferrolho, nem de chave, nem de corda, em outras palavras: em seu completo sacrifício à humanidade, ele sempre toma as medidas certas e as decisões certas. Ele abrirá o que é mais útil ao santo trabalho e amarrará e fechará o que poderia ou desejaria ameaçar o único grande objetivo.

Tudo, sim, tudo depende do fato de, verdadeiramente, "caminhar bem", por conseguinte, da atitude de vida libertadora. Quando caminhais verdadeiramente bem, segurais firmemente em vossas mãos a chave da magia gnóstica. Imaginai, então, que, no nosso meio, um grupo de irmãos e irmãs libere essa antiga magia. Quão magnífico seria o resultado! Pois bem: acaso pensais que eles precisam de horas e dias para penetrar a justa compreensão, tomar as medidas corretas e as decisões corretas? Tudo isso "acontece" no exato momento em que os pensamentos se voltam para certa necessidade. Tudo acontece assim que a necessidade surge.

Milagre? Absolutamente não! Trata-se apenas da consequência de uma atitude de vida libertadora esquecida há muitíssimo tempo, a consequência da vida no Tao. Eis por que é dito:

Por isso o sábio sempre sobressai ao ajudar os homens e não rejeita nenhum deles.

27-IV

Por isso o sábio sempre sobressai ao ajudar os homens

No capítulo anterior, ao nos referirmos à primeira parte do capítulo 27 do *Tao Te King,* fizemos uma comparação entre o que o bem dialético possui de trágico e as alegrias do bem perfeito do novo estado de vida. Nosso texto prossegue assim:

> *Por isso o sábio sempre sobressai ao ajudar os homens e não rejeita nenhum deles. Ele sempre sobressai ao ajudar as coisas e não rejeita nenhuma delas. A isso eu chamo ser duplamente iluminado.*

Para bem compreender estas palavras é necessário saber o que Lao Tsé designa por "sábio". Para ele, sábio é o homem que entrou na vida original e tem parte no céu-terra, portanto, tornou-se, no sentido mais absoluto da intenção original, verdadeiramente "Homem", Manas, o Pensador.

Na natureza comum, um pensador é um filósofo, um homem que, baseando-se em algumas diretrizes, em alguns dados, estabelece uma série de hipóteses e constrói, dessa forma, um sistema completo dessa ou daquela espécie, por exemplo, sobre a origem, o sentido ou a evolução da vida, sobre Deus, a onimanifestação etc.

Com certeza conheceis algumas dessas produções mentais filosóficas de seres nascidos da natureza. Ora, nenhum deles ultrapassa a mera pesquisa, nenhum ultrapassa o cortejo das especulações. Existiram grandes pensadores.

Existem e ainda existirão muitos deles. Sem dúvida, eles escreverão volumosas obras e serão úteis aos inúmeros especialistas da pesquisa. É assim que as faculdades mentais de muitos serão treinadas num sentido puramente intelectual para, finalmente, perceberem que existe um elo perdido!

No início, o homem pensa, logicamente, que seu saber é insuficiente, que ele ainda deve exercitar seu aparelho cerebral, acumular mais conhecimentos. Finalmente, a consciência percebe, daqui e dali, que essa falta não se refere ao saber, porém ao poder, pois o aparelho cerebral é um instrumento a serviço do pensamento.

No entanto, o verdadeiro poder do pensamento é de natureza, de essência, totalmente diferente. Ele está relacionado com o quarto veículo da personalidade humana, o veículo que ainda não está totalmente formado nos nascidos da natureza. E que permanecerá assim enquanto os seres humanos continuarem em seu estado de nascimento natural.

É da maior importância para todos os seres humanos aprofundarem-se nesse ponto, pois existe uma diferença incomensurável entre intelectualidade e sabedoria. Pode ser que o conhecimento intelectual seja de interesse maior ou menor para o ser nascido da natureza, mas para a grande realidade ele não tem o menor significado.

Talvez considereis desagradável serdes, mais uma vez, confrontados com essa ideia, mas é preciso que entendais bem que, da mesma forma que para o homem treinado intelectualmente e possuidor de um conhecimento "completo", a sabedoria da nova vida não tem o menor significado e provoca o riso ou uma boa dose de piedade, para o sábio, toda intelectualidade marcante não passa de uma imensa ilusão, extremamente perigosa. O homem intelectual não tem acesso à sabedoria, nem mesmo consegue penetrar a sua superfície. O sábio, não obstante, reconhece profundamente o valor subjacente da intelectualidade e seu significado para o mundo e a humanidade.

O quarto veículo verdadeiramente intencionado por Deus, o poder mental, confere perfeição à personalidade, transforma-a num instrumento absolutamente mágico, onisciente e todo-poderoso. É a alma vivente. E, contudo, compreendeis que se esse veículo fosse ofertado à humanidade nascida da natureza, sua miséria e seus sofrimentos seriam, então, incomensuráveis? Imaginai se todos os humanos fossem dotados desse mesmo poder e dessas mesmas faculdades. Todos formariam uma única e imensa horda negra!

É por essa razão que o nascimento do verdadeiro veículo mental não acontece neste lado da linha divisória, porém do outro lado. O poder do pensamento só começa a desenvolver-se se o aluno conseguiu o renascimento da alma e, a seguir, com essa alma e sob sua direção, leva a personalidade a cruzar a linha divisória.

Da terra terrena,
através do mar vermelho das paixões sanguíneas,
no céu-terra,
a terra prometida.

Somente quem cruza essa fronteira pode pôr em prática o poder do pensamento, pode abrir-se à sabedoria e utilizar esse poder como ele pode e deve ser utilizado.

Se ainda vos for impossível entrar no novo país, resta-vos, então, como aluno da Escola Espiritual, apenas vossa bondade e vossa intelectualidade nascidas da natureza. Mas vos é dado, Deus seja louvado, o poder de perceber, pelo coração da rosa mais ou menos vivo em vós, o maravilhoso chamado da outra margem.

Então, talvez sejais capazes de compreender a quem podemos verdadeiramente qualificar de sábio e quem o é realmente.

No próximo capítulo, examinaremos a que o sábio é chamado em verdade e do que ele é capaz.

27-V

SER DUPLAMENTE ILUMINADO

Por isso o sábio sempre sobressai ao ajudar os homens e não rejeita nenhum deles.

Depois do que acaba de ser dito no capítulo 27, compreendereis estas palavras, porque já sabeis o que é um sábio no sentido taoista. O sábio é o homem que, atravessando a fronteira da ordem espaço-temporal, penetra no novo campo de vida e participa desse céu-terra. Nesse estado de ser, a faculdade mental nasce, baseada no estado de alma vivente, e eleva-se ao Espírito Sétuplo.

A senda para a "outra margem" deve começar no estado comum do nascimento desta natureza. A personalidade tem aí um papel central, pois é nesta natureza que o homem tem consciência de si. A personalidade encontra-se na natureza da morte, no movimento dos opostos. Ela possui valores, forças e faculdades que não são absolutos e que, sem cessar, mudam para seus opostos.

Quando, após toda uma vida de experiências, a personalidade torna-se consciente de que todos os seus esforços são infrutíferos, de que tudo vai e vem e inúmeras interrogações a pressionam, a voz da rosa pode elevar-se do coração. O princípio central do microcosmo pode falar para impulsioná-la a iniciar sua caminhada em direção à verdadeira vida, a fim de procurar o país da outra margem. Sabendo que, em seu ser, nem uma única faculdade é absoluta, o homem torna-se consciente de que ainda não satisfaz às exigências fundamentais mais elementares e começa a "tornar retos os caminhos" no deserto, na solidão e na desordem de seu ser interior. Ele desce até às profundezas de seu ser, e é assim que a alma nasce.

Que é a alma? A alma é uma concentração ordenada de força-luz gnóstica, de substância astral do verdadeiro estado de vida. Essa força-luz penetra no sistema da personalidade, concentra-se no duplo etérico e ilumina a escuridão da noite. Ela oferece nutrição, alimento para sustentar e saciar a personalidade que se ocupa em tornar retos os seus caminhos. Esse estado de alma é uma posse maravilhosa. Ela ilumina, dissemos, a escuridão da noite. Além disso, a alma é alimentada e sua sede, mitigada.

Ao progredir na luz da alma, a personalidade adquire a possibilidade de observar algo da "outra margem". A visão torna-se cada vez mais nítida, e o caminho delineia-se cada vez mais reto. Desse modo, já não é o eu da natureza que, apaixonadamente, tenta realizar alguma coisa ou chegar a uma solução, porém é a alma que dirige cada vez mais toda a vida, conduzindo-a, conscientemente, até o nadir.

O curso da vida torna-se, então, muito diferente. A direção da senda que tinha de ser endireitada era antes totalmente desconhecida. Ela se escondia por detrás de inúmeros obstáculos. Porém, à luz da alma, tudo desaparece. Nada pode resistir a ela.

Desse modo, o homem cuja alma nasceu aproxima-se da outra margem. Atrás dele, as trevas; diante dele, a luz de uma nova aurora. Enquanto ele entra na água, atravessa até a outra margem e, talvez com dificuldade, sobe à margem oposta, o céu se abre, e a pomba desce sobre ele. O espírito desce sobre ele, os Sefirotes, o Espírito Santo, e, de repente, nasce o poder mental. A faculdade do pensamento — a síntese do espírito, da alma e da personalidade.

27-V · SER DUPLAMENTE ILUMINADO

O espírito é um fogo. A alma é a enviada desse fogo, o espírito é esse fogo mesmo. A isso denominamos ser *duplamente iluminado*. Compreendei agora que, em vista desse estado de ser, o sábio é sempre superior ao ajudar os homens e que ele não rejeitará ninguém, porque não trabalha somente com a bondade inata instintiva, talvez purificada pelo sofrimento, mas também com a luz do amor da alma verdadeiramente vivente e com a força do fogo do Espírito curador e santificador que envolve tudo. É a isso que os antigos denominavam ser *duplamente iluminado*.

Assim, aproximamo-nos do momento em que podemos lançar um olhar sobre o trabalho da Corrente Universal e seus numerosos servidores, os quais retornam da outra margem até as regiões tenebrosas. Seria isso para eles um retorno aos incontáveis e antigos perigos? Absolutamente não! Porque o sábio, que recebe a dupla iluminação do espírito e da alma, penetra na realidade onipresente, sem espaço e sem tempo. Onde quer que seja, semelhante homem age segundo seu estado absoluto. Ele se mantém, ele está na inviolabilidade.

Não compreendais isso no sentido tridimensional e espaço-temporal — por exemplo, como o branco em oposição ao preto ou o perfeito em oposição ao imperfeito — mas segundo o profundo significado das palavras: "*no* mundo, porém não *do* mundo".

O sábio pode movimentar-se por todas as partes sem ligar-se a este ou àquele e sem sofrer danos. E ele o fará, porque todas as criaturas de Deus devem ser conduzidas a bom termo, ao objetivo final, a seu destino. Isso porque toda criatura liberta, sem exceção, tem uma missão a cumprir com relação a todos os que ainda não se libertaram. Uma criação que se manifesta em glória e em esplendor será sempre utilizada para o auxílio e para o serviço de toda a criação ainda em desenvolvimento. É por isso que nada nem ninguém pode escapar da ajuda dos sábios, e nenhum mortal pode escapar de sua atenção.

Tentemos observar do alto esse poderoso trabalho. Vemos inúmeras criaturas manifestar-se nos domínios não menos numerosos da onimanifestação, todas elas em estágios de desenvolvimento muito variados. E observamos também a grande hierarquia dos libertos e dos sábios, trabalhando para assistir a essas inúmeras criaturas e servi-las segundo sua natureza, seu ser e seu estado.

Apenas os "bons" deveriam ser ajudados? Quem é bom? Nenhum dos que se encontram ainda no processo elementar de desenvolvimento é bom: nem um sequer!

Acaso os sábios deveriam manter-se totalmente afastados dos "maus"? A maldade não é ignorância? A chamada maldade não provém da fraqueza? Não é a maldade frequentemente causada por forças imperiosas que, no final das contas, levam certas criaturas a cometer atos lamentáveis? Esses seres precisamente é que devem ser ajudados de maneira inteligente e adaptada a seu estado de ser. Porventura não é preciso que todos retornem à Casa do Pai?

É por isso que o mau não é pago com bondade e indulgência como o humanismo o compreende e o pratica, porém com sabedoria que emana do único plano que está na base do Todo. Por essa razão, o sábio não é o juiz, mas o instrutor do mau. Todas as condutas que possam desviar do plano, portanto, criar situações particularmente lamentáveis, são minuciosamente estudadas. Nessa base, elas são tratadas de acordo com seu estado, a fim de que o plano, que é o fundamento mesmo de seu estado, possa ter sucesso. Desse modo, torna-se compreensível que o mau também seja o instrutor do bom.

27-VI

QUEM NÃO DÁ NENHUM VALOR AO PODER
ADQUIRIU A ONISCIÊNCIA

Chegamos, pois, ao último versículo do capítulo 27 do *Tao Te King*:

Quem não dá nenhum valor ao poder e não ama a opulência, mesmo que sua sabedoria possa parecer tolice, adquiriu a onisciência.

Aqui estamos diante de uma grande dificuldade, pois quase todos os sinólogos deram a esse versículo traduções muito divergentes. A maioria reconhece francamente que o texto chinês em questão é muito obscuro. Por isso, gostaríamos de tentar dar-vos finalmente uma interpretação sem ter a certeza de que o texto corresponda ao original.

Pelo fato de os enviados, através de todos os tempos, terem cumprido sua tarefa com relação às entidades que ainda estavam no caminho e as que ainda perambulavam nas trevas, fica evidente que sempre houve, e sempre haverá, um contato mútuo entre os nascidos segundo o espírito e os que não o são. Compreendei que é do mais alto interesse para esses dois grupos conhecer a natureza desse contato: simpático ou antipático. Durante o cumprimento de sua tarefa, teriam os obreiros encontrado, e ainda encontram, a fé ou a incredulidade? Existiria uma possibilidade, uma base, para uma ajuda efetiva? Ou não? Compreendei que essas questões são imperiosas. Pensai, por exemplo, no Evangelho segundo Mateus, capítulo 13, onde lemos: "E escandalizavam-se nele. Jesus, porém, lhes disse: Não há profeta sem honra, a não ser na sua pátria e na sua casa. E não fez ali muitas maravilhas, por causa da incredulidade deles". Vede, portanto, que muitas dificuldades podem surgir no contato entre os renascidos e os que não o são.

Lao Tsé chama a atenção de seus discípulos sobre essa conclusão do capítulo 27, pois trata-se sempre de noção errada, de incredulidade, e até mesmo de grande oposição e intensa resistência, porque a ajuda e a força que emanam dos sábios só podem ter um único objetivo. Além disso, trata-se de uma ajuda que é dada impessoalmente, portanto, que se dirige tanto aos bons como aos maus.

Não é um fato que a grande exigência de nossa vida, apresentada pela Escola Espiritual, frequentemente opõe-se aos vossos interesses e situações pessoais? Todos os que se aproximam da nova vida deverão, de alguma forma, ou sob algum aspecto, abandonar algo. Eles deverão modificar sua atitude de vida e fazer o que não tinham a menor intenção de fazer.

Por isso, deverá surgir um conflito maior ou menor em todos os que ainda esperam tudo da linha horizontal quando eles buscarem e conseguirem contato com os sábios. Isso porque, compreendei-o, por parte dos sábios não poderia haver o menor compromisso. Geralmente o conflito não é intencional e certamente não foi desejado pelo discípulo.

Por que não? Porque todos os seres nascidos da natureza são prisioneiros. Todos são prisioneiros do campo astral onde vivem e que governa toda a sua personalidade. Nesse campo astral encontram-se numerosas forças de irradiação, que se explicam totalmente pelo passado do homem e da humanidade. Existem também numerosas radiações que influenciam todos os mortais em vista do estado atual da humanidade. Em terceiro lugar, existem influxos que, partindo do Reino Imutável, irrompem neste mundo.

As influências do Reino Imutável, já não podendo atingir a humanidade de modo direto em vista de sua vibração astral, são transmitidas através dos sábios. Compreendei-o, portanto, que por necessidade natural, o grande conflito é levado a cada um e em cada um. A espada flamejante dos duplamente iluminados, a espada flamejante do Santo Graal, a espada do Apocalipse, fere e atinge todos os homens.

Vemos, desse modo, a situação dos que estão a tal ponto acorrentados astralmente que já não conseguem reagir de forma harmoniosa ao apelo da luz. Que intensos conflitos de consciência não resultam daí! Ouvir a voz, perceber o chamado e, no entanto, não poder reagir!

Enquanto um dia de manifestação ainda está plenamente em vigor em sua ascensão e declínio e a marcha evolutiva de sua tarefa ainda não atingiu o nadir, a humanidade geralmente só percebe muito pouco da fragmentada vida de conflito astral. Existem, entretanto, contrastes entre doutrina e vida, mas ainda é possível escapar das consequências de alguma maneira. Todavia, quando uma fase da humanidade se aproxima sistematicamente de seu fim, as dificuldades desenvolvem-se com grande força, e todos, querendo fugir da grande exigência, são apanhados pela dura realidade. É preciso então que mostrem de modo positivo sua posição perante os mensageiros da luz.

Doravante revela-se claramente que nem o bem, nem o mal, nem mesmo os grandes conhecimentos intelectuais conseguem fazer o homem avançar um único passo no caminho do desenvolvimento. Todos os valores aos quais tentamos desesperadamente apegar-nos soçobram no nada. Observamos que os homens ainda têm, quando muito, algum instinto de bondade, porém que já ninguém sabe o que é o bem e o que é o mal; que aquilo que alguns consideram o bem é, por outros, considerado como um supremo mal. Surge, então, à luz do dia, o fato de que a humanidade sempre viveu de ilusões e que existe uma só realidade, ou seja, a realidade do nada. Por isso a pergunta: "Qual será vossa atitude diante dos mensageiros da luz e da filosofia da luz em geral?"

Uma Escola Espiritual manifesta-se sempre no fim de um período cultural. O apelo para um despertar que dela emana força cada um a reagir. A espada é fincada nas profundezas da alma humana com a finalidade de atingir o átomo original do coração e incitá-lo a uma atividade positiva. Dessa forma, nenhum mal é criado, porém o único bem, que é do Pai das Luzes e quer ligar-se a todos os que correm o risco de se perder.

Era necessário dirigir-vos essa mensagem, esse aviso. Tende claramente diante de vossa consciência as últimas palavras do capítulo 27 do *Tao Te King:* Quem não dá nenhuma importância ao poder dialético e não quer afogar-se na ilusão da natureza da morte, mesmo que sua conduta seja considerada uma grande tolice, obtém a ligação com a onisciência.

道德經

Quem conhece sua força masculina e, entretanto, conserva sua mansidão feminina é o vale do reino.

Como ele é o vale do reino, a virtude constante não o abandonará, e ele retornará ao estado natural e descomplicado de uma criança.

Quem conhece sua luz e, entretanto, permanece na sombra é um exemplo para o reino.

Se ele é um exemplo para o reino, então a virtude constante nele não falhará, e ele retornará ao infinito.

Quem conhece sua glória e permanece na desonra é o vale do reino.

Se ele é o vale do reino, nele a virtude constante alcançará a perfeição, e ele retornará ao estado original.

Quando o estado original e simples se amplia, as coisas são formadas.

Se o sábio fizer uso de tudo isso, ele será o cabeça incontestável dos trabalhadores.

Ele governará na grandeza e não ferirá ninguém.

Tao Te King, capítulo 28

28-I

O VALE DO REINO

Quando a Bíblia afirma que o homem foi feito à imagem e semelhança de Deus, não deveis cometer o erro de pensar que se trata da personalidade nascida da natureza. O verdadeiro homem nascido de Deus é o microcosmo, a mônada. A personalidade é o instrumento desse homem; com ajuda da personalidade é-lhe possível aproximar-se da essência, do objetivo e da missão da mônada. Quando ouvis dizer que o homem é uma entidade autocriadora e que sua missão é de autorrealização, compreendereis que é necessário aprender a considerar a forma humana aparente de uma maneira nova, de uma maneira completamente diferente daquela que o mundo está acostumado a ver. A personalidade humana manifesta-se no mundo como homem e como mulher; o fato de a natureza fundamental do homem e a da mulher serem totalmente diferentes tem acarretado muita confusão e tristeza no curso da marcha do mundo em direção ao seu nadir. Tem sido também a causa de uma forte ligação com a natureza.

Desde o início do nadir, o homem compreendeu que era necessário haver uma perfeita cooperação entre as duas linhagens humanas. Todavia, essa cooperação — sua essência, sua natureza, seu objetivo — foi até hoje compreendida e aplicada de maneira muito diferente. No nadir, uma colaboração realmente estreita, harmoniosa e de alto nível jamais existiu, de fato, entre as duas linhagens, porque a verdadeira natureza dessa cooperação não foi compreendida. É também por isso que houve épocas em que os homens foram tratados como escravos, outras em que as mulheres o foram, isso para não falarmos de outros tipos de relações. No antigo Egito, houve um período no qual o homem devia obediência à mulher. Essa exigência figurava no contrato clássico de casamento e, mais tarde, nos contratos religiosos, os papéis foram novamente invertidos.

Na magia, a cooperação entre o homem e a mulher em pé de perfeita igualdade sempre foi reconhecida como natural. E na magia gnóstica, trata-se de uma exigência inelutável, pois, realmente, nada de bom, nada de libertador pode acontecer se essa cooperação não funcionar perfeitamente. Sem nos desviarmos de nosso tema, esse grande princípio de cooperação deve ser definido aqui para delinear a natureza de muito terror e aprisionamento do nadir, pois esse desastroso desenvolvimento foi causado pela ignorância quanto ao verdadeiro significado das forças duais que atuam na natureza humana.

Da mônada, do microcosmo, emanam duas forças, duas correntes. Essas duas correntes são perfeitamente iguais entre si no que se refere a seu valor e à sua importância. Elas mantêm uma relação mútua positivo-negativa, no sentido comum do termo, porém de polarização diferente nas mônadas humanas. Consideradas de certa forma, todas as mônadas humanas podem ser separadas em dois grandes grupos. Num dos grupos, uma corrente da mônada está polarizada positivamente; no outro, é a outra corrente que está polarizada positivamente.

Portanto, os dois grupos, embora perfeitamente iguais, distinguem-se nitidamente um do outro. Para designar essa similitude na separação, falamos, como sabeis, de "inversamente proporcional", portanto de "polarização inversamente proporcional". Não encontrareis essa expressão em nenhum dicionário, pois trata-se de um conceito totalmente desconhecido. Caso ele fosse conhecido, sem dúvida o mundo atual seria diferente!

Além dessas duas correntes, as mônadas humanas ainda estão separadas, por questão de irradiação, em sete grupos, conservando totalmente sua igualdade. Não abordaremos esse assunto para evitar confusão.

Isso vos permite observar claramente que um dos resultados da polarização inversamente proporcional das duas correntes monádicas é a existência de dois tipos de forma pela qual a mônada se expressa nos diferentes planos de manifestação: a forma masculina e a forma feminina. Numa das formas, como força positiva, como polo positivo, é a força masculina que prevalece; na outra, prevalece a mansidão feminina como polo positivo.

Para evitar mal-entendidos, é preciso primeiro buscar uma explicação para o sentido taoista das expressões "força masculina" e "mansidão feminina". Porque, como o sabeis, o mundo também tem suas próprias interpretações a esse respeito.

Com o conceito "força" a filosofia gnóstica designa o estado monádico de poder. A mônada dispõe de um grande poder, de uma série de poderes, através dos quais o grande plano divino deve realizar-se.

O conceito "mansidão" designa a natureza intrínseca da mônada, por exemplo, no sentido das palavras de Jesus: "Aprendei de mim que sou manso de coração". A mansidão provém do amor divino. "Bem-aventurados são os mansos, porque eles herdarão a terra", afirma o Sermão da Montanha.

A mônada abriga o ser divino duplo: a onipotência divina e o amor divino, a força masculina e a mansidão feminina. A onipotência, graças à polarização inversamente proporcional, é representada exclusivamente pelo tipo original do homem. O amor, pelas mesmas razões, é representado pelo protótipo da mulher. Isso, evidentemente, não exclui a presença do polo oposto da mônada em cada uma das personalidades desses dois tipos.

Fazendo a abstração da forma e do caráter da manifestação atual dos dois sexos na natureza da morte, bem como de todas as dificuldades e problemas que daí resultam na vida dos seres humanos, vereis claramente que, no interior da esfera vital de cada entidade, a autorrealização é evidentemente possível. Com efeito, o poder divino e o amor divino, as duas correntes monádicas, estão presentes em cada forma humana. Todavia, é evidente que essa autorrealização, embora idêntica em seus resultados, apresentará diferentes desenvolvimentos nos dois sexos, devido à maneira como se refletem as diferentes polarizações da mônada.

Não faz o menor sentido tentar descrever o homem ideal ou a mulher ideal. Eles não existem no nadir do mundo tridimensional! Trata-se, apenas, de vos fazer compreender, na maneira taoista, como cada mônada pode adquirir uma personalidade que seja um instrumento ideal e de que maneira. E como, graças a esses instrumentos perfeitos, o reino terrestre e o céu-terra podem realmente responder ao grande objetivo divino.

Sobretudo, não nos esqueçamos das palavras bíblicas que nos dizem que no reino dos céus não se tomará nem se dará em casamento. O casamento é puramente um expediente necessário na vida do nadir terrestre, aceito pela Gnosis, porém não essencial para a vida libertadora.

Entretanto, o essencial é que, em todos os domínios da matéria e do espírito, a cooperação monádica ocorra naturalmente. Não banalizemos esse fato importante, e digamos apenas que, no decorrer dos séculos, todas as Fraternidades gnósticas propagaram a esse respeito concepções muito diferentes da concepção das massas. Essas concepções e comportamentos lhes acarretaram muita confusão por parte do adversário devido à incompreensão e à calúnia. Supomos que isso tudo seja do vosso conhecimento.

Com o terreno assim preparado, abordemos o capítulo 28 do *Tao Te King: Quem conhece sua força masculina e, entretanto, conserva sua mansidão feminina é o vale do reino*. Também podemos inverter esse texto: quem conhece sua mansidão feminina e, entretanto, utiliza sua força masculina, é o vale do reino.

Existe uma condição de poder da mônada e uma irradiação de amor de Deus; ambos emanam da mônada. E conheceis as palavras da primeira Epístola aos Coríntios, capítulo 13: "Mesmo que eu possuísse todas as coisas e não tivesse amor, nada seria". O amor, como corrente monádica, é, portanto, superior, pois sem essa essência intrínseca da mônada a condição de poder não se desenvolveria. A força de Deus manifesta-se na corrente de amor de Deus. Portanto, vemos sempre as duas correntes monádicas fundirem-se numa só. A partir dessa unidade, a trindade, a linhagem, a filiação divina, torna-se uma grande realidade. Portanto, se conseguis incitar essas duas correntes da mônada a se manifestarem na personalidade, a tornarem-se ativas, a filiação divina surge verdadeiramente em vós.

O "vale do reino" é uma antiga expressão chinesa para designar um verdadeiro laboratório alquímico. Da mesma forma que encontramos terra fértil e habitações humanas nos vales, um verdadeiro aluno entrará no "vale", na morada e na oficina da grande Fraternidade se, da maneira correta, ele propiciar em si mesmo o encontro das duas correntes monádicas, a fim de que elas possam manifestar-se e colaborar de modo harmonioso: a força do poder aliada à grande, à maior mansidão. É apenas sobre esse fundamento que se tornarão possíveis a cooperação e a unidade entre aqueles cujas personalidades diferem na forma devido à polarização inversamente proporcional.

28-II

A VIRTUDE CONSTANTE

O capítulo precedente marca o início dos comentários do capítulo 28 do *Tao Te King*, cujo primeiro versículo diz:

Quem conhece sua força masculina e, entretanto, conserva sua mansidão feminina é o vale do reino.

Dissemo-vos que a expressão "vale do reino" refere-se à integração e à participação na Fraternidade da Vida, na comunidade das almas viventes. Para essa comunidade é chamado todo homem que, enquanto homem-personalidade, consegue fazer as duas correntes monádicas cooperarem de maneira correta: a força do poder e a força da mansidão.

Quando essas duas forças se manifestam efetivamente em harmoniosa cooperação no homem nascido da natureza, elas provocam uma total modificação na vida da referida pessoa. Todas as dificuldades que acompanham a prática do verdadeiro discipulado e, frequentemente, constituem obstáculos absolutos pertencerão ao passado. O aluno encontrará a paz perfeita no próprio ser, paz essa que ultrapassa de muito seu estado de ser nascido da natureza. Tem início, então, a grande transfiguração; e esse aluno estará perfeitamente apto a elevar-se ao grupo dos que estão igualmente sintonizados e dispostos, e dele fazer parte.

O novo estado de ser dos homens que vivem e agem segundo as duas correntes monádicas, a dupla força da rosa, é denominado na filosofia taoista *virtude constante*. Por isso é dito:

Como ele é o vale do reino, a virtude constante não o abandonará, e ele retornará ao estado natural e descomplicado de uma criança.

As duas correntes monádicas, que são liberadas no candidato e o compelem a agir, tornam-no apto a colocar os pés no caminho da libertação. A partir desse momento ele possui um poder prático, utilizável para elevar-se acima da natureza da morte, acima das experiências do nadir e, ligando-se à curva evolutiva, penetrar progressivamente na nova natureza. Para tanto, ele tem a aptidão — a virtude. Ele realmente voltou a adquirir a filiação divina.

Como é de vosso conhecimento, a Bíblia fala frequentemente da excepcional virtude da filiação divina. A partir do momento em que, no coração do homem, as duas correntes monádicas confluem e surge a luz da verdadeira rosa, nasce a filiação, o espírito da filiação.

Quando, graças à sua correta atitude de vida, o homem se transforma, então, o resultado dá testemunho disso, o espírito dá testemunho; como o diz João, ele se tornou um filho de Deus. Da mesma forma que uma criança, quando educada de maneira correta, é guiada para realizar a sua vocação, também o aluno nascido para a filiação divina põe os pés na curva evolutiva e, armado com a virtude constante que disso resulta, deve percorrer de maneira correta seu caminho em direção ao alto.

Tudo isso está associado a uma missão, a qual, sobretudo no início, não é totalmente percebida por quem se preparou para o caminho. Por isso Lao Tsé dá indicações mais precisas sobre esse assunto aos alunos que estão nesse ponto. Ele afirma que o candidato aos mistérios gnósticos precisa permanecer "na sombra" e "na desonra". Isso parece estranho, por isso analisaremos essas palavras em maior profundidade.

Quem conseguir tornar manifesta a harmonia das duas correntes monádicas — a força masculina e a mansidão feminina, a onipotência e o amor divino — será levado do imo, e não poderá agir de outra forma, a servir, a ajudar, a ser um exemplo, dedicando toda a sua vida a favor de todos os que ainda se encontram na ignorância e na grande confusão no fundo do poço do nadir. Por isso é dito: *Quem conhece sua luz e, entretanto, permanece na sombra é um exemplo para o reino*. Um irmão ou uma irmã que carregar consigo o signo da virtude constante unir-se-á espontaneamente às fileiras da Fraternidade servidora.

Talvez seja interessante sublinharmos, aqui, as palavras marcantes com as quais nosso texto tem início: *quem conhece sua luz*. Trata-se, portanto, do homem que tornou ativas em si as duas correntes monádicas, a dupla força da rosa, e assim, à luz do outro reino, penetra no campo de trabalho das sombras.

Os que vivem dessas duas correntes monádicas e trabalham com elas cooperarão da forma necessária devido à polarização inversamente proporcional. É precisamente essa cooperação que os tornará invencíveis, pois as duas correntes divinas serão levadas a manifestar-se com a mesma positividade sem se consumirem mutuamente. Um resultado que só pode ser adquirido através da cooperação se — prestai bem atenção — o grupo que cooperar tiver compreendido a essência da virtude constante. O homem liberto, embora tendo se tornado autocriador e autorrealizador, buscará, encontrará e aplicará sempre a cooperação, ou seja, a unidade de grupo.

Portanto, podereis sempre saber diretamente, através de seus atos e de seu comportamento habitual, se um obreiro coloca-se, já no início, do lado da luz ou do lado da sombra. Os que se recusam a colaborar ou aceitam a colaboração em teoria, porém não na prática e, chegado o momento, seguem seu próprio caminho em todas as circunstâncias, impõem sua própria lei e esquecem totalmente as leis da cooperação, esses ainda são representantes típicos do homem do nadir. São eles que — tendo chegado ao fim de seu caminhar no nadir — ainda não encontraram a virtude constante e, de maneira egocêntrica, seguem seus instintos inatos de bondade, bem como seu impulso para o trabalho e, agindo dessa forma, aceleram exatamente o movimento das forças opostas. Particularmente numa Escola como a nossa, semelhante comprometimento egocêntrico será uma contínua fonte de dificuldades, de tensões e um fator de retardamento das atividades.

Quem chega às portas de nossa Escola? Em geral, são os que vivenciaram a total falta de perspectiva da natureza da morte e se tornaram sensíveis à Doutrina Universal. A Doutrina Universal os toca e, em decorrência desse toque, eles passam por diferentes fases de confusão dialética — pois a tampa do poço foi retirada e os raios de luz atravessam as trevas — visto serem eles descendentes de pais que também passaram pelos labirintos do país das sombras.

Em todos eles há um instinto de bondade e um poder de vontade, reflexos extremamente pálidos das duas correntes monádicas. Além disso, eles têm, evidentemente, certas habilidades: um tem capacidade para organização, outro tem o dom da palavra, um terceiro pode escrever muito bem etc.

É desse variado grupo dos que lutam no fundo do poço da morte e que perceberam alguns clarões de luz que são escolhidos os obreiros introduzidos no processo da Escola. Não porque eles conheçam a luz, mas porque eles buscam a luz e, por seu compromisso com o trabalho, portanto através de amarga experiência, é-lhes dada a oportunidade de encontrar a luz e compreender a virtude constante. É por essa razão que a Escola é uma Escola Espiritual.

E a todos a quem é solicitado comprometer-se como obreiros fala-se da unidade de grupo e das exigências relacionadas a isso, determinadas pela santa lei e, espontaneamente, em obediência, com anseio e compreensão, eles se juntam a essa unidade de grupo e nela cooperam.

É assim que nasce uma comunidade de amigos. Porque a amizade também é um reflexo das correntes monádicas. É dessa forma que, num trabalho gnóstico que deve começar a partir da base, surge um grupo que nada possui, que ainda nada possui, mas que unicamente faz muitos esforços com seriedade e devoção. Eles ainda não conhecem sua luz; seu sol ainda não se levantou. Mas, em vista de seu renascimento, eles são protegidos pela luz irradiante do corpo-vivo.

E, em semelhante grupo de obreiros, basta que alguns sejam obumbrados pelas forças do adversário, conscientemente ou não — inúmeras degenerações físicas ou psíquicas podem ocorrer neste ponto — para que, imediatamente, o trabalho da Escola se desenvolva mais devagar e seja até mesmo exposto aos maiores perigos possíveis. Sim, a própria existência da Escola se encontra, então, em grande perigo.

Por quê? Pois bem, tendes vossas amizades. Conheceis as exigências da unidade de grupo. Os reflexos monádicos da bondade estão ativos em vós. O adversário conhece vossa mentalidade e vossas ações durante essa fase de vida. Não abandonais os laços criados por vós, tampouco vedes os perigos que eles representam, pois vosso amor por vosso ou vossos companheiros de grupo predomina. Observai bem: não se trata do verdadeiro amor, porém do reflexo monádico do amor em vosso estado de nascido da natureza. Esse reflexo em vosso estado não nascido é considerado amor. É dessa forma que surgem as condições para um funesto retardamento.

A ajuda do amor de Deus, que deve ser ofertada a todos os que se afastam do caminho, é a ajuda da admoestação, a ajuda da correção, a ajuda que impedirá que o mal e a injustiça sejam feitos a outros. Consequentemente, é uma ajuda cuja finalidade deve ser a proteção da Escola. Porque a Escola é o meio, o instrumento, com auxílio do qual os que participam da virtude constante se aproximam dos que ainda permanecem na sombra e na desonra. Além disso, a Escola é uma oficina para os que desenvolvem a virtude constante. É necessário compreender bem esses dois aspectos da Escola para evitar um grande número de mal-entendidos. Porque quem perde a Escola perde tudo.

Percebeis agora quanto, no decorrer de todos estes anos de existência, a Escola Espiritual permaneceu orientada no sentido de formar um grupo excepcional dentro do grupo geral. Desde o início, ficou patente que este seria um grupo capaz de, a partir da base, entrar no vale do reino e possuir a virtude constante.

Pois bem, em primeiro lugar possuímos, na Comunidade da Cabeça Áurea, composta de 32 membros, esse grupo excepcional no meio do grupo geral. Trata-se de um grupo interior e dirigente, portanto, a cabeça dirigente do corpo-vivo da Escola Espiritual.

A seguir, o sexto Aspecto de nossa Escola Espiritual vivificou-se intensamente durante alguns anos. Ali, realiza-se um trabalho que não utiliza os meios da natureza, porém unicamente as faculdades superiores. Essa é uma tarefa que se dirige a todos e que é levada a cabo para o benefício de todos na Escola Espiritual.

Em terceiro lugar, temos um grupo que é estimulado à vida interior, como resultado de uma participação consciente da vida da alma divina, pela magia do Graal.

Não nos é possível aprofundar-nos mais nesse assunto, porém compreendereis que os grupos considerados não podem executar a tarefa que lhes foi destinada baseados unicamente no país das sombras e da desonra, porém que seu ponto de partida é exclusivamente o país dos verdadeiros viventes. Compreendereis, portanto, plenamente estas palavras de Lao Tsé:

*Quem conhece sua luz e, entretanto, permanece na sombra
é um exemplo para o reino.*

28-II · A VIRTUDE CONSTANTE

Se ele é um exemplo para o reino, então a virtude constante nele não falhará, e ele retornará ao infinito.

Quem conhece sua glória e permanece na desonra é o vale do reino.

No próximo capítulo queremos descrever esse caminho de sacrifício dos homens que estão dotados com as forças das duas correntes monádicas e seus resultados.

28-III

O SÁBIO SERÁ O CABEÇA DOS TRABALHADORES

Tentaremos apresentar-vos, de novo e tão claramente quanto possível, o que vos dissemos sobre o capítulo 28 do *Tao Te King*. O microcosmo está munido de grandes poderes e forças, que se manifestam em duas correntes: a corrente da onipotência divina e a corrente do amor divino. Essas duas correntes devem expressar-se na personalidade, que é o instrumento do microcosmo. Todavia, a personalidade só pode cumprir essa maravilhosa missão se ela tornar-se capacitada para tanto. E foi no decorrer de longos dias de manifestação que ela foi preparada para cumprir essa tarefa. Todavia, a personalidade não é um instrumento morto, porém um ser vivo que deve confiar-se ao microcosmo com toda a sua consciência e seu saber, a fim de servi-lo e de receber as duas correntes monádicas. Para essa finalidade, toda a personalidade foi chamada, foi eleita desde o início.

O fato de que tudo o que está manifestado é dotado de vida — vida essa proveniente de Deus, portanto, destinada, desde o princípio, à liberdade e que sempre teve a faculdade de escolher — explica que uma parte das personalidades da humanidade, devido a uma escolha errônea e a erros menosprezados que levaram a uma diminuição no desenvolvimento, provocou a perda da substância de seu ser no labirinto da natureza da morte. Isso provocou danos e cristalizações que será preciso reparar e fazer desaparecer, antes que possam ser cumpridas as verdadeiras tarefas prescritas por Deus.

Quem percorre esse caminho de santificação e de cura entra no "vale do reino" — a vida real em Deus —, descobre e aprende como utilizar e colocar em prática as duas correntes microcósmicas. Ele ingressa, então, no estado de filiação divina e torna-se, imediatamente, como vimos, um obreiro valioso do reino da Luz, no sentido absoluto, ou seja, um exemplo, o verdadeiro tipo do obreiro do reino da Luz. E, em virtude do amor divino com o qual ele está unificado, sua primeira tarefa agora, na vinha de Deus, será o restabelecimento e a libertação de tudo o que está extraviado e decaído.

Neste ponto de suas reflexões, Lao Tsé mostra, de maneira clara, a seus discípulos, que o sacrifício dos libertos pelos ainda não libertos não deve ser compreendido de maneira negativa. Do ponto de vista da natureza da morte, o homem que se sacrifica é um homem das dores, assim como Jesus, o Senhor, foi chamado de "o homem das dores". Todavia, é preciso compreender que esse caminho de sacrifício da lógica significa um caminho reto, a verdadeira ascensão rumo ao objetivo único. Por isso, Lao Tsé diz:

Se ele é um exemplo para o reino, então a virtude constante nele não falhará, e ele retornará ao infinito.

Os que ainda se encontram acorrentados no espaço tridimensional fazem uma nítida distinção entre o "acima" e o "embaixo". Mas para quem conhece sua luz, o "acima" é semelhante ao "embaixo". Através do que está "embaixo" ele irá para o que está "acima". Isso significa que esse caminho de sacrifício, segundo a lógica, é um caminho de alegria, a porta aberta para o infinito. O homem que se encontra totalmente prisioneiro da natureza da morte não experimenta o sacrifício como algo evidente, porém como uma dor aguda, que ele procura evitar tanto quanto possível. Eis por que todos os que se aproximam da Gnosis Universal devem modificar não apenas seu comportamento, mas também sua visão da vida. Então, muitas vezes, graças a essa mudança de visão, a dor se transformará em felicidade; a ideia de morte, em vida; dificuldades e tristezas, em alegria, sem que haja qualquer modificação nas circunstâncias de vida exteriores.

Algumas pessoas acostumaram-se a considerar difíceis, apavorantes e terríveis as situações em que se encontram; sua mentalidade acostumou-se de tal forma a isso, elas são tão dominadas pelas representações mentais correspondentes, que já não conseguem mudar sua visão da vida, embora disponham de novas e suficientes qualidades de alma. Portanto, elas não utilizam seu imperecível tesouro. Se elas pudessem abrir caminho para uma nova visão da vida, fariam a experiência direta: transporiam a porta e compreenderiam inteiramente o porquê das circunstâncias externas. Por isso, Lao Tsé diz:

Quem conhece sua glória e permanece na desonra é o vale do reino.

Se ele é o vale do reino, nele a virtude constante alcançará a perfeição, e ele retornará ao estado original.

Enfim, compreendei as palavras:

Quando o estado original e simples se amplia, as coisas são formadas.

No estado original do nadir da humanidade, quando a escola da vida na matéria ainda não havia caído no pecado, todas as coisas, todos os valores, todas as formas materiais necessárias à vida tinham sido criadas nessa escola de experiências. Ora, todos esses valores, essas coisas e essas forças dos primórdios ainda estão presentes. Então, quando o estado original, simples, ampliou-se, todas as coisas foram formadas indestrutíveis. Portando, o sábio, o homem liberto, verificará e reconhecerá todas essas coisas, e, pleno de alegria e gratidão, de novo as usará e empregará. Eis por que, Lao Tsé diz:

Se o sábio fizer uso de tudo isso, ele será o cabeça incontestável dos trabalhadores.

Ele governará e não ferirá ninguém.

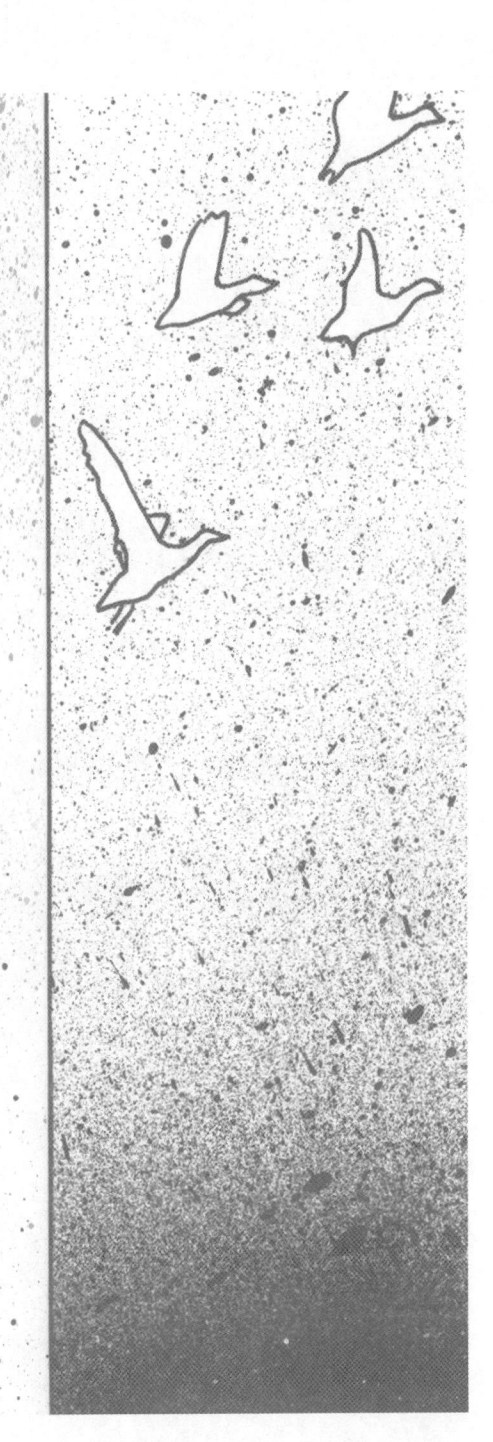

道德經

Se o homem quer aperfeiçoar o reino com ação, vejo que ele não tem sucesso.

O reino é um vaso sagrado de oferenda no qual não se deve trabalhar. Quem nele trabalha corrompe-o. Quem quer agarrá-lo perde-o.

Por isso existem homens que precedem e que seguem, que aquecem e que refrigeram, que são fortes e que são fracos, que estão em movimento e que estão imóveis.

Por isso o sábio rejeita a extravagância, o excesso e o esplendor.

Tao Te King, capítulo 29

29-I

O VASO SAGRADO DE OFERENDA

Como foram mal compreendidas, no decorrer dos séculos, as palavras do capítulo 29 do *Tao Te King!* Quão diferente seria o mundo de hoje se tivéssemos compreendido o sentido dessas palavras viventes de Lao Tsé! De forma aberta e honesta, sem rodeios, embora com termos sóbrios, Lao Tsé apresenta a seus alunos a verdade e a realidade. Ora, atualmente, para que possais compreender seus propósitos, faz-se necessária, pelo menos, uma exposição detalhada e aprofundada. A razão para isso repousa no fato de que o mundo e a humanidade, durante séculos, evoluíram, desenvolveram-se e formaram-se, bem como cristalizaram-se numa direção que se afasta totalmente da direção essencial. A humanidade está de tal forma enredada no labirinto da miséria terrena e o mundo tornou-se tão infernal que, se vos falássemos pela boca de Lao Tsé, dizendo-vos: *O reino — o mundo — é um vaso sagrado de oferenda no qual o homem não deve trabalhar,* ficaríeis tão surpresos que protestaríeis com indignação e zombaríeis talvez desdenhosamente diante de tamanha tolice e ingenuidade.

O vaso sagrado de oferenda transformou-se num monturo! Talvez conheçais os imensos perigos de natureza astral que se acumulam atualmente ao redor do mundo e que brevemente serão derramados no vaso sagrado. De que maneira poderíamos conceber e compreender tudo isso?

Primeiro, é preciso ter uma justa ideia do que seja "o reino". Não penseis aqui em algum império chinês ou num antigo principado. Tampouco deveis pensar que se trate de algumas instruções dadas a dirigentes, ministros ou outras autoridades. O reino é, em primeiro lugar, o planeta terra em manifestação: o reino onde a personalidade humana deverá revelar-se plenamente em sua forma. Além disso, o reino é o céu-terra, a verdadeira morada de Deus, oferecida por ele à humanidade como local de morada para o homem verdadeiro segundo espírito, alma e corpo. Deveis ver a terra terrena e o céu-terra como dois-em-um, indissoluvelmente ligados; juntos, eles formam "o reino".

Esse reino é o "vaso sagrado de oferenda", isto é: um espaço preparado e mantido pelo Logos, no qual um poderoso trabalho, magnífico e divino deve realizar-se segundo a decisão do princípio: "Façamos o homem à nossa imagem conforme a nossa semelhança". E pensastes, por um instante sequer, que essa decisão divina do princípio pudesse não ser executada? Múltiplas e grandes forças, inúmeras ondas de vida, diferentes da nossa, têm sido chamadas para esse poderoso trabalho, a fim de assistir, em sua evolução, as mônadas chamadas ao processo de vir-a-ser do homem.

Essa assistência é um caminho de sacrifício, um serviço em forma de oferenda no vaso sagrado, que dura desde tempos imemoriais e continuará, a fim de conduzir o grande plano até seu supremo triunfo. Os Senhores do Destino, os Senhores da Compaixão, numerosas hostes de anjos e um grande número de outros seres sublimes formam, em conjunto, a multidão dos servidores que fazem essa auto-oferenda, a multidão dos que estão unidos num único ser poderoso, conhecido como "a figueira sempre vivente".[10]

---

[10]Rijckenborgh, J. v. e Petri, C. d. *A Fraternidade de Shamballa,* São Paulo, Editora Rosacruz, 2007, capítulo 10 — Os Filhos da Vontade e da Ioga.

29-I · O VASO SAGRADO DE OFERENDA

A grande oferenda da figueira sempre vivente no vaso sagrado não cessará enquanto todas as mônadas, que são chamadas ao vir--a-ser do novo ser humano, não tiverem ingressado nesse elevado estado de ser.

Estais habituados a considerar-vos "homens". Falais em "homem" e em "humanidade" — porém não o sois — ainda não! Essa ilusão foi-vos inculcada pela teologia e pela deformação da verdade original. Por isso, é bom ter claramente diante dos olhos a totalidade do caminho da humanidade.

No decorrer de numerosos períodos de preparação, o vaso sagrado de oferenda, o "dois-em-um" planetário, adaptou-se totalmente ao caminho do vir-a-ser humano da mônada. Para designar o processo inteiro de involução, de passagem pelo nadir e de evolução, bem como para descrever o estado completo do vaso sagrado de oferenda, a filosofia da Rosa-Cruz fala de sete esferas, sete aspectos do "dois-em-um" planetário.

Talvez seja do vosso conhecimento que, por uma questão de conveniência, essas esferas são designadas pelas letras *A*, *B*, *C* etc. Vivemos atualmente na esfera *D*, a esfera do nadir. A esfera *E*, a quinta da série de sete, encontra-se num plano superior, isto é, não do lado da involução do vir-a-ser humano da mônada, porém do lado da evolução. Cada esfera passa por sete desenvolvimentos que, em certo sentido, são em parte repetições das esferas precedentes e em parte preparação para os desenvolvimentos seguintes, para as manifestações ulteriores do "dois-em-um".

Vivemos atualmente, conforme dissemos, na quarta esfera, a esfera *D*, portanto, a esfera do nadir. Nessa esfera existem, atrás de nós, três épocas onde o passado original, por assim dizer, se repetiu. Estamos atualmente na quarta época, a época Ariana, em que o aspecto da terra novamente sofreu, uma vez mais, algumas transformações secundárias. A época Ariana é decisiva, pois é nesse momento que são concluídas toda a involução e toda a preparação do aspecto formal das coisas e que o aspecto interior, o núcleo, deve manifestar-se. Primeiro, nessa esfera *D,* nas três épocas ulteriores, o futuro da humanidade manifestar-se-á como realidade e cumprir-se-á totalmente. Depois, seguir-se-ão três poderosos e magníficos desenvolvimentos das três esferas seguintes: *E, F* e *G.*

Utilizamos essa imagem cosmológica para que possais ter uma clara noção da natureza do vaso sagrado de oferenda. E, caso tenhais adquirido uma nítida imagem, então sabereis perfeitamente que extraordinário plano de desenvolvimento está na base do vir-a-ser humano para o qual são chamadas as mônadas divinas. E também sabereis que esse plano não pode fracassar, porque a figueira sempre vivente envolve o vaso sagrado com sua sombra.

"O plano que serve de base para o vir-a-ser humano não pode fracassar." Não seriam essas palavras, ditas em tom axiomático, no máximo um desejo piedoso? Não refletiriam elas um otimismo totalmente injustificado, se considerarmos a atual passagem pelo nadir? Examinemos isso mais de perto.

É evidente que a humanidade vive, novamente, uma profunda crise na atual fase da época Ariana, da mesma forma que Lao Tsé e os seus viveram em seu tempo. Essa crise é causada, entre outras coisas, pelo fato de a humanidade, em vista de seu egocentrismo, de sua ignorância e da falta de força de alma verdadeiramente libertadora que daí resulta, não querer sair das profundezas do nadir para empreender a ascensão libertadora na curva da evolução. E é impossível forçá-la a isso, porque esse processo deve realizar-se em unidade, liberdade e amor, com o auxílio de uma alma renascida proveniente das duas correntes monádicas de que vos falamos no capítulo precedente.

Caso esse novo estado de alma esteja ausente e a confusão tridimensional bloqueie completamente a reminiscência da mônada, qualquer progresso é, então, totalmente barrado. Em vista disso, o inteiro plano-em-manifestação corre o risco de desagregar-se.

Então, a humanidade é confrontada com o amargo fato de que os homens se dilaceram e se devoram mutuamente como animais ferozes, numa corrente mortal de autodestruição — na qual e pela qual uma revolução cósmica dá, de tempos em tempos, um pequeno empurrão. Acaso nossa situação mundial não está aí perfeitamente caracterizada?

Não, mil vezes não! Os tempos de crise que, mais uma vez, atravessamos são a mais clara prova de que a figueira sempre vivente não abandona a humanidade, que não há nenhum desvio do plano original que prevê transformá-la em "homens", em outras palavras, em seres feitos à imagem e semelhança de Deus, e que a grande exigência é, e continua sendo, a autorrealização.

De fato, não se trata unicamente de uma exigência, mas também de uma necessidade natural, de uma saída evidente. O vaso sagrado de oferenda, ou cratera sagrada, como diz Hermes,[11] fundamenta-se em leis naturais que oferecem ao novo homem uma única saída: o aperfeiçoamento e a libertação pela autorrealização.

A fim de compreender essa lei natural, deveis levar em consideração os seguintes aspectos de vida:

em primeiro lugar, falamos da mônada ou microcosmo no homem em processo de vir-a-ser;

em segundo lugar, como dissemos no capítulo anterior, dessa mônada emanam duas correntes de força inversamente polarizadas: a força masculina e a mansidão feminina;

em terceiro lugar, falamos de um ser monádico, ou ego da mônada (= consciência do microcosmo), de cujo núcleo emanam as duas correntes;

---

[11]Rijckenborgh, J. v. *A arquignosis egípcia,* t. 2, São Paulo: Lectorium Rosicrucianum, 1986, cap. XXI — A cratera sagrada.

em quarto lugar, pelo nascimento natural, sempre surge uma personalidade, que é um instrumento a serviço da mônada;

em quinto lugar, essa personalidade possui uma consciência natural, um eu, o eu nascido da natureza ou ego: o estado de consciência nascido da natureza;

em sexto lugar, existe um ser cármico, também denominado eu ou ego cármico, o ser astral, o adversário, ou o diabo;

em sétimo lugar, esses aspectos vitais, que se manifestam em cooperação ou em oposição, garantem, com perfeição, a vitória final do plano de Deus.

Esperamos poder demonstrar-vos isso incontestavelmente no próximo capítulo. Se o conseguirmos, compreendereis perfeitamente o capítulo 29 do *Tao Te King*.

29-II

O CAMINHO DA VITÓRIA

Voltemos a ter em mente a imagem da cratera sagrada, tal como está descrita no capítulo anterior, o vaso sagrado de oferenda do dois-em-um: a terra-terrena e o céu-terra. Na cratera sagrada encontram-se em primeiro lugar, a poderosa força da figueira sempre vivente que sacrifica a si mesma, em segundo lugar, o sistema humano sêxtuplo em manifestação, de onde deve ressurgir, um dia, o verdadeiro homem. Também poderíamos denominar Corrente Universal a força que assim se sacrifica com sua linhagem ininterrupta de mensageiros e de portadores da salvação como Lao Tsé, Hermes Trismegisto, Buda e Jesus Cristo. Também podemos simplesmente falar em Deus.

Tornar-se-á claro para vós que, desde o começo do desenvolvimento da mônada, cada entidade esteve em contato vivo com essa grande corrente que se sacrifica no vaso sagrado de oferenda. "Mônada" significa centelha divina. É por isso que Deus se comunica com a mônada. E se falamos, ao mesmo tempo, de mônada e de microcosmo, deveis compreender que a irradiação da centelha divina, ao redor da mônada, forma um sistema, um microcosmo. Portanto, desde o começo, a centelha divina esteve em ligação com o incomensurável esplendor da força divina do vaso sagrado de oferenda.

Desde o começo, e ainda agora, cada entidade vivencia essa ligação como uma lei natural, como um influxo regular, onipresente, que cada criatura que se encontra no processo do vir-a-ser experimenta. É evidente que o plano, a ideia que está na base desse vir-a-ser, chega até a criatura graças a esse influxo. Esse é o espírito que deve tornar a criatura verdadeiramente vivente. Esse espírito é eterno e invariavelmente o mesmo.

Examinemos agora o seguinte: vamos supor que ainda ignoreis esse plano divino, que não tenhais tido nenhuma experiência ligada a ele, que, como personalidade, ainda não possuís nenhum instrumento superior para reagir a ele de maneira consciente, portanto, para colaborar com ele. Existem, de um lado, a mônada, a centelha divina com seu sistema, o microcosmo, e, de outro, a personalidade ainda na ignorância, incapaz de reagir conscientemente, por pouco que seja.

Nessa situação, seríeis absolutamente levados, apesar de tudo, a reagir, seríeis mesmo obrigados a isso! De que forma isso pode acontecer, então? Devido à estrutura de vosso estado de ser atual que descrevemos no capítulo anterior. Há uma mônada, um microcosmo, que envolve vossa personalidade atual. Esse microcosmo possui um núcleo, também denominado eu monádico, de onde emanam duas correntes. É absolutamente evidente que o microcosmo reage inteiramente à grande força espiritual que se sacrifica no campo de manifestação. É por isso que falamos do "Deus em vós".

É preciso agora que a personalidade, no centro do microcosmo, torne-se um verdadeiro instrumento a serviço da mônada, a serviço da força divina que se oferece. Para isso, a personalidade possui, desde o nascimento, uma série de possibilidades e um duplo ego: a consciência-eu com a qual, por exemplo, apreendeis o conteúdo deste livro, e um eu cármico, um ser astral.

Vejamos agora o processo! O espírito do vaso sagrado, ou seja, a grande força divina que se manifesta no sistema terrestre, leva a mônada à realização. É o grande plano contido nas palavras: "Façamos o homem à nossa imagem conforme a nossa semelhança". Esse plano fica gravado na mônada e ela o irradia e o transmite à personalidade. A mônada esforça-se por transmitir para a vossa consciência, portanto para o vosso eu, a sugestão desse plano, a grande ideia, e de fazer do vosso eu um instrumento flexível e obediente, de modo que toda a personalidade experimente o resultado disso.

Suponde agora que o eu não reaja, não possa ou mesmo não queira reagir. Nessa situação que conheceis bem, o ser astral, o ego cármico, sempre reage, sem exceção. Quando, emanando da cratera divina, um impulso vos é enviado por intermédio da mônada e vós, como consciência-eu, vos recusais a reagir, o ser astral sempre reage. O ser astral registra cada reação errada, cada comportamento e cada atitude da personalidade que não esteja em harmonia com a grande força propulsora.

Além disso, atentai para o fato de que o ser cármico nunca é aniquilado pela morte. Quando a personalidade morre e a essência da personalidade se volatiliza totalmente, o ser cármico permanece. Ele sobrevive à morte, ele é imortal e, graças a Deus, torna-se novamente ativo na personalidade seguinte! Porque, caso o ser cármico fosse aniquilado, os mesmos erros seriam incessantemente cometidos!

Entretanto, devido à sucessão de personalidades, o ser cármico torna-se cada vez mais experiente. E, como ele nasceu de reações erradas com relação à lei divina, é evidente que, quando ele se torna suficientemente forte, ele nos inspire sentimentos, pensamentos e ações que nos parecem naturais como dores, penas, dissonâncias agudas, enfim, um grande sofrimento.

Podeis perguntar: "De onde provêm minhas dificuldades? Qual a razão desse caminho penoso e doloroso através da vida?" Pois bem, a causa está no fato de que vosso ser astral vos confronta com todo o vosso passado no nadir da materialidade.

E compreendereis que semelhante confrontação, com suas consequências penosas e dolorosas, acaba por demolir a personalidade inteira! Essa é a causa da vossa morte! Quando o homem se encontra face a grandes dificuldades, em sua ignorância, ele às vezes clama: "Ó, Deus, ajudai-me!" Porém Deus, a grande força da figueira sempre vivente que se oferta, nos ajuda desde o começo! Ele não poderia agir de outra forma. Porque as sugestões e as radiações do espírito afluem até o homem, até a personalidade, por intermédio da mônada. Por conseguinte, a vida cheia de experiências amargas, com todos os seus aspectos negativos é, de fato, uma completa ilusão quando comparada ao impulso divino.

Toda essa amargura e todas essas perturbações da vida não fazem parte da Divindade. É o próprio homem que castiga a si mesmo. A resistência que ele sente por parte do ser astral, esse freio, é o reflexo, a soma de todas as suas reações incorretas. A Divindade chama-vos, toca-vos e quer levar-vos para a única direção possível, para a libertação. Se vossa reação não for positiva, o ser astral funcionará como freio na vida. A marcha de vossa existência é diminuída, finalmente para e girais em círculos no fundo do poço da morte.

Assim, pois, ao olhar no espelho de vosso passado, sois confrontados com a soma das reações errôneas. Verdadeiramente, um espelho mágico! E esse espelho mágico mata vossa personalidade. Uma vez, mil vezes, dez mil vezes? Em relação a isso não há limite, de acordo com a lei!

E a lei que foi estabelecida para vós é: devereis aprender a lição. Finalmente, olhareis tanto no espelho do ser cármico e sofrereis a tal ponto as consequências disso na e com a consciência-eu, que esta, mediante a purificação, se abrirá, e ouvireis, finalmente ouvireis, a voz da mônada, isto é, a voz de Deus.

Nesse momento, a consciência-eu deve agir; porém não seguindo mais algumas recomendações ou conselhos externos que tanto recebeis em meio a provações. E, novamente, o ser cármico registrará, reterá e verificará o resultado dessa reação.

Assim que essa resposta vital, resultado da correta reação à voz da mônada, surja realmente do interior e passe para o primeiro plano, ela será registrada e conservada no ser cármico; nasce, então, o que Hermes Trismegisto chama de "o bem absoluto".

Fica evidente que, se ainda nutris esperanças com relação a esta vida, se a considerais agradável e pensais que ela encerra todas as perspectivas possíveis, o ser astral não perderá nada de suas forças. E mesmo que, em tal disposição, sigais os conselhos da Escola Espiritual porque atravessais um momento difícil e modifiqueis vosso comportamento, compreendereis que o "bem absoluto" ainda não poderá nascer.

Somente quando vossas reações mudarem realmente do vosso imo e as consequências se tornarem evidentes, nascerá o "bem absoluto" hermético. Portanto, a partir desse momento e paralelamente à vossa consciência-eu, coexistirão dois seres. Na literatura universal eles são designados o mal e o bem, o anjo negro e o anjo branco.

É assim que, graças à nova força do bem, a personalidade em desenvolvimento dá à alma um novo potencial indestrutível. Indestrutível, porque o bem absoluto que agora toma forma, devido à reação correta, liga-se imediatamente *com* a força da mônada, que quer tocar o homem, com a força divina que se sacrifica e trabalha por intermédio da mônada.

Com essa força, a outra força astral, que provoca tantas oposições, é ultrapassada, neutralizada, expulsa e, embora permaneça um vestígio, ela não poderá nunca mais prejudicar o sistema vital. Portanto, semelhante homem terá perfeito conhecimento do mal, pois suas cicatrizes estão gravadas em seu ser. Ele compreenderá o mal, sem precisar novamente suportá-lo como tal.

O ser astral apresenta ao homem o somatório das experiências vividas e das condutas que possibilitaram ao bem absoluto finalmente manifestar-se. Resumindo: se não respondeis positivamente à voz divina, à voz da rosa, produz-se uma reação em vossa vida. Todos os vossos erros são registrados no ser astral e são enviados de volta para vós. Então, olhais num espelho. Todas essas radiações voltam-se contra vós. E essa força impeditiva vos força a escutar a voz.

Entretanto, se escutais interiormente e reagis bem, acontece exatamente o contrário. Os resultados da reação correta, da reação positiva, desenvolvem-se em uma força. Essa força vai se tornando cada vez mais poderosa e, em dado momento, repele tudo o que em vós oferece resistência. Ingressais, então, na irradiação do eu monádico. O ser astral vos traz a soma de todas as condutas e experiências vividas e, em dado momento — embora isso possa levar um longo tempo — o bem absoluto manifesta-se.

Por essa razão pode-se afirmar que a vida humana em todos os seus aspectos manifestados atingirá a grande vitória, quer colaborando, quer lutando. Em consequência de sua existência, em dado momento, o ser humano é obrigado a demonstrar claramente essa grandiosa autorrealização. Todos os homens encontrarão a senda. Todos provarão a vitória através da autorrealização.

Ninguém recebe nada de presente. Ninguém pode afastar o cálice da autorrealização; ele deve ser bebido até a última gota. Porque uma lição não aprendida, uma força não realizada, e uma faculdade não empregada sempre se vingam em dado momento. Portanto, o processo de automanifestação deve ser absoluto. Somente dessa forma Deus pode manifestar-se na carne. Jesus, o Senhor, o protótipo do verdadeiro homem, o demonstrou até o último segundo. Ele não poderia afastar o cálice do qual bebeu. Era preciso que ele percorresse a via-crúcis das rosas até seu último suspiro.

"Não se trata de uma lição muito dura, muito dolorosa?", poder-se-ia perguntar. "De que forma pode o homem atual, decaído, cristalizado como pedra, realizar essa verdade em si mesmo?"

Quem faz essas perguntas dá provas de que ainda não passou por essa experiência interior. Ele ainda se encontra totalmente sob os golpes do ser astral, que, como um espelho, lhe reenvia seus erros. Ele ainda não produziu nenhuma parcela do bem absoluto e com certeza ainda não possui a força necessária para ultrapassar seu adversário astral.

Os que seguem esse caminho — e apenas podemos ascendê-lo quando suficientemente purificados — sabem que, quando algo do bem humano, a nova força da alma, aparece no sistema, a união é celebrada de imediato, não somente com a mônada, mas também com a figueira sempre vivente que se encontra no vaso sagrado, no centro do Paraíso de Deus. Eles entram imediatamente na autoiniciação. E um clarão dessa força de amor eleva todo seu ser, proporcionando-lhes alegria e felicidade tão grandes que eles louvam a Divindade por sua graça e seu plano maravilhoso.

Sabeis que atualmente toda a humanidade está se esforçando ao máximo — de forma totalmente errônea com relação ao plano divino — para atingir um objetivo que pudesse estar um pouco em harmonia com a dignidade humana. E conheceis o resultado!

Somente onde a alma estiver o espírito estará. Ali, vivem a paz, o amor, a alegria e a felicidade. Ali, o homem abandona o nadir para elevar-se na curva da evolução. Caso contrário, o resultado será negativo.

É por isso que *se o homem quer aperfeiçoar o reino com atividade, vejo que ele não tem sucesso. O reino* — o mundo do dois-em-um — *é um vaso sagrado de oferenda,* cujo objetivo não pode ser atingido pelo eu nascido da natureza. *Quem nele trabalha* com objetivos dialéticos *corrompe-o. Quem quer agarrá-lo perde-o.*

Quem quiser aprender essa lição, quem puder aprendê-la interiormente, quem quiser submeter totalmente sua ambição, seu eu, ao vir-a-ser do Universo, chegará ao topo da montanha.

Sem dúvida, compreendeis agora a intenção de Lao Tsé no capítulo 29: indicar o caminho direto para a vitória. Por isso, permiti-nos que vos falemos ainda mais sobre esse caminho direto no próximo capítulo, colocando-o à luz esclarecedora da Gnosis Universal.

29-III

NINGUÉM PODE SERVIR A DOIS SENHORES

Os que desenvolvem o maior número de atividades são os que, em seu estado de ser nascidos da natureza, perambulam no fundo do nadir no caminho seguido pela humanidade, atormentados pelas consequências de seu comportamento errôneo, cujo registro vivo é gravado em seu ser astral. Enquanto ainda podem manifestar alguma atividade e dispor de alguma força vital, eles travam uma intensa luta para manter-se e salvaguardar seu mundo.

Já no passado mais remoto o homem descobriu quão desesperado, inútil e vão era semelhante esforço. Em Eclesiastes, capítulos 1 e 2, lemos: "Que proveito tem o homem, de todo seu trabalho, que faz debaixo do sol? [...] Porque todos os seus dias são dores e a sua ocupação é aflição; até de noite não descansa o seu coração. Também isto é vaidade". Que verdade está contida nas palavras de Lao Tsé:

Se o homem quer aperfeiçoar o reino com atividade, vejo que ele não tem sucesso.

Com efeito, vós o sabeis por experiência própria. Portanto, não há razão para nos perdermos em enumerar argumentos e dar exemplos.

Todavia, não minimizeis o caminho e seus efeitos, repetindo esta frase bem conhecida de todos: "Sim, realmente, trata-se da dialética, do movimento das forças opostas!", para, a seguir, contrapor a passividade com a inutilidade de uma série de atividades, como inúmeros homens apregoaram no passado e o demonstraram por suas ações.

Como bem o sabeis, a natureza da morte manifesta-se como um deserto sem consolo, hostil e cheio de perigos. Os quatro reinos da natureza estão em total desarmonia mútua. Se o homem nascido da natureza quer, por pouco que seja, manter-se, ele *deve* engajar-se em grande número de atividades, pois, cessando de ser ativo, ele fica sem alimento e perece na matéria e no lamaçal das imundícies da vida comum.

Por essa razão, é necessário aceitar as exigências e os hábitos da vida civilizada e, nesse sentido, acolher com alegria um mínimo de cultura. Porque o "reino" tal como o conhecemos, com certeza não pode ser chamado de "vaso sagrado de oferenda". Isso é impossível, mesmo com o maior otimismo.

Na verdade, devido a seus inúmeros desvios do caminho, cada mortal adquiriu um ser astral tão carregado com a soma dos pecados passados — e, portanto, o conjunto da humanidade atraiu para si um campo astral tão tenebroso — que se torna necessário um esforço diário ininterrupto para frear, tanto quanto possível, a fatalidade do destino.

Quem desejasse considerar ou empregar as práticas sociais da natureza da morte como base para um desenvolvimento libertador futuro, e de acordo com isso desenvolvesse todo tipo de atividades a fim de incitar o mundo e a humanidade à realização, descobriria, sem exceção, não apenas que ele não conseguiria como também corromperia tudo, sim, que ele poria tudo a perder.

Os esforços envidados após a guerra no plano religioso, no sentido de despertar a fé para manter os jovens na igreja e para colocar a igreja no meio do povo tiveram um resultado negativo.

A igreja se adaptou ao mundo de hoje, portanto, às condições astrais de hoje. Dessa forma, ela agrava a confusão e precipita o declínio.

Por isso, deveis considerar o mundo em que vivemos unicamente como um espaço fechado, relativamente pequeno, no interior do vaso sagrado de oferenda do dois-em-um. O vaso sagrado de oferenda é intocável; ele se encontra em estado de perfeição. Ele já não necessita ser trabalhado! E muito menos por um ser nascido da natureza, prisioneiro do ser astral. *Quem nele trabalha — nesse estado — corrompe-o.*

Portanto, a única coisa necessária é, pois que quem consegue compreender isso verdadeiramente do interior liberte-se do poço da morte através da autorrealização. Procurai sempre manter essa realidade diante de vossos olhos. Quem deseja percorrer a senda e entrar no vaso sagrado de oferenda dará a este mundo o que é deste mundo. O que significa que, nesta natureza, nem é preciso dizer, ele cumprirá sua tarefa com relação a todos os que a ele são ligados, porém nada mais! Porque ele dará a Deus o que é de Deus. O homem sábio evitará, aqui na natureza da morte, toda atividade excessiva; ele recusará toda concessão a esta natureza; ele não disporá de nada supérfluo que o ligue a esta natureza; e ele dissipará completamente a ilusão das belezas deste vale de lágrimas!

"Não se pode servir a dois senhores." Todos os grandes mensageiros cujo propósito era a salvação deste vale de lágrimas anunciaram o que Lao Tsé tinha em vista: "não se pode servir a dois senhores", ninguém pode perseguir, simultaneamente, dois objetivos. É impossível servir, ao mesmo tempo, a Deus e ao vosso ser astral.

Eis por que o Evangelho de Jesus Cristo é para os verdadeiramente fortes, fortes interiormente. A Escola Espiritual da jovem Gnosis apela para alunos fortes, firmemente decididos, alunos que caminhem verdadeiramente à frente.

Com efeito, alguns caminham à frente, e muitos se aquecerão no calor de seu coração. Alguns caminham à frente, e servirão de bálsamo para os que são consumidos por seu fogo interior. Os fortes sustentarão os fracos. E os que estão em movimento incitarão os que estão parados a caminhar.

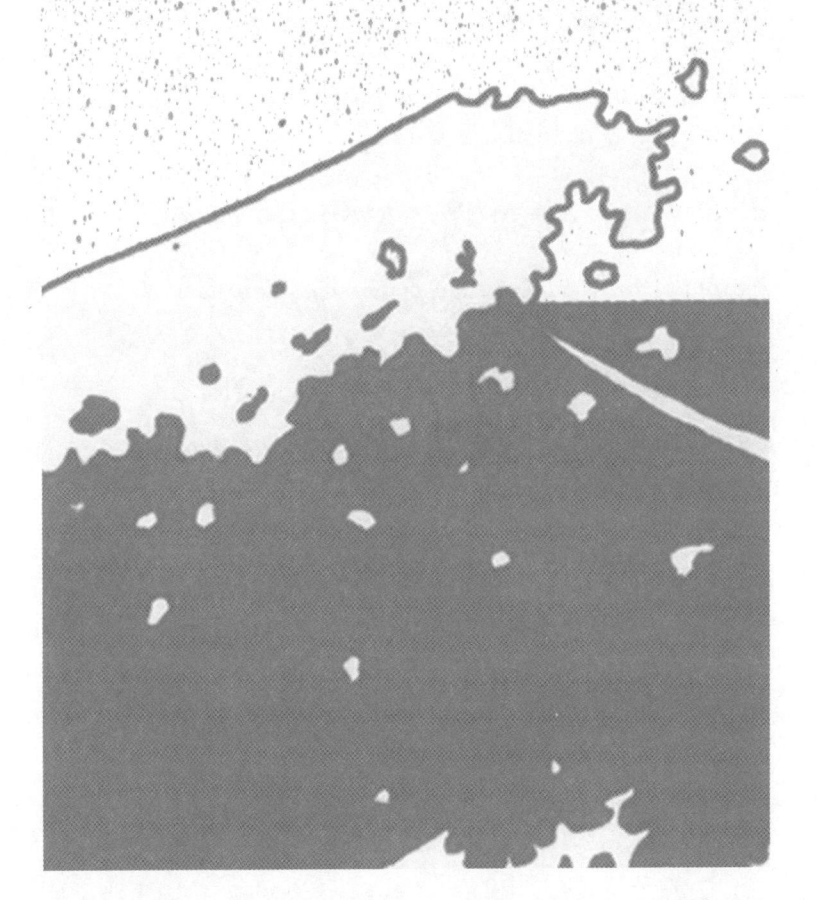

道德經

Os que, no Tao, ajudam a quem governa os homens não subjugam o reino com a violência das armas.

Aquilo que é feito aos homens é recebido de volta da mesma maneira como foi dado.

Por todas as partes onde estiveram os exércitos crescem espinhos e cardos.

Às grandes expedições seguem-se certamente anos de fome.

O verdadeiramente bom dá um único golpe certeiro e para; ele não ousa perseverar na violência grosseira.

Ele dá um único golpe certeiro, porém não se engrandece.

Ele dá um único golpe certeiro, porém não se vangloria disso.

Ele dá um único golpe certeiro, porém não se orgulha disso.

Ele dá um único golpe certeiro, mas unicamente porque não pode agir de outro modo.

Ele dá um único golpe certeiro, mas não quer parecer forte nem poderoso.

No auge da força, os homens e as coisas envelhecem. Isto significa que não são semelhantes ao Tao. E o que não se assemelha ao Tao rapidamente chega ao fim.

Tao Te King, capítulo 30

30-I

NÃO À VIOLÊNCIA DAS ARMAS!

No trigésimo capítulo do *Tao Te King*, Lao Tsé aborda um assunto muito discutido em nossos dias sem, no entanto, esgotá-lo, embora todos os meios de comunicação se ocupem dele. Trata-se da grande discussão sobre os prós e os contras das disputas por meio da violência das armas no mundo moderno.

Com efeito, essa discussão mundial chegou ao apogeu há algumas dezenas de anos. Os leitores mais idosos se lembrarão da intensa luta sem armas travada por grandes grupos de idealistas contra os portadores de armas e os partidários do armamento. Milhões de homens de pensamento humanitário entraram de cabeça e coração nessa agitação, agitação essa tão bem sustentada que, na Holanda, por exemplo, a recusa a servir o Exército, quer por ideal, quer por convicção religiosa, foi reconhecida por lei. Sabeis que muitos jovens da Escola Espiritual valem-se dessa lei, embora a Escola não os obrigue a isso[12] nem possa fazê-lo, por tratar-se de uma questão de estado de ser interior, sempre submetido a um processo de crescimento.

É provável que conheçais os grandes idealistas mundiais que estimularam a humanidade à conquista dessas concepções altamente morais. Seu apelo e seu exemplo, no decorrer desses anos,

---

[12]Em 1997, o serviço militar foi abolido na Holanda (N.E.).

comoveram profundamente uma multidão de homens. No entanto, sabemos que esse belo e magnífico período de idealismo prático — idealismo esse que, nos primeiros anos do século vinte, empolgou os jovens — já passou definitivamente. Esse idealismo prático foi atingido por uma série de acontecimentos mundiais que tornaram a maior parte da humanidade tão duramente realista que todos os belos ideais foram varridos como por uma tempestade e demonstraram ser impotentes no movimento das forças opostas.

Embora notáveis, faltavam a seus fundamentos os valores e as certezas necessárias. E como o sabeis, talvez até por terdes tido uma experiência pessoal, quando um ideal está inegavelmente presente sob certo aspecto, mas não sob outros, é como um castelo de cartas destinado a desmoronar rapidamente. A idealidade só se transforma em realidade quando ela é totalmente livre de toda conformidade com o mundo e seus valores e perfeitamente sintonizada com o plano de Deus, que se encontra na base do verdadeiro vir-a-ser humano.

A ideia, a frase: "Guerra nunca mais!", é um desejo, que provém do fundo do coração, de realizar o verdadeiro vir-a-ser humano. Mas como contentar, satisfazer semelhante desejo sem conhecer o plano da verdadeira evolução humana? E se, consequentemente, estivermos inteiramente adaptados à vida comum da humanidade do século vinte? Seremos então como um homem que põe fogo em sua casa e, depois, senta-se sobre os escombros, orando: "Senhor, dá-me uma casa!" Por essa razão, quem conhece e percebe a realidade de nosso século deve compreender que, se continuar a comportar-se como de hábito, as "guerras e os rumores de guerras" bem como as tensões e os fenômenos a eles relacionados continuarão a existir.

Sabeis que esse também é o ponto de vista da Bíblia. O Evangelho de Mateus, capítulo 24, diz: "E ouvireis de guerras e de rumores de guerras; olhai, não vos assusteis, porque é mister que isso tudo aconteça, mas ainda não é o fim". Por que tais coisas devem acontecer? Em resposta a essa pergunta, lembramo-vos as palavras de Hermes Trismegisto: "A criação da vida pelo sol é tão estável quanto sua luz. Nada a detém ou limita. Inúmeras correntes de vida mantêm-se qual um exército ao redor do sol. Elas permanecem na proximidade dos grandes imortais e, dali, zelam pelas atividades da humanidade. Elas cumprem a vontade de Deus através de tempestades, tormentas, grandes incêndios e calamidades, bem como através da fome — e das guerras, como punição pela impiedade".

Quando, pela primeira vez, lemos essas palavras, elas nos soam como se fossem do Antigo Testamento e pensamos então na justiça divina vingativa. Mas, na verdade, elas chamam nossa atenção cientificamente para o fato de que o macrocosmo solar inteiro, portanto, o sistema solar inteiro e tudo o que nele está contido, forma um extraordinário sistema de vida astral muito diversificado, conduzido e dirigido por uma lei central.

Quando um ser peca no interior do sistema microcósmico contra as leis astrais desse sistema, é inevitável que algumas reações se produzam. Não como uma punição, mas como um autorrestabelecimento provocado pelos que causaram a reação. O macrocosmo solar é um sistema divino autocorretor. Nesse sistema, nenhuma irregularidade pode ser tolerada. Por isso, todos os flagelos que se abatem sobre a terra nada mais são do que as consequências das autocorreções astrais operadas pelo macrocosmo solar. São, portanto, os efeitos do restabelecimento do equilíbrio intercósmico. Nesse inelutável restabelecimento do equilíbrio em conformidade com a lei talvez haja um princípio de violência. Não com o intuito de desencadear a violência deliberadamente, mas pura e simplesmente para salvar do perigo o próprio princípio criador que se encontra na base do único objetivo divino.

E se, conhecendo e penetrando a irrefutável verdade e o irresistível funcionamento dessa lei solar macrocósmica, acontecer-nos

uma catástrofe, quer como indivíduo, quer como grupo, nação ou comunidade, será preciso refletir muito bem sobre essa questão única e predominante, sobre essa exigência única: "Que medidas deveremos tomar, que medidas devo tomar, que atitude de vida devo ter, que armas devo usar a fim de impedir que ocorram semelhante reação astral e todas as suas consequências?"
Vós o sabeis, a humanidade sempre age dessa maneira. E de que maneira! Pensai na funesta maneira como o Leste e o Oeste se armaram um contra o outro para preservar a paz. As diversas armas que os homens possuem atualmente para se protegerem podem ter consequências tão apavorantes que nem o Leste nem o Oeste ainda ousaram empregá-las. Elas são, quando muito, consideradas ameaça mútua. Porém todo homem que tenha um mínimo de compreensão perceberá que os pensamentos e as inteligências que estão na base dessa funesta produção de armas e as forças que estão por detrás delas já são suficientes para causar uma tamanha agitação astral, que a humanidade está agora ameaçada por catástrofes muito mais graves do que as guerras.
Essas calamidades já estão começando a manifestar-se. O mundo está dividido em dois campos. A humanidade está dividida em duas metades. A humanidade é mantida, com a ajuda de todos os meios de que dispõe a civilização atual, dividida nesses dois campos. As autoridades favorecem essa desunião, pensando que, se o outro grupo toma o controle, todos perdem. Os dois grupos estão armados a tal ponto que nenhum dos dois ousa atacar o outro. Dessa forma, poderosas correntes astrais que emanam do macrocosmo solar são levadas a uma fortíssima tensão.
Trata-se de Gogue e Magogue de que fala o Apocalipse. Essas duas tensões astrais envolvem o mundo todo, a humanidade toda. Todo mortal está envolvido nisso, quer se encontre no território do leste ou no território do oeste. Duas forças ígneas, atiçadas de baixo para cima, dois polos ígneos inextinguivelmente inflamados. É o Armagedom, local de concentração das armas; o fim de

30-1 · NÃO À VIOLÊNCIA DAS ARMAS!

todo um período da humanidade; uma destruição total; o restabelecimento do equilíbrio do macrocosmo solar; o final dos que apenas se identificam com a natureza da morte.

Teria a Gnosis Universal predito esse desastre? Acaso seria isso o fim?

Pois bem, isso depende de vós, de nós, da nossa humanidade.

Todas essas coisas devem acontecer, a menos que nós, com um grupo tão grande quanto possível, com todas as nossas forças, encontremos outra solução e realizemos outro fim. Mas quem seria tão otimista para acreditar nisso? Não seria mais prático e realista buscarmos o caminho da libertação e esforçar-nos por segui-lo com ambos os pés na terra e, com isso, levarmos conosco um grupo tão grande quanto possível?

Tem sido assim em todos os períodos semelhantes pelos quais a humanidade já passou. Falando poeticamente, uma "colheita dos campos" sempre foi recolhida. Não obstante, os que ficaram para trás são incontáveis.

Desde a época de Lao Tsé, a violência das catástrofes vem se desencadeando sobre a humanidade. E essa violência vem se ampliando cada vez mais. E já foi provado, e está sendo cada vez mais provado — para os que têm ouvidos para ouvir e olhos para ver — que não é pela violência das armas que se organiza o reino da humanidade. *Aquilo que é feito aos homens é recebido de volta da mesma maneira como foi dado. Por todas as partes onde estiveram os exércitos crescem espinhos e cardos.* Períodos de infortúnio sucedem às guerras. E o fim será uma derradeira crise, um Armagedom.

A assinatura disso é: Gogue e Magogue, um restabelecimento definitivo dos distúrbios incessantes do macrocosmo solar e a intervenção do carma astral no corpo astral de nosso planeta, consequentemente no campo de vida da humanidade.

É de se esperar que, após essa confrontação com o estado real do mundo, possais perceber as consequências inelutáveis. O mundo todo e a humanidade toda estão divididos em dois campos — Gogue e Magogue — e a situação está claramente demonstrada; o campo astral da humanidade está, pois, em conformidade com essa desordem e totalmente envenenado, e unicamente os homens possuidores de uma poderosa nova força de alma não serão vitimados por ele. Todos os demais, sem exceção, serão enganados pela situação descrita e tragados pelas forças astrais atuais.

Neste momento, em que muitos consideram vergonhoso não pensardes à moda ocidental ou oriental e exigem que vos declareis claramente a favor disto ou daquilo, uma questão de consciência surge. Como — esta é a pergunta que fazemos àqueles que buscam a realização da consciência gnóstica — como devemos comportar-nos com relação a tudo isso? De que forma, levados pelo amor de Deus que nos tocou, podemos servir ao mundo e à humanidade em semelhante conjuntura? Tendo em vista a situação mundial, como poderemos colocar-nos na curva da evolução?

Sob a orientação do *Tao Te King,* examinaremos em maiores detalhes, no capítulo seguinte, esse assunto que provavelmente provoca em vós um conflito de consciência.

30-II

O HOMEM VERDADEIRAMENTE BOM
DÁ UM ÚNICO GOLPE CERTEIRO

Com a leitura do capítulo anterior, sem dúvida compreendestes que o homem que aspira ao vir-a-ser da consciência gnóstica está diante do problema de saber como devem ser seu ponto de vista e seu comportamento com relação ao mundo e à humanidade na grande crise de nossa época, fase na qual a humanidade acaba de entrar.

Primeiro, o homem gnóstico serve o governo de seu povo e esforça-se por ajudá-lo, qualquer que seja ele. Esta proposta pode soar-vos de uma ortodoxia muito primária, desagradavelmente antiquada, ou, no mínimo, muito pouco moderna num momento em que os governos se sucedem como em cadeia. Todavia, é possível ouvir, a esse respeito, um som totalmente diferente, embora altamente tradicional. Ele se tornou esquecido no decorrer dos séculos.

Em primeiro lugar, o governo de um povo não apenas ocupa, politicamente, um lugar central no meio de seu povo, determina a lei e a mantém, como também, do ponto de vista astral, é o centro eletromagnético, onde se concentram *todas* as correntes astrais de que o povo necessita astralmente em dado momento, ou que ele evocou ou ainda às quais ele está sujeito astral e carmicamente, como *um* grupo.

Essas radiações astrais se derramam sobre o povo a partir desse centro, tornando-se assim ativas. Por conseguinte, além da relação pessoal do indivíduo com o campo de vida no qual ele vive, há também uma relação do povo como um todo com o campo de vida que o cerca. E o governo de um povo é, ao mesmo tempo, o centro receptor e o centro emissor. O mago gnóstico sempre leva isso em conta.

Pode acontecer que uma parte do povo lamente certo tipo de governo; que o governo seja fraco ou mesmo primário; que ele tome decisões que provoquem uma grande infelicidade para o povo. Não obstante, esse governo, do ponto de vista científico e mágico-gnóstico, é a figura central, o órgão central, o centro respiratório do corpo do povo.

Da mesma forma que um corpo respira através dos sete chacras do corpo astral e atrai para si todas as forças, de certa forma o mesmo acontece com o corpo de um povo. Portanto, não se pode deixar de levar em consideração o órgão central.

Eis por que, em todos os textos sagrados, em toda a Doutrina Universal, o governo é considerado a autoridade absoluta. E todo mago gnóstico leva isso em conta. É por isso que, por exemplo, no Novo Testamento está escrito, em Romanos 13:4: "Não é em vão que o magistrado carrega a espada". Aqui, "espada" não significa um eventual instrumento militar, porém a espada simboliza a força central do governo, da mesma forma que ela também é um símbolo da Fraternidade do Santo Graal.

Neste ponto é possível que o leitor comece a fazer-se algumas perguntas: "Deveria eu aceitar sem questionamento tudo o que o governo faz e decreta? E obedecê-lo de forma absoluta? Parece-me demais!"

Responderemos que isto também deve ser considerado cientificamente no plano astral. Descobrireis então que, no meio de um povo, existem inúmeros grupos, pequenos e grandes, bem como dezenas de milhares ou milhões de indivíduos, que se opõem

30-II · O HOMEM VERDADEIRAMENTE BOM ...

totalmente ao governo. Isto quer dizer que, do ponto de vista mental e astral, o órgão supremo de um governo — em muitos casos é o Congresso — é o centro de uma comoção astral quase inimaginável.

Suponde que o conselho de estado de determinado país tome uma decisão que tumultue a nação inteira. Do ponto de vista astral, nesse momento emanam de todo o povo correntes de força dirigidas para esse centro: um verdadeiro turbilhão ardente de fogo astral. Portanto, um conselho de estado é sempre um centro de intensa comoção astral. Toda oposição de ordem mental ou psíquica converge para esse centro, de certa forma como uma força flamejante.

Se, além disso, considerais o fato de que diferentes povos formaram entre si uma comunidade de interesses e que, nessa comunidade de interesses, determinada nação dá a direção — pensai com relação a isso nos blocos de poder no Oriente ou no Ocidente — então, compreendereis que, neste mundo, existem dois poderosos vórtices de força astral em atividade.

Assim, duas forças nascem — para falar na linguagem do taoismo — duas forças de poderosa comoção astral que se derramam sobre toda a humanidade por intermédio de diferentes centros governamentais.

É, pois, evidente que, num mundo como o nosso, toda a agitação, expressa nos jornais, nos periódicos, através do rádio e da literatura em geral, nada mais é do que um pálido reflexo da comoção astral central.

Percebeis também que eventuais proibições como, por exemplo, no que se refere à liberdade dos direitos humanos, não têm o menor sentido. O governo central de um povo é tocado pelas oposições astrais. Todas as consequências astrais de cada oposição mental ou emocional afluem, sem exceção, para o centro do governo do povo. Portanto, nos dias atuais, fazer parte de um centro governamental está longe de ser uma posição invejável.

403

Em semelhante centro não existe apenas a natureza astral pessoal dos políticos. Não vos enganeis nem penseis: "Os políticos pertencem a este ou a aquele partido, de forma que eles expressam unicamente seu caráter pessoal ou o de seu partido a favor ou às custas do povo". Definitivamente não é assim! Em tal centro, em tal centro governamental, é a psique de um povo inteiro que se exprime. É por isso que, e não poderia ser diferente, cada povo tem o governo que merece. As leis astrais da natureza o garantem. O centro astral de um governo representa, em mais de um sentido e de maneira absoluta, o povo. O que atualmente denominamos a representação popular de um país frequentemente apresenta aspectos fracos e toma decisões que colocam os representantes do povo em situações delicadas, de tal forma que se pode dizer: "Eles não fazem isso com o coração!"

Existe, pois, além disso tudo, uma representação astral do povo. Através dos séculos, o centro astral de um governo sempre foi, sem exceção, representativo do povo. Compreendereis que semelhante centro atrai, do campo astral que o envolve, valores, forças e irradiações que lhe são semelhantes.

Esse centro governamental, que representa o povo em sentido astral, é eletromagnético e atrai irradiações e forças do macrocosmo solar. Todas essas forças ligam-se imediatamente ao povo todo por meio desse centro governamental. Essa ligação estabelece-se numa fração de segundo e mantém-se dia e noite. Portanto, fica demonstrado na prática que cada povo tem o governo que merece.

A maioria dos homens encontrará nisso um mísero consolo e achará que isso ainda deixa muito a desejar e que não fechará a ferida ensanguentada de nossa sociedade de homens nascidos da natureza da morte. É claro que não! Aqui se trata apenas de expormos a realidade da qual não podemos escapar.

Por que então estamos vos dizendo isto? A resposta é evidente: para fazer-vos mudar totalmente de ponto de vista no tocante ao mundo e à humanidade. O homem constrói sua própria vida. O povo constrói sua própria vida. Não existe, então, nenhuma possibilidade de servir o mundo e a humanidade? Pensai no trigésimo capítulo do *Tao Te King*. Nele descrevemos um personagem que nada diz e que não divulga nenhum ensinamento. Ele é unicamente o mestre silencioso. Em virtude de seu estado de ser, ele atrai forças do Tao eterno e as derrama sobre seus ouvintes. Semelhante atitude só pode ser muito eficaz se o auditório estiver devidamente sintonizado, se o ouvinte estiver sintonizado e aberto a isso. Todavia, atualmente, esse orador silencioso teria pouca força.

Existem diversas formas de ajuda que os obreiros de todos os tempos sempre usaram e que foram praticadas pelas sucessivas escolas espirituais. Pensai, por exemplo, nos hinos que cantamos em conjunto. Por que cantamos durante nossos serviços? Não o fazemos simplesmente porque cantar é edificante, mas porque, graças ao canto em conjunto, colocamo-nos mutuamente em harmonia através da técnica respiratória. Ao cantarmos em conjunto nossos pensamentos são orientados para o texto e isso cria uma unidade rítmica. Na terminologia gnóstica, dizemos que entramos em sintonia com o sexto raio. Sem dúvida, certa força aflui para o grupo e seu interior. E se os participantes do grupo estiverem relativamente abertos a essa força, ela poderá atuar sobre eles. Trata-se, portanto, de uma possibilidade de ajudar um homem ou um grupo de homens.

Se um homem quiser experimentar essa possibilidade com base na luz da revelação gnóstica de salvação, ele deve começar em si mesmo. Por que o homem constrói sua própria vida. Sois o que atraís. Vós mesmos construís totalmente vossa vida. É por isso que o homem que compreende isso deve colocar seu ser em total harmonia com as exigências do caminho.

Além disso, ele deverá começar a recusar-se de forma absoluta a emitir pensamentos e sentimentos de crítica e de oposição. Tanto particularmente como em geral, o homem, o grupo, deve começar, em primeiro lugar, a evitar totalmente qualquer crítica. Por quê? Por razões éticas? Ou porque a crítica é às vezes tão má e pode ferir? Não, leitor. É porque cada pensamento ou atividade emocional crítica desperta uma radiação astral correspondente, uma resposta astral. Quando, baseado em seu estado astral, um homem age de forma incorreta e criticais essa ação, como normalmente acontece, invocais novamente sobre esse homem o mesmo estado astral, com todas as suas consequências. Isso é inevitável. E, geralmente, também recebeis a vossa parte. É o mesmo que usar armas. Através de seus pensamentos e sentimentos críticos, os homens são, portanto, constantemente atacados por outros homens.

Pela violência das armas, nada de essencial, nada de bom pode desenvolver-se. Compreendei-o bem! Só podeis auxiliar o homem e o mundo, o povo e a humanidade por meio do Tao. Os que desejam, no Tao, auxiliar o governo de certo grupo de homens *não subjugam o reino pela violência das armas.*

A crítica é uma arma funesta. É por isso que o Sermão da Montanha diz: "Não julgueis para que não sejais julgados". Observai os jovens. Assim que a puberdade chega, portanto, assim que o corpo astral começa a formar-se e torna-se ativo, desencadeia-se um verdadeiro vulcão de críticas. Tudo o que está dentro dele é completamente exteriorizado.

É por essa razão que vemos tantos jovens mudarem completamente de caráter e de estado de ser durante os anos da puberdade e logo depois. Eles estão sob o domínio de tempestades astrais que os conduzem para onde, na verdade, eles não desejariam ir.

Dessa forma, a miséria e a dor abatem-se sobre o ser humano. O homem constrói sua própria vida. Por isso, precisais tomar conhecimento disso tudo e compreender claramente que não podeis submeter o reino pela violência das armas. A crítica, repetimos, é uma arma funesta.

30-II · O HOMEM VERDADEIRAMENTE BOM ...

"Auxiliar por meio do Tao", o que significa isso? Isso se refere a um comportamento tão sublime, isso diz respeito a uma prática de vida gnóstico-mágica tão poderosa, que é preciso algum esforço para compreendê-la.

Em primeiro lugar, afirmamos que fica excluída toda possibilidade de auxiliar um homem ou um povo pela violência das armas. Ao desencadear sobre um povo ou um homem uma torrente de críticas, falhamos com esse homem, com esse povo. Isso é inevitável e tudo sai errado. Além disso, o que fazemos a outrem volta-se contra nós da mesma forma: "Todos os que lançarem mão da espada, pela espada perecerão" (Mt 26:52).

Envolver a Escola Espiritual e seus obreiros com críticas é uma antiquíssima arma utilizada por seus adversários no decorrer dos séculos. Se fizermos isso somente cinco minutos por dia, uma nuvem de dificuldades abate-se sobre a Escola, a menos que a força central dessa Escola esteja bem acima disso e se mantenha na senda do Tao.

Há uma enorme variedade de armas, mas o mais terrível dos arsenais é formado pelas armas astrais que a humanidade, sem o saber, emprega a cada segundo, utiliza a cada segundo.

Existem criaturas antimilitaristas que tiram disso consequências fundamentais em suas vidas. Todavia, por serem continuamente críticas, elas se tornam tão ofensivas, tão nocivas em sua forma de agir, que o homem primitivo que brandia a clava se sentiria orgulhoso disso. Acaso pensam que, dessa forma, são realmente capazes de servir um governo, um povo, um homem? Reconhecei que a humanidade toda, em vista das tempestades astrais que ela desencadeia por seu comportamento diário, mantém um perene estado de guerra.

Atentai bem para o que diz Lao Tsé: *Por todas as partes onde estiveram os exércitos crescem espinhos e cardos*. Períodos de calamidade seguem-se às grandes guerras. É o próprio homem que os provoca: o homem constrói sua própria vida. A humanidade, com sua habitual atitude de vida funesta, mantém a natureza da morte.

Por isso, para todos os alunos de uma escola espiritual gnóstica, para todos os que querem professar o discipulado, uma nova atitude de vida torna-se absolutamente necessária se realmente o curso das coisas no mundo e na humanidade lhes é importante.

> *O homem verdadeiramente bom dá um único golpe certeiro e para.*

O verdadeiro espírito, o homem verdadeiramente bom, intervém uma única vez com força. E ele para, pois a violência não é seu método, diz nosso texto. Talvez percebais que esse propósito de Lao Tsé encerra um segredo: uma única eventual intervenção poderia ser considerada verdadeiramente um socorro e a salvação para a humanidade. No próximo capítulo, tentaremos desvendar esse segredo.

30-III

NO AUGE DE SUAS FORÇAS,
OS HOMENS E AS COISAS DECLINAM

Repitamos uma citação do capítulo 30 do *Tao Te King: O homem verdadeiramente bom dá um único golpe certeiro e para*. Imaginai o estado astral de qualquer centro governamental do mundo todo e considerai tudo o que já dissemos a esse respeito. Vereis então, acima e ao redor desse lamentável centro governamental, turbilhões de natureza astral muito diferentes. É como uma concentração de nuvens negras chamejando raios em tons vermelho e amarelo vivo, onde se manifesta a natureza mental e sentimental de todo um povo.

É evidente que semelhante concentração astral é fortemente magnética e que, em decorrência disso, inúmeras ligações se estabelecem com os influxos e as forças presentes no campo astral que envolve a terra. Portanto, essa concentração astral atrai, chama para si o que está em equilíbrio com ela. E vemos, dessa forma, que cada povo, por intermédio de seu governo, recebe o que invoca e merece. É impossível mudar qualquer coisa nesse sentido.

Como esse estado astral e essa atividade astral ocorrem para todos os povos, é evidente que a total natureza da morte é, dessa forma, mantida. E como está excluída qualquer interrupção nessa cadeia de eventos da vida humana, a humanidade inteira precipita-se em uma crise fundamental, numa fase final em que as atividades do fogo astral serão tais que se pode falar de uma destruição pelo fogo astral. Verdadeiramente um fim desencorajador! Assim as coisas da vida vão e vêm e é impossível alterar-lhe qualquer coisa, a menos que a humanidade mude totalmente sua atitude de vida.

Vede agora como o homem verdadeiramente bom, soberanamente sábio, se esforça para extrair dessa triste realidade ainda uma colheita de almas e intervém nesse sentido a fim de colocar essas almas na curva da evolução e da salvação e conduzi-las para bem longe.

Lao Tsé diz: o homem verdadeiramente bom intervém uma única vez com força. Isto quer dizer que a comunidade dos homens bons, ou os membros dessa comunidade que foram designados para essa tarefa, envia para o centro astral, para o foco astral de um povo, a força astral do Tao, a força-luz do único bem.

Trata-se essencialmente de uma força-luz que difere totalmente das concentrações astrais que vos descrevemos. Trata-se não somente de uma diferença de natureza como também de vibração e de força. É por isso que o contato do foco astral do povo com as forças-luz do único bem e aquilo que elas atraem do Universo que nos envolve será altamente explosivo. Pode-se, pois, falar aqui de "violência" num sentido muito particular.

Todavia, é uma violência que é empregada uma única vez. E essa única vez é mais do que suficiente. E prestai atenção ao que ocorre a seguir. As concentrações astrais dos povos são destroçadas pelas projeções de força-luz e dispersadas para todos os lados.

Desse modo, cada membro de uma nação é inteiramente jogado de volta sobre si mesmo. Portanto, todo homem sofre não somente a reação de seu próprio carma e do carma de seu povo, como também ele é confrontado, direta e corporalmente, com a força-luz da vida universal. Nenhum mortal escapará a esse processo.

Eis o que compreendemos, na linguagem sagrada do Apocalipse, por "a volta de Cristo" e pelo único julgamento, o julgamento final. Quando um período termina, a força-luz irrompe e restabelece o equilíbrio perturbado do macrocosmo solar. A ilusão que velava a realidade é dissipada e, em meio a essa confusão, as radiações astrais da elevação e da salvação podem aproximar-se e tocar cada um. Uma possibilidade é oferecida livremente a todos. É então que cada um deverá dar provas de possuir suficiente abertura para receber a força-luz do único bem e dela viver. A colheita é assim recolhida. A cada período da humanidade produz-se uma crise final, onde ocorrem purificação e seleção.

Inúmeras entidades estão a tal ponto submersas pela maldição astral de seu povo que suas eventuais possibilidades de elevação não podem manifestar-se até que semelhante fogo do julgamento irrompa. Todavia, graças a essa única intervenção do único bem, eventualmente lhes é feita justiça. Desse modo, a intervenção do único bem é sempre bem sucedida. Quando as nuvens astrais se concentram a tal ponto que a fase final tem início, o único bem se manifesta a fim de colocar todos os seres viventes na "Senda das sendas", segundo a expressão de Lao Tsé.

Todavia, é preciso compreender o lado trágico dessa inelutável intervenção. O que é trágico é o fato da humanidade deixar as coisas chegarem a tal ponto. Por isso, diz o sábio:

Ele dá um único golpe certeiro, porém não se engrandece.
Ele dá um único golpe certeiro, porém não se vangloria disso.
Ele dá um único golpe certeiro, porém não se orgulha disso.
Ele dá um único golpe certeiro, mas unicamente porque não pode agir de outro modo. Ele dá um único golpe certeiro, mas não quer parecer forte nem poderoso.

Uma vez mais a humanidade entrou no período de Gogue e Magogue, razão pela qual é possível prever como a situação evoluirá para as massas. Os dois grupos em que a humanidade se dividiu chegaram ao auge de suas forças. Para finalizar, Lao Tsé diz:

No auge da força, os homens e as coisas envelhecem. Isto significa que não são semelhantes ao Tao. E o que não se assemelha ao Tao rapidamente chega ao fim.

Assim, podeis imaginar que, de tempos em tempos, vários perigos também ameaçam a Escola Espiritual, já que ela e seus alunos, reunidos no corpo-vivo, ocupam um lugar excepcional no meio dos povos e do movimento incessante da humanidade. É um fato bem real que todos os que participam de uma escola espiritual, de um corpo-vivo, estão *no* mundo, mas não pertencem a *este* mundo. Portanto, uma Escola Espiritual deve manter-se à margem da agitação dos povos. Na Escola Espiritual, no grupo, no corpo-vivo, devem ser mantidas condições astrais excepcionais.

Compreendeis que isto apresenta uma dificuldade, pois cada aluno deve, por um lado, executar sua tarefa, seu dever no mundo e, por outro lado, ele é chamado a não ser deste mundo. Todo aluno que, conscientemente, escolheu a Gnosis e está firmemente decidido a seguir a senda deve, pois, harmonizar-se totalmente com o campo astral da Escola e recusar categoricamente toda concessão no plano astral à natureza da morte.

Compreendereis que, se nos expressamos desse modo, é porque alguns perigos podem desenvolver-se para a Escola toda e seu corpo-vivo. Suponde que uma grande parte do grupo se sintonize com a natureza da morte. Evidentemente, em decorrência disso, todo o grupo, o corpo-vivo inteiro, seria arrastado para as atitudes comuns das massas e correria o risco de ficar completamente sob o controle de seu campo astral. Dessa forma, qualquer escola espiritual manifestada poderia ser definitivamente desviada. Seu nome já não corresponderia à realidade. A partir do momento em que um corpo-vivo corre o risco de ser aspirado pela corrente astral da natureza da morte, realiza-se o que está expresso no fim do capítulo 30 do *Tao Te King:*

No auge da força, os homens e as coisas envelhecem. Isto significa que não são semelhantes ao Tao. E o que não se assemelha ao Tao rapidamente chega ao fim.

Verificamos assim, de tempos em tempos, como alguns movimentos no mundo alcançam o topo, declinam e, a seguir, desmoronam. Eles não deram atenção suficiente aos perigos citados. Quando nos deixamos levar pelo preguiçoso movimento das coisas comuns, tudo vai mal, tudo está perdido. E deveis prestar atenção também, por exemplo, no tocante à vossa vida em família.

É claro que, numa Escola como a nossa, é necessário, de tempos em tempos, que a direção, o núcleo, intervenha da maneira acima delineada, a fim de purificar o centro astral da Escola de eventuais ameaças e contaminações. É, pois, necessário que, de tempos em tempos, seja feita uma intervenção com força para, a seguir, voltar imediatamente ao movimento habitual do corpo-vivo.

Pensai, neste contexto, na imagem clássica do barco celeste dos antigos egípcios. Um barco celeste deve poder navegar. Para onde? Para o objetivo que a Gnosis indica. Ele deve estar perfeitamente sintonizado com o oceano de água viva para poder navegar. E nenhuma influência astral da natureza da morte pode ser tolerada, pois tal influência agiria como uma âncora que dificulta o barco em seu curso. Portanto, quando, de tempos em tempos, existe uma intervenção tendo em vista uma purificação, é unicamente para que o barco celeste mantenha seu rumo correto, e para colocar o corpo-vivo, a Escola, na "Senda das sendas", no Tao. Dessa forma, o corpo-vivo da Escola torna-se, e é, um local protetor de real qualidade e valor.

Enquanto nos for permitido, faremos avançar nosso barco celeste na senda das sendas. E esperamos muito a colaboração de todos vós. E nos dirigimos agora principalmente àqueles que colaboram com o santo trabalho e, em particular, solicitamos ao núcleo do grupo que zele de maneira muito cuidadosa pelo comportamento e pelos costumes de todos, exatamente agora que adentramos a fase crítica deste período da existência humana.

A nova atitude de vida é uma exigência absoluta, exigência para todos, para o bem de todos. É nossa esperança e nossa prece que o compreendais. Portanto, quando procedeis conosco de maneira protetora e nos informais de perigos iminentes, não se tratará, então, de um tipo de crítica como a descrevemos anteriormente.

道德經

As melhores armas são instrumentos de calamidade.

Todos as desdenham. Quem possui o Tao não faz uso delas.

No lar do sábio, a esquerda é o lugar de honra. Quem utiliza soldados honra o lugar à direita.

As armas são instrumentos de calamidade; não são os instrumentos do sábio. Ele as emprega unicamente quando não pode agir de outra forma. A calma e a quietude são, para ele, o que há de mais elevado.

Quando é vitorioso, ele não se regozija, pois regozijar-se com isso significaria comprazer-se em assassinar os homens.

E quem ama o assassínio jamais alcança seu objetivo no bom governo do reino.

Para tudo o que traz felicidade, o lugar à esquerda é o mais elevado. Para tudo o que traz infelicidade, é o lugar à direita.

O subordinado fica no lugar à esquerda; o chefe, à direita.

Isto é, eles tomam seus lugares segundo os rituais das cerimônias fúnebres.

Quem matou uma grande multidão de seres humanos deve ficar de luto e chorar por eles.

Quem ganhou uma batalha deve tomar seu lugar como numa cerimônia fúnebre.

Tao Te King, capítulo 31

31-I

As melhores armas
são instrumentos de calamidade

Fundamentalmente, o capítulo 31 do *Tao Te King* não apresenta mistério para ninguém. Ele é chocante e muito explícito. A única coisa marcante é que, há milênios, semelhante ensinamento tão positivo e perfeitamente antimilitarista tenha sido divulgado por Lao Tsé na base do Tao, ensinamento esse marcado por um realismo típico, um realismo que, sem dúvida, dará o que pensar.

Dele sobressai o quanto a humanidade, no decorrer de alguns milênios que se passaram desde a época de Lao Tsé, se perdeu e a que ponto os hábitos nos fazem seguir o caminho que leva ao declínio. Aquilo que, na época de Lao Tsé, só era admitido em caso de extrema necessidade, tornou-se habitual e evidente em nossos dias, sendo considerado até mesmo inevitável.

Existe, pois, uma diferença quase incomensurável entre o nível de civilização interior daquela época e o de nossos dias. E não há nada mais apropriado para desmascarar a ilusão de civilização da humanidade atual do que uma clara reflexão sobre este capítulo.

As melhores armas são instrumentos de calamidade. Todos as desdenham. Quem possui o Tao não faz uso delas.

Isto é dito de forma tão direta e tão evidente que Lao Tsé não tem a menor necessidade de explicá-lo com maiores detalhes. Em nossos dias, esse assunto é objeto de graves discussões por parte de homens extremamente sérios. Vestir o uniforme da pátria, do povo e do Estado é considerado uma profissão honrosa. Existem escolas militares, para cujo ingresso faz-se necessário ser possuidor de uma sólida cultura geral. Trata-se de uma disciplina pela qual inúmeros jovens distintos e altamente civilizados se sentem atraídos. Em nossos dias, denominamos heróis os que realizam atos notáveis na guerra. Eles são honrados e glorificados. Todavia, com certeza eles não têm nem mais nem menos direito à glória e às honrarias do que o restante de seus compatriotas.

O problema deve ser encarado em sua totalidade como um fenômeno mundial, como a assinatura da humanidade atual. A inteira economia mundial contemporânea depende muito da indústria de armamentos. E esses industriais são frequentemente cidadãos eminentes, não apenas em termos econômicos e de riqueza, mas também do ponto de vista moral.

Um exemplo notório é a figura de Nobel, o rei dos canhões, o fabricante de armas, que com uma parte do capital acumulado com isso constituiu uma fundação a serviço da ciência. E muitas personalidades eminentes são reverenciadas por terem recebido o prêmio Nobel. Pois bem, em meio a todos esses fenômenos sociais, aceitos por todos e considerados honrosos, ressoam estas palavras de Lao Tsé que não são modernas, pois remontam a milênios:

As melhores armas são instrumentos de calamidade. Todos as desdenham. Quem possui o Tao não faz uso delas.

Houve, portanto, uma época em que, de alguma forma, todos os que buscavam o Espírito, verdadeiramente todos, desdenhavam as armas. E os que possuíam realmente o Tao não tinham o menor interesse pelas armas. Não deveríamos tirar daí algumas conclusões? Dispomos atualmente no mundo das melhores armas, tão

31-1 · AS MELHORES ARMAS SÃO INSTRUMENTOS DE CALAMIDADE

boas e tão aperfeiçoadas, que elas só puderam ser concebidas pelas "grandes cabeças" da ciência. A humanidade inteira pode ser aniquilada em minutos. Como resultado, a ideia de que as armas são instrumentos de infelicidade começa a penetrar em diversas camadas da população mundial.

Todavia, isso ocorre num sentido totalmente oposto, pois essa consciência não se desenvolveu por causa do Tao, mas em virtude de uma imensa angústia, enquanto que no passado as armas eram desprezadas por motivos puramente éticos. Percebeis a diferença? Percebeis como a dialética se revela aqui? A humanidade sempre possuiu armas, mas agora ela começa a temê-las imensamente, pois essas armas tão perigosas estão divididas igualmente. Não fosse assim, o medo não seria tão grande no Ocidente.

As armas estão divididas entre dois partidos antagônicos. Não era assim no passado, onde um grupo estava muito bem armado e os outros não tinham nada ou muito pouco. Por conseguinte, o grupo bem armado nada tinha a temer. Mas agora as coisas são totalmente diferentes.

Gostaríamos que compreendêsseis claramente que os protestos contra as armas atômicas certamente não nasceram de motivos taoistas, de diretrizes taoistas, porém verdadeiramente das consequências da decadência, que avança a passos largos.

No decorrer dos últimos cinquenta anos, o pouco que restava da moral original positiva na humanidade desapareceu. Em vista disso, a bondade comum tomou seu lugar, a bondade comum que não tem nenhum conteúdo, uma civilização que não passa de um mero verniz. E os que possuem o Tao não se ocupam com ela.

Que é o Tao? É o termo genérico com o qual reagrupamos tudo o que existe de real na personalidade humana, tudo o que é eterno. É a alma em crescimento, que deve começar a despertar, que deve, portanto, tornar-se vivente e unir-se ao Espírito, ao Pai, a Deus. E, assim, tornar-se Pimandro.

Mas quem pode, em nossos dias, dar-se ao luxo de possuir uma alma? Ou, menos ainda, de prestar atenção a uma influência tão antissocial? Quão ridículo, quão antissocial e quão irreal! Por essa razão há, quando muito, a ilusão, bem estudada e mantida durante algumas horas por dia. É por isso, naturalmente, que ainda há debates sobre a Gnosis. Todavia, praticar o Tao? Que ideia!

Toda a vida moderna é totalmente antignóstica. É impossível permanecer na vida moderna, ocupar certa posição — e, ao mesmo tempo, servir à Gnosis. Isto está fora de cogitação!

Estaria a humanidade sob o domínio do mal de maneira tão refinada? A humanidade vive ameaçada pelo pior dos males, que é a ignorância. A humanidade se perde por falta de conhecimento. O homem já não possui nenhum conhecimento do objetivo para o qual ele nasceu. Como resultado, o instrumento da personalidade humana desviou-se. E por isso, a única realidade que ainda podemos captar é o medo. Porque a humanidade chegou ao limite, e a única coisa que ainda resta é o medo, um medo imenso. O medo corrói o fígado.

Antigamente, uma autoridade militar era um estrategista. Um único homem dirigia um grande exército como se estivesse jogando xadrez. Esse homem era genuinamente habilidoso, e causava admiração. O estrategista aparecia como um homem bem apessoado, de pensamentos brilhantes, cheio de civilidade, uma companhia agradável, vestindo um belo uniforme. Ele se comportava totalmente de acordo com as leis de seu país.

Em nossos dias é totalmente diferente. Existe uma bomba atômica e, em algum lugar, um botão. E existe um míssil, com outro botão. E existe outra bomba atômica, outro míssil e outro botão. Uma bomba no Leste, outra no Oeste. E todos sabem que, se um deles apertar o botão, o outro fará a mesma coisa. E, em poucos minutos, não será apenas a divisão de um exército ou um exército inteiro que será aniquilado, mas, também, e ao mesmo tempo, todos esses homens bem apessoados, com ideias brilhantes, irradiando civilidade e trajando um belo uniforme em seus corpos esguios.

Tudo pode ser aniquilado em alguns segundos. Esta é a situação atual. Não existe mais estratégia. A companhia onde o estrategista brilha eventualmente em seus momentos livres também será aniquilada.

A humanidade inteira está à beira do suicídio, à beira do abismo. É por isso que já nada resta senão o medo. E, nessa situação crítica, todos tentam libertar-se do medo através de rios de palavras e de absurdos. A ilusão de poder tudo conquistar, tudo vencer pela violência das armas, essa ilusão é aniquilada, porque tanto o amigo quanto o inimigo está com o dedo no botão.

A nova ilusão moderna é conquistar o Universo. A sociedade atual se volta para esse assunto, e o mundo inteiro se curva diante dessa ideia.

E novamente há dois rivais. Cada qual quer ser melhor que o outro. Um se lança ao espaço para em seguida retornar à terra, e a arte consiste em permanecer vivo para ser recebido pelo presidente de seu país. O outro também se lança ao espaço e gira ao redor da terra a algumas centenas de quilômetros de altitude, para também retornar à terra, a fim de ser igualmente recebido por seu presidente. Esses homens são chamados de astronautas. É o ápice da ilusão, a qual somente pode ser percebida em profundidade quando se conhece algo, quando se pode conhecer algo, do objetivo grandioso que é o fundamento da humanidade inteira.

Trata-se de uma ilusão arraigada tão profundamente, que não descreveremos todos esses fenômenos tão bem conhecidos, declarando-nos a favor ou contra, com antipatia ou simpatia, mas demonstraremos a maior compaixão com a vertiginosa queda de milhões de homens nessa farsa. Que profunda, profunda queda!

Por isso, talvez compreendais, pela primeira vez em vossa vida, o que é uma Escola Espiritual gnóstica, o que uma Escola gnóstica gostaria de ser, ou seja: um território cravado no meio do terror. Porém, um território onde nos distanciamos totalmente dessa sociedade que fermenta, apodrece e se decompõe; um território onde poderíamos permanecer, e dizemo-lo mais uma vez, graças a uma atitude de vida totalmente nova.

Sabeis que os guias de nosso destino estão ativamente ocupados em preparar a humanidade para seu fim? Essa preparação acontece já há muito tempo de duas maneiras. Existe uma preparação para a Gnosis, para a salvação, para a libertação tal como a conheceis e como está indicado nas Bíblia, contanto que os que são convidados, os que ouvem, queiram aceitar de maneira positiva as novas regras de vida. E há ainda outra preparação em andamento, caso o mundo inteiro desapareça em breve e a terra toda se torne um deserto, ou seja: preservar uma pequena parte da humanidade a fim de poder, no devido tempo, no decorrer de milhões de anos, repovoar a terra graças àqueles que ficariam para trás. Trata-se aqui de uma preparação que diz respeito a uma pequeníssima parte da humanidade, que deveria servir de núcleo a um futuro repovoamento da terra, em condições totalmente novas, no decorrer de milhões de anos.

Existem, pois, três certezas: em primeiro lugar, a aniquilação total; em segundo, a salvação de todos os que seguiram o caminho da libertação; e, em terceiro lugar, a participação no grupo dos que ficarão para trás, em algum lugar remoto do mundo, vivendo em condições totalmente novas.

Esses preparativos devem acontecer, porque em breve o mundo se tornará um deserto. E para mostrar-vos que não estamos fazendo suposições fantasiosas e demonstrar-vos quão próximo esse fim está e afirmar-vos claramente que "A escolha é vossa, ainda agora", dar-vos-emos uma informação acerca da ilha de Niue.

Recentemente, alguns jornais australianos publicaram uma notícia sensacional que teria partido do Professor Ernest Marsden, o qual, por acaso, se deparou com o único laboratório natural de radiações do mundo.[13] No último inverno, um grupo de biólogos e botânicos neozelandeses tentou cultivar plantas na ilha de Niue. Como as espécies de legumes até então desconhecidas naquela ilha não queriam crescer, embora a vegetação local fosse particularmente luxuriante, em fevereiro de 1961 foi enviada uma amostra do solo para a Universidade de Wellington, a fim de que o conhecido professor Marsden, um dos mais reputados pesquisadores atômicos ingleses e aluno do físico nuclear Lord Rutherford, igualmente famoso, se encarregasse do assunto.

A primeira surpresa foi que o contador Geiger, aparelho que registra o nível de radiação, reagiu fortemente quando ele foi colocado perto da terra de Niue. Não havia dúvida de que essa terra era altamente radioativa. Ao tomar conhecimento da notícia, o professor e sua equipe de pesquisadores embarcaram para Niue. Nessa ilha, ele se deparou com homens grandes e magníficos, quase gigantes, que gozavam de excelente saúde e, misteriosamente, nunca haviam sido atacados por doenças que, normalmente, atacam os habitantes dos mares austrais, tal como a lepra, os tumores tropicais e a tuberculose. Os cinco mil habitantes dessa ilha, tanto os homens como as mulheres, medem quase dois metros; são de constituição robusta e são dotados de uma surpreendente inteligência; eles possuem uma grande capacidade de trabalho e um surpreendente bom humor. E tudo isso apesar de seus ossos e dentes apresentarem uma radioatividade dez vezes superior ao normal. O ar, o solo e o mar ao redor da ilha acusam uma taxa de radiação vinte vezes superior ao normal, e a alimentação também contém fortes concentrações de radioatividade que chegam a ser cem vezes acima do normal.

Até agora não foi encontrada uma explicação satisfatória para essa radioatividade anormalmente elevada, e o professor Marsden formulou a hipótese de que um vulcão ainda desconhecido

---

[13]Escrito em 1961.

nas profundezas do mar fosse responsável por isso. Todavia, essa suposição permanece puramente teórica.

Muito mais importante é a questão de saber como os habitantes dessa ilha podem suportar a influência mortal de seu ambiente e como puderam desenvolver sua imunidade. Nenhuma resposta satisfatória foi encontrada tampouco para isso, pois os habitantes de Niue só enterram seus mortos há cerca de um século. Antes, os mortos eram colocados em barcos e lançados ao mar, e os ossos que se encontram nas tumbas acusam todos uma forte concentração de radioatividade.

Apenas num ponto se nota a influência das radiações que existem há pelo menos um século nos habitantes de Niue: é a elevada taxa de esterilidade entre as mulheres. Pesquisas demonstraram que de quatro mulheres uma era estéril e que de cada dez crianças uma é natimorta.

Todavia, parece que, no decorrer dos últimos vinte anos, houve uma melhora, pois quase a metade dos habitantes da ilha tem menos de quinze anos.

Mesmo com toda a alegria da pesquisa, os cientistas nunca esqueceram por um momento que, para eles, a estadia em Niue representava perigo mortal, pois não possuíam a imunidade que os nativos já haviam adquirido há várias gerações, e tinham, portanto, possibilidades diminutas de se proteger. Uma alimentação rica em cálcio era-lhes enviada da Nova Zelândia para proporcionar-lhes alguma resistência e o lugar em que ficavam era fortemente isolado e, tanto quanto possível, protegido da radioatividade por dispositivos especiais. O professor Marsden, com um otimismo melancólico, descreve Niue como sendo o novo berço da humanidade e pensa que somente os habitantes dessa ilha talvez sobreviveriam a uma guerra atômica.

Essa notícia serve para ilustrar o fato de que forças previdentes, que amam a humanidade incondicionalmente, estão ocupadas em encontrar um meio de salvaguardá-la apesar de tudo.

31-1 · AS MELHORES ARMAS SÃO INSTRUMENTOS DE CALAMIDADE

Não seria de grande interesse para vós aceitar positivamente o convite da Escola Espiritual e reagir a ele também de maneira positiva? Cabe a vós, por meio de vossos atos, a resposta.

31-II

O ENVENENAMENTO
DO CAMPO DE VIDA HUMANO

A luta contra o emprego das armas, do ponto de vista da maioria, atingiu seu ponto culminante no começo do século xx. Depois disso, essa luta por valores humanos chamejou de tempos em tempos, mas foi uma flama que enfraqueceu continuamente e foi quase extinta por completo pelas duas guerras mundiais. Mas, ao mesmo tempo, outra flama elevou-se muito rapidamente. Era a flama de outro aspecto da questão, muito mais funesto e muito mais terrível. Muitos jovens adotaram a ideia de que, em nossos dias, já não havia espaço para uma vida nobre. Eles expressaram através de sua atitude de vida o que haviam aprendido, visto, ouvido e vivenciado. O mundo agora tornou-se um mundo de desordem, um mundo de assassínio e de vergonha. E as autoridades policiais travam agora uma guerra sem fim contra essas excrescências.

A situação é tão grave que unicamente uma ínfima parte dos horrores cometidos chega à imprensa. Essa decadência rápida e desenfreada é a consequência direta dos instrumentos de calamidade que nossa sociedade deliberadamente fabrica para preservar a paz. Compreendereis que não temos o menor interesse em levar esses assuntos para o plano político, como tampouco o fazia Lao

Tsé. É por isso que desejamos tecer considerações sobre essa sangrenta ferida da humanidade exclusivamente do lado psicológico das coisas. Para isso, um exemplo seria útil.

Suponde que estejais empregados numa fábrica de canhões, portanto, na indústria de armamentos, indústria essa muito comum em nossos dias. Nos escritórios se encontram os projetistas e os inúmeros desenhistas que, com precisão, desenham, até os mínimos detalhes, os planos desses monstros de fogo. Graças à sua formação científica, eles calculam os efeitos, o provável raio de ação, as mais ínfimas particularidades dessas bocas de fogo e as particularidades que essas armas devem ter.

Esses trabalhadores criam, então, uma forma-pensamento sutilmente elaborada. Assim que seu trabalho termina, os planos são submetidos a seus superiores que, por sua vez, os examinam, calculam, recalculam e devem levar em conta todas as possibilidades contidas nessas armas, e tudo isso com base no mesmo quadro mental.

Ora, sabeis o que acontece com semelhante rede de pensamentos: ela cresce cada vez mais, e esse monstro mental, vivente, cheio de vitalidade, torna-se enorme e muito dinâmico, adquire um poderoso raio de ação. De fato, ele é mantido e vivificado por uma equipe dupla de alto escalão. Essas pessoas nada deixam ao acaso, pois grandes interesses econômicos estão envolvidos. Quando os canhões projetados entram em produção, devem, então, existir para isso máquinas especiais. Talvez fábricas inteiras tenham de ser aparelhadas. Os operários devem ser instruídos, e isso tudo custa milhões.

Por essa razão, nenhum erro pode macular semelhante projeto. Percebereis que esse quadro mental atinge um ápice de vitalidade e espalha ao seu redor grande pestilência. Porque esse monstro, o que é inevitável, está astralmente ocupado em atirar, aniquilar, fazer guerra, e arruinar o inteiro campo de respiração da humanidade.

31-II · O ENVENENAMENTO DO CAMPO DE VIDA HUMANO

E acreditais que esses homens que criaram e vivificaram essa imagem mental possam abandoná-la e esquecê-la após seu dia de trabalho? Se credes que sim, é porque não conheceis os dirigentes. Em certa medida, eles são psiquicamente violentados. Eles já não podem libertar-se do monstro mental. Eles ingressaram num estado de loucura legalizado pela natureza e pela sociedade; aliás, é para isso que são pagos, pois cada homem está ligado às suas próprias imagens mentais, cada homem está irremediavelmente acorrentado a elas.

Portanto, fica evidente que quando um desses dirigentes volta para casa depois do trabalho — mesmo que ele não comente nada sobre seu serviço, pois tudo é muito secreto nesse tipo de indústria — obviamente ele contamina toda a sua família com suas emanações. Desse modo, todos os membros de famílias ligadas às equipes de dirigentes participam no crescimento do monstro. O monstro ultrapassa com muita rapidez a envergadura dessas indústrias. Ele se torna um éon. Ora, sabemos que um éon pode envenenar todo um povo.

Estamos vos apresentando esse assunto de uma forma bastante amena, pois, em nosso mundo, não existe apenas *uma* fábrica desse tipo, porém toda uma indústria de guerra, onde inúmeras equipes de engenheiros envenenam completamente o campo de vida da humanidade com uma vivente realidade de sangue, fogo e fumaça.

Percebeis a que ponto a humanidade é vítima da ignorância, vítima dos dirigentes, das equipes de cientistas, dos que sabem tanto, mas desconhecem o único necessário? Ao vosso redor está o que sois e o que fazeis. E justamente tudo o que elaborais mentalmente de forma tão aguçada é muito vital, muito vivo. Compreendeis agora por que é dito na Doutrina Universal que cinco minutos de pensamentos irrefletidos podem aniquilar o trabalho de muitos anos? Muitíssimo mais, portanto, a atividade mental científica diária de alguns dirigentes.

Percebeis agora claramente que catástrofe está se propagando pela humanidade, que envenenamento da humanidade desenvolveu-se assim pela ignorância. Compreendeis por que, nesse caos envenenado que envolve a humanidade, as coisas não andam direito? E que podemos chamar de milagre o fato que ainda exista um grupo de homens que não tenha descido totalmente abaixo do normal? Não é, pois, evidente que, nessa situação, a juventude se desvie e demonstre, já muito cedo, traços sub-humanos?

Porém existe também algo cômico nessa situação trágica. Os dirigentes que, na verdade, detêm em suas mãos os destinos da humanidade, em seus momentos livres correm ao encontro de líderes espirituais para discutir com eles a melhor forma de conduzir a juventude a um nível superior. Todavia esse nível superior já está na atmosfera que nos envolve! Os dirigentes fazem de tudo para tornar inócuo o veneno que eles mesmos fabricaram, a explosão que eles mesmos desencadearam. Compreendeis que é exatamente esse falso sentimento, que não tem nenhuma base racional, que torna as coisas muito mais terríveis?

E como fica, então, o operário, o homem das massas condenado a concretizar, a fabricar tudo o que é pensado? Intelectualmente, o operário ainda não caiu tão baixo quanto o dirigente. A deterioração do melhor nesse grupo ainda não se tornou completa.

O operário, do ponto de vista mental, ainda está em fase de desenvolvimento. Ele é, ou se tornará, a vítima. Ele carrega o carma do mundo sobre seus ombros curvados e fatigados. Sua situação agora é muito pior do que há algumas décadas, quando a proteção social ainda era muito imperfeita em numerosos países e não se dava atenção ao operariado. Todos esses homens são vítimas — e como! — da maldição da ignorância, da ignorância dos dirigentes aplicada cientificamente.

Esse é o quadro do estado miserável em que a humanidade soçobrou como num poço sem fundo. Esse único aspecto do comportamento humano que acabamos de descrever já seria suficiente para acarretar o suicídio da humanidade. Consideramos, então, apropriado apresentar-vos para reflexão as palavras de Lao Tsé: "As armas são instrumentos de calamidade", não instrumentos do homem nobre. Este não se regozija de os possuir, pois "regozijar-se significaria comprazer-se em assassinar os homens". Toda essa indústria, tudo o que a ela está ligado e tudo o que ela acarreta deve ser objeto de cerimônias fúnebres. A vida inteira é um baile de máscaras para os mortos.

A humanidade, embora ainda permaneça viva, já foi assassinada pela ignorância de seus dirigentes. Ela está morta-viva, é um sepulcro, exteriormente ainda caiado de branco, porém cheio de ossos. Compreendeis que aquilo que, no tempo de Lao Tsé, ecoava como um alerta sobre uma ladeira escorregadia, na verdade tornou-se realidade, uma certeza absoluta?

Portanto, se desejais ainda hoje aprender das palavras de Lao Tsé, aprendei do estado real da humanidade atual. Refleti sobre o que ainda pode ser feito para escapar de uma maneira inteiramente nova dessa morte viva e para ser de utilidade para a humanidade ignorante que está nessa assustadora situação.

Não deveis contentar-vos com palavras. Não deveis contentar-vos em somente demonstrar mutuamente a evidência desses fatos, pois já se fala bastante sobre isso. Inúmeras obras foram escritas, as quais poderiam ser empilhadas em metros de espessura, em protesto contra a ciência atômica. Muito, muito se escreveu. Nada disso faz o menor sentido! *As melhores armas são instrumentos de calamidade.*

Os dirigentes da humanidade, em sua ignorância, já a mataram. Portanto, repetimo-lo novamente: se desejais aprender das palavras de Lao Tsé, aprendei da experiência do estado atual da humanidade.

Em nossos dias, muitos cientistas chegaram à conclusão de que seu conhecimento está sendo aplicado de maneira errada. E muitos deles se reúnem para tentar desviar esses perigos. Muitos cientistas eminentes se agruparam a nível internacional para protestar. Eles veem claramente que tudo caminha às avessas. E agora eles tentam reduzir ao mínimo a rede anárquica de seus pensamentos, bem como sua influência sobre a humanidade. Eles estão, por assim dizer, curvados sob o peso de um grande medo.

Mas, embora eles sejam os primeiros a saber o que desencadearam, se lerdes o que eles escreveram, descobrireis que seu zelo é completamente destituído de valor. É como se eles pregassem no deserto. Eles têm renovado seus apelos há muitos anos, mas sem sucesso. Certamente é favorável o fato de eles terem sido tomados de medo — isso demonstra que descobriram as consequências de suas atividades, consequências que tentam agora remover. Embora possam dar sinais de bondade, sua ação é totalmente vã, ainda que seja um sinal característico.

Outro sinal característico é o fato da Escola Espiritual vir até a humanidade, vir até vós para auxiliar-vos em vossas eventuais tentativas para ainda escapar do perigo mortal.

Todavia, quem deseja isso e o pode realmente, deve então mostrar-se radical, muito radical em sua atitude de vida. Resta esperar para ver se muitos estão preparados para isso. Eles deverão aniquilar em seu próprio meio os efeitos da maldade que se desenvolve através da ignorância. É exigido deles que ataquem sua rede de pensamentos altamente perigosos em seu raio de ação. É preciso destruí-los. Portanto, uma atitude de vida radical a serviço da humanidade é necessária, antes que seja tarde demais.

Trata-se, pois, de saber se, no que vos diz respeito, estamos pregando no deserto, ou se estais prontos, de maneira radical, tão radicalmente como na época dos irmãos e irmãs maniqueus, a aplicar essa atitude de vida. Se encontrarmos um grupo suficientemente forte que queira isso verdadeiramente, muito ainda poderá ser feito.

31-III

AMAI VOSSOS INIMIGOS!

Depois de termos estudado nossa sociedade em sua realidade, em profundidade e sem tomar partido — tendo em vista os antigos aforismos de Lao Tsé datados de quase três mil anos — depois de termos sido confrontados com a degenerescência atual, podeis ver claramente que não fazemos parte do grupo dos que se comprazem com a decadência e que, com uma espécie de prazer sádico, declaram que o mundo e a humanidade perecem por ignorância.

Suponhamos que também vós tenhais esse ponto de vista e que vos pergunteis agora, com toda a seriedade: "Que fazer para ajudar diretamente a humanidade? Deveríamos ir até os homens para conversar com eles? Deveríamos editar periódicos ou escrever livros para, por meio de documentos, trazê-los de volta à razão?"

Acreditamos não ser preciso fazê-lo. Com efeito, conhecemos o perfil do dirigente — para empregar a terminologia do capítulo anterior — e o do operário. Isso não faria o menor sentido, pois nossas palavras e nossas ações seriam contestadas e aumentariam a confusão.

Vimos até que ponto a humanidade é pega de surpresa e envenenada, e logo será aniquilada pelo desenvolvimento de suas concepções mentais. Pois bem, tentemos servi-la atacando o mal pela raiz. Também na Escola Espiritual devemos basear-nos em uma concepção mental. Devemos aplicar a espada no campo astral, ir ao encontro da humanidade em seu próprio terreno, o terreno da degeneração primária, da desumanização, portanto no mundo mental, no mundo astral.

Há, porém, uma dificuldade, que deveis ter diante dos olhos. No mundo astral não existe mentira. Ali tudo é realidade positiva e absoluta. Quando, interiormente, "fazeis de conta", com certeza não criais uma concepção mental aceitável. A parte da humanidade de que falamos, que se ocupa em projetar armas, em estudá-las, em desenhá-las para, a seguir, fabricá-las, trabalha de tal forma que, para ela, a atividade mental precede a atividade material. Ora se nós, na Escola Espiritual, desejarmos acabar com essas indústrias, se desejarmos purificar a esfera astral mental, se ao menos desejarmos diminuir seriamente essa atividade da humanidade, nossa atividade na matéria deve preceder ou acompanhar a atividade mental.

O que desejamos tornar claro para vós é que tudo o que dizemos, tudo o que desejamos na Escola Espiritual, deve ser precedido por uma atitude de vida pura, clara e positiva. A partir dessa atitude de vida, nessa base, é que, eventualmente, será possível endireitar, na esfera astral, o que está "torto", apaziguar o que está colérico. Quem deseja fazer algo pela humanidade que sofre — sofrimento esse que ela mesma desencadeou por ignorância — deve, na base de uma atitude de vida positiva, aproximar-se dela na esfera astral para ali anular suas más obras. Portanto, é exigido dele um caráter elevado e puro.

Imaginai — e aqui entramos no terreno do ocultismo — que um homem decida emitir para o plano astral, durante cinco ou dez minutos por dia, correntes puras em direção ao local ameaçado. Isso não teria o menor sentido! Ele deve ser capaz de enviar uma corrente de amor contínua, baseada numa atitude de vida realmente pura. Com certeza, o resultado não tardará. Somente pela aplicação de semelhante magia seria possível aniquilar em alguns segundos, na esfera astral, as consequências dessa perturbação. E como obter isso senão através do amor fundamental?

Hesitamos um pouco ao pronunciar a palavra "amor", pois alguém poderia pensar nesse sentimento adocicado tão conhecido em nossa natureza, ou seja, demonstrar amabilidade, "fazer de conta". Compreendei, porém, que nos referimos aqui à força de amor tal como entendida no Sermão da Montanha. Esse princípio de amor perfeitamente puro, demonstrado pela atitude de vida, amor que ultrapassa tudo, constitui, na esfera material, uma poderosa base para atacar o inimigo em sua própria perturbação. Com base nessa atividade mental, podemos tornar-nos tão fortes que tudo poderemos.

O Sermão da Montanha também está baseado nesse fundamento, bem como as conhecidas palavras de Mateus, no capítulo 5: "Eu, porém, vos digo, amai a vossos inimigos, bendizei os que vos maldizem, fazei o bem aos que vos odeiam e orai pelos que vos maltratam e vos perseguem, para que sejais filhos do Pai que está nos céus".

O Sermão da Montanha mostra-nos um homem que, sob todos os aspectos, é completamente diferente do homem nascido da natureza. Para viver assim, para ser assim, é preciso partir do renascimento da alma, do estado de alma vivente. Esforçai-vos, pois, para adquirir o estado de alma vivente. Cingi-vos para espargir essa força sobre os bons e os maus. É sobre essa imensa magia do amor que se baseia a atitude de vida que vos é proposta. Essa é uma prática urgentemente necessária em tempos como os nossos. Essa é a única possibilidade de fazer algo para o mundo e a humanidade: a mobilização da força do amor.

31-IV

O AMOR DO HOMEM GNÓSTICO-MÁGICO

Depois de havermos analisado em profundidade a realidade da sociedade atual e descoberto suas causas, concluímos que a humanidade foi apanhada de surpresa e está sendo envenenada e ameaçada de aniquilamento pelo seu mental.

As concepções mentais que ela mantém há tanto tempo semearam na esfera de vida astral da humanidade uma desordem quase desesperadora. A luta, o caos e o desastre que daí resultam na esfera material são tão vastos que podemos perguntar-nos: "Como ainda podemos fazer cessar essa enorme tormenta?" Especialmente porque a humanidade, quando se encontra diante de semelhante desastre, sempre recorre à violência de uma forma ou de outra. "Que força deveríamos empregar para neutralizar essa catástrofe?" A humanidade sempre se utiliza das armas para afastar o perigo, ignorando totalmente que ela, assim, atiça as causas e agrava as consequências. Pensai nas palavras de Lao Tsé: *As melhores armas são instrumentos de calamidade.* Já vos mostramos o que elas têm de incontestável. Encontramo-nos, portanto, diante do grande problema, diante da grande tarefa: "Que deve a Escola Espiritual fazer diante desse grande infortúnio?"

    Podeis ver claramente que o tempo para uma ação nova e poderosa já chegou. Agora a Escola Espiritual gnóstica deve mostrar o que ela é e do que é capaz. É preciso, agora, aproveitar a ocasião: "Que fazer para afastar os imensos e ameaçadores perigos?"

Afastemo-nos um pouco com relação à agitação provocada por essas imensas ameaças para estudá-las tão objetivamente quanto possível. Acaso deveríamos interferir nessa agitação? Deveríamos, por exemplo, protestar, como muitos o fazem? Deveríamos enviar cartas para as pessoas que estão no poder? Deveríamos praticar atos de indisciplina civil, como se diz, a fim de chamar a atenção sobre os perigos? Ou ainda mostrar-nos francamente revolucionários, em consequência do que invocaríamos, mediante determinadas manipulações políticas, todo tipo de forças contrárias a fim de impedir que os combatentes realizem seus desígnios?

Deveis compreender que tais atividades não teriam o menor efeito, pois tudo isso, sem exceção, nos levaria a lutar de uma forma ou de outra. Na melhor das hipóteses, seria mostrar-se mentalmente positivo, opondo-se à orientação mental da humanidade e a suas consequências. E, como o sabeis, as armas mentais são as melhores.

Mas, atentai bem! Lao Tsé afirma: *As melhores armas são instrumentos de calamidade.* Sobretudo aos alunos da Escola Espiritual é informado a que ponto é preciso temer exatamente essas armas mentais por serem elas como uma peste ígnea. Portanto, é trágico termos de afirmar que, embora uma grande parte da humanidade compreenda que o mundo está às avessas e esteja cônscia dos perigos altamente funestos com os quais está sendo confrontada, essa mesma parte da humanidade, tendo em vista sua ignorância, não pode agir para ajudar da única forma correta a humanidade buscadora. Por isso, repetimos mais uma vez com insistência que o único meio de ajudar a humanidade de maneira absoluta está na aplicação radical da força do amor universal.

Ao afirmar-vos isso, percebemos que ainda devemos falar- de maneira mais clara a respeito dessa aplicação da força de amor

31-IV · O AMOR DO HOMEM GNÓSTICO-MÁGICO

para não sermos mal compreendidos, porque nesse ponto corremos o risco de rapidamente nos perdermos no labirinto das diferentes noções e teríamos dificuldade em fazer-vos compreender o que a Escola da Rosacruz quer dizer com isso. Para compreenderdes qual é o seu objetivo, primeiro queremos dizer qual não é o seu objetivo.

Para isso, façamos primeiro a distinção entre a prática do amor e a busca por amor do homem *da igreja;* em segundo lugar, a busca por amor do homem *humanista;* em terceiro lugar, a vida de amor do *homem-eu* — e coloquemos, face a isso, a prática de amor do homem *gnóstico-mágico.*

Examinando o caso do homem da igreja, verificamos que, tendo em vista sua prática de amor, ele não pode livrar-se da ilusão, portanto da ignorância. Isso porque as autoridades eclesiásticas o aprisionam de tal maneira a uma assim chamada escritura sagrada, cuja interpretação literal, da qual não se poderia tirar nada, nem um jota ou um til, constitui um terrível freio. A fé não está colocada em Deus, que é amor, porém está baseada num texto que interpreta o amor. E isso é totalmente diferente de um encontro com o amor mesmo.

A fé é com frequência usada pelos que pregam o amor. Nesse ponto, entretanto, o homem da igreja tem meios de controle insatisfatórios. Não é preciso ter objeções a alguém que prega o amor, mas é preciso fundamentar-se numa faculdade de controle interior para estar seguro. A falta de semelhante faculdade sempre torna as pessoas dependentes. E se a pessoa é dependente, ela pode sempre tornar-se uma vítima. No geral, sempre incorre nessa situação alguém que não tenha alma ou que, embora disponha de qualidades de alma e esteja sob a influência do amor, ainda não possui uma alma liberta. Sentimo-nos compelidos aqui a estabelecer a nítida diferença entre o homem que tem a alma livre e o que tem apenas qualidades de alma. De qualquer forma, uma alma dependente está sempre sujeita à ilusão.

O mesmo se pode dizer sobre o homem humanista. O fato de ele desejar fazer na natureza dialética, na natureza da morte, uma experiência de vida em fraternidade com todos os homens, o fato de ele desejar instalar o reino de Deus num campo de vida onde isso é totalmente impossível, sem dúvida caracterizam-no como um possuidor de qualidades de alma. Também o fato de ele considerar positivamente o mal como um incidente passageiro que, em breve, se transformará em bem, demonstra que ele possui, indiscutivelmente, qualidades de alma.

Todavia, da mesma forma que é impossível encarregar uma criança de dirigir o mundo, é impossível seguir a linha humanista. Ela conduz, de maneira irremediável, para o pântano da ignorância.

Para evitar mal-entendidos, salientaremos ainda com insistência que existem diversas formas de adquirir qualidades de alma de maneira negativa, como, por exemplo, através do sofrimento. E deveis notar que muitas criaturas assim golpeadas e abatidas pela vida quase sempre passam a ter um temperamento mais doce. Um paciente acamado dá um exemplo claro disso, pois essas pessoas, por seu sofrimento, desenvolvem qualidades de alma. Elas são tocadas pelo campo da Alma do Mundo que tudo envolve, de que fala Platão.

A Alma do Mundo tudo envolve, sem exceção. E se alguém, mergulhado na dor, esquece seu eu por um instante, a Alma do Mundo vem tocá-lo. Desse modo, ele recebe qualidades de alma graças ao campo da Alma do Mundo que tudo envolve, mesmo que isso ocorra de maneira negativa, portanto, em ignorância.

É assim que encontramos no mundo seres muito refinados, cheios de alma e de amor. Todos são "jovens ricos" a quem falta o único necessário; eles não conhecem a senda única; e se a conhecessem, recusar-se-iam a segui-la. Eles não conseguem captar-lhe a força e dela se desviam sempre, pois creem poder encontrar neste mundo o que não é deste mundo. Eles creem já estar na senda, eles reconhecem a força do amor que vivenciam não como originária da Alma do Mundo. Esse é um conceito sobre o qual eles jamais poderiam refletir em sua ignorância. Assim, consideram a força de amor como uma parte da matéria, uma parte do nosso mundo.

O que devemos pensar acerca do homem-eu absoluto, vós o sabeis. A natureza de seu amor sempre o leva a permanecer no interior de um círculo bem delimitado. Além disso, no interior desse círculo, seu eu não se sujeita, de forma alguma, a ser posto de lado, como o sabeis. O homem natural repele os tabus para viver a assim chamada vida de amor do homem-eu sem nenhuma restrição. A Escola Espiritual não é o lugar para quem crê que deva seguir esse caminho "moderno". O homem-eu encontra-se na classe mais inferior da vida sujeita à morte.

Depois de tudo que indicamos, tentaremos revelar o amor divino, o amor que está acima de tudo, o amor que tudo liberta, amor com o qual é possível aniquilar completamente tudo o que ameaça o mundo. Essa é a força com a qual a Escola Espiritual deve trabalhar para auxiliar e salvar, se possível, todos os que, de uma maneira ou de outra, possuem qualidades de alma. Essa é, portanto, a força que deveríeis possuir; é a força que, se necessário, deveríeis utilizar. Essa força de amor deve ser liberada. E ela pode ser liberada pelos que têm uma alma liberta.

Enquanto o homem possuir uma alma, qualidades de alma ainda dependentes da personalidade ligada à natureza e especialmente ao corpo vital, ou duplo etérico, o eu inteiro, a personalidade inteira, se envolverá automaticamente em cada problema, mesmo que o homem não queira.

Na maior parte do tempo, esta é a causa das dificuldades que surgem entre os alunos de uma escola espiritual. Em sua grande maioria, eles possuem grandes qualidades de alma, porém ligadas, misturadas e acorrentadas ao eu da natureza. Se apenas possuíssem qualidades puras de alma, não haveria problema entre eles, compreenderiam perfeitamente bem um ao outro e entrariam em perfeita harmonia.

Porém o eu sempre interfere no contato entre duas pessoas. E, devido à sua natureza, cada eu é diferente do outro. Devido à sua natureza, cada eu é, no mínimo, carregado com diversos tipos de carma. Por isso os homens sempre entram em conflito uns com os outros, embora não o desejem. Somente quando a alma estiver liberta, quando tiver, portanto, se desligado da personalidade nascida da natureza e agir com toda autonomia, como Jesus Cristo, nosso Senhor, somente então ela se tornará poderosa.

Não estamos indicando aqui o estado em que se ingressa após a morte, porém uma nova condição de vida, na qual o candidato possui realmente uma alma liberta, como Jesus, o Senhor, o protótipo de todo homem verdadeiramente moderno. Se realmente nos tornamos seus discípulos, já não colocamos em primeiro plano no trabalho de libertação a própria personalidade nascida da natureza, mas damos-lhe um papel secundário. Unicamente a personalidade nascida da natureza, que levou a bom termo o trabalho do homem-João — tornar retos os caminhos para seu Deus — unicamente essa personalidade está em condição de trabalhar magicamente em sentido gnóstico.

Estamos convencidos de que falamos aqui de valores, forças, aspectos e possibilidades da vida gnóstica dos quais é possível que jamais tenhais ouvido falar. Entretanto, existem muitos alunos que estão se preparando para esse trabalho. E ficaríamos muito felizes se pudéssemos dar-vos todas as indicações necessárias sobre a maneira de libertar a alma durante a curta duração de uma vida e sobre como libertar-se da personalidade nascida da natureza.

Não deveis imaginar o protótipo, Jesus Cristo, distante de nós. A Escola Espiritual insiste no fato que nada do que desejais eventualmente realizar nesta natureza é tão fácil como a imitação de Cristo compreendida no sentido gnóstico. Esperamos, pois, que nos seja permitido dar-vos as indicações necessárias para que possais encontrar a solução de vossa vida, qualquer que seja a direção em que a busqueis, solução que será de imenso interesse para a humanidade inteira.

31-V

Vós sois o sal da terra

Desejamos agora, com alegria, apresentar-vos o programa da magia gnóstica e mostrar-vos sua utilidade e necessidade. Ela constitui a única maneira de salvar o mundo e a humanidade.

Para começar, apresentamo-vos a figura de Jesus Cristo, o Filho do Pai, do qual todos devemos ser imitadores. Nós o escolhemos como exemplo, porque vemos que ele foi homem e Deus, isto é, um ser nascido da natureza e verdadeiramente uma alma renascida. Todo o curso de sua vida provou que ele era, como alma, completamente livre, um cidadão liberto do céu-terra; como ser nascido da natureza, ele havia atingido o que semelhante ser pode realizar de mais elevado. Segundo a natureza, ele era totalmente transfigurado. Portanto, ele estava totalmente *no* mundo, porém, como homem-alma, ele já não era *do* mundo.

Nessa condição, ele tinha a capacidade de se expressar em todos os aspectos do nosso cosmo. Ele era uno com o Logos terrestre e com o Espírito terrestre. Ele se elevava ao céu e, dali, descia à terra que, como diz o Evangelho, é o escabelo dos pés de Deus. Ele era onipotente no cosmo inteiro e havia recebido todo o poder sobre a terra e o céu.

Caso considereis essa figura como um modelo para a vossa verdadeira imitação de Cristo, para a qual ele mesmo vos convida, para a qual ele vos instiga porque tendes a capacidade para isso — se não quiserdes mais vê-lo como um ídolo inacessível ou como o personagem de um conto de fadas — se verdadeiramente o considerardes como a elevada vocação para a qual sois chamados, então, como membros de uma escola espiritual gnóstica, vereis que, por ele, com ele e nele se revela todo o programa da magia gnóstica. Então descobrireis que um amor pleno de elevação e de serenidade não somente quer libertar-vos como também conferir--vos todo o poder sobre o céu e a terra.

Se refletirdes sobre isso, compreendereis que não se trata de um estado que surge de um momento para o outro, mas de um crescimento, de um caminho, que cada qual segue segundo seu próprio ritmo; e que, desde o menor progresso no caminho, a graça, a força e o amor de Deus aumentam dia a dia, desde que vos livreis de todas as lendas e contos de fadas que a Igreja vos contou e com os quais vos sobrecarregou desde vossa juventude. Considerai Jesus, o Senhor, dizemo-lo uma vez mais, como o protótipo do verdadeiro e único homem, no qual devereis transformar-vos em toda a sua grandiosidade.

Todavia, não nos pergunteis: "Por onde devo começar?" Começai por vosso próprio começo, conforme o indica vossa vida pessoal. Tornai retos vossos caminhos, aí mesmo onde viveis, aí mesmo onde morais, aí mesmo onde estais. Sede um homem-João em todos os sentidos, isto é, em todos os aspectos de vosso raio de ação do momento. Este é o requisito fundamental.

Talvez o raio de ação de uns seja maior do que o de outros. Prestai atenção, entretanto: se alguém, cujo raio de ação for maior do que o vosso, não o utiliza, então ao utilizardes o vosso, eventualmente menor, vossa ação será maior do que a dele.

Torna-se evidente, portanto, que deveis praticar a imitação de Cristo imediatamente; que todos em conjunto temos a possibilidade de formar um só grupo; e que devemos ter o maior respeito possível uns pelos outros. Assim são formadas as hostes. Assim é formada a comunidade de João, que percorre seu caminho no deserto em linha reta em direção ao objetivo único. Assim somos todos batizados com a água viva, a água viva da Alma do Mundo que envolve a todos.

Desejamos afirmar novamente com insistência: o cosmo decaído está totalmente cercado, envolto pela Alma do Mundo. E todos os que se abrem a ela, por pouco que seja, todos os que esquecem seu eu, recebem as irradiações da Alma do Mundo em seu ser.

Compreendeis que não devemos somente falar sobre isso, orientar-nos de maneira mística, que não devemos unicamente sintonizar-nos interiormente com esse caminho, mas que é absolutamente necessário que, desde o princípio, tenhamos uma atitude de vida concreta que se afasta totalmente do comportamento convencional. Isso é exigido de vós.

Se sentis que a serenidade da Alma do Mundo vos toca, se os valores que ela irradia penetram até o imo de vosso ser, optai pela correspondente atitude de vida: uma atitude de vida interior pura, uma atitude de vida, é desnecessário dizer, totalmente diferente da dos homens que ainda ignoram o objetivo único da humanidade.

Encontrareis a estrutura, os ensinamentos e as linhas diretrizes de semelhante atitude de vida, como já vos fizemos observar anteriormente, no Sermão da Montanha. Quando elevastes os olhos pela primeira vez de maneira mais ou menos consciente em vossa vida, o Sermão da Montanha talvez já estivesse ao vosso alcance. Foi para isso que o homem recebeu o Sermão da Montanha. Quando não conheceis o objetivo da humanidade, quando não seguis a orientação do homem joanino e vos mantendes no plano comum da vida proveniente da natureza, então o Sermão da Montanha é uma impossibilidade, e consequentemente entrareis em conflito com ele. Então, estareis sempre em sério conflito com tudo o que é o Sermão da Montanha.

Gostaríamos de pedir-vos que lêsseis o Sermão da Montanha uma vez por dia e que, uma vez por dia, refletísseis durante alguns instantes sobre ele. Se desejais obter resultados, é lógico que deveis mudar a vossa perspectiva, colocando-vos num ponto de vista que esteja em sintonia com o Sermão da Montanha. É preciso buscar um plano de vida diferente. É preciso que procureis colocar-vos sobre um plano bem superior ao do homem médio. Sobre esse plano é necessário basear vossa atitude de vida.

Os alunos de uma escola espiritual gnóstica dão provas de que há muito tempo buscam outro plano de vida. Caso contrário, por que teriam se tornado alunos?

Todavia, ouçamos este aviso: "Que ninguém procure subir muito alto". Subi unicamente até o ponto no qual podereis manter-vos, num ponto de onde não podereis cair, eventualmente onde não sereis objeto de zombarias. Não afirmeis: "Estou neste nível" quando, na verdade, estais bem abaixo dele.

Podemos afirmar que "subimos a montanha" quando alcançamos um nível superior e nos mantemos nele. E é evidente que o encontro com o protótipo do Homem nobre e verdadeiro somente se dá nesse nível de vida. Se aceitais nossa proposta, escutai então, agora, as bem-aventuranças do Sermão da Montanha:

> "Jesus, vendo a multidão, subiu a um monte; e, assentando-se, aproximaram-se dele seus discípulos; e, abrindo a boca, os ensinava, dizendo:
> Bem-aventurados os pobres em espírito, porque deles é o reino dos céus.
> Bem-aventurados os que choram, porque eles serão consolados.
> Bem-aventurados os mansos, porque eles herdarão a terra.
> Bem-aventurados os que têm fome e sede de justiça, porque eles serão fartos.

Bem-aventurados os misericordiosos, porque eles alcançarão misericórdia.

Bem-aventurados os limpos de coração, porque eles verão a Deus.

Bem-aventurados os pacificadores, porque eles serão chamados filhos de Deus.

Bem-aventurados os que sofrem perseguição por causa da justiça, porque deles é o reino dos céus.

Bem-aventurados sois vós, quando vos injuriarem e perseguirem e, mentindo, disserem todo o mal contra vós, por minha causa.

Exultai e alegrai-vos, porque é grande o vosso galardão nos céus; porque assim perseguiram os profetas que foram antes de vós.

Vós sois o sal da terra; e se o sal for insípido, com que se há de salgar? Ele para nada mais presta senão para lançar-se fora e ser pisado pelos homens.

Vós sois a luz do mundo: não se pode esconder uma cidade edificada sobre um monte; nem se acende a candeia e se coloca debaixo do alqueire, mas no velador, e dá luz a todos que estão na casa.

Assim, resplandeça a vossa luz diante dos homens, para que vejam vossas boas obras e glorifiquem o vosso Pai que está nos céus."

Em todas as fases apropriadas da vida e em todas as épocas apropriadas da história da humanidade, sempre há na terra uma multidão de homens de natureza excepcional. São os que, em dado momento, compreendem, por intuição, que deve existir outra vida, concreta e nova. Uma vida que não pode ser explicada nem pelos fenômenos místicos, nem pelo humanismo e muito menos pelo eu do homem. E, à medida que o tempo avança para os representantes dessa multidão, à medida que a época dá sinais evidentes de que ela corre para o fim, e que essa multidão ainda não vê sua orientação recompensada por alguns resultados, desenvolve-se, em seu meio, um campo de tensão crescente.

Imaginai agora um ser humano orientado dessa forma, tocado de fato pela Alma do Mundo. As forças da verdadeira luz o tocam em virtude de sua orientação. Ele se esforça para tornar seus caminhos tão retos quanto possível, mas, por enquanto, verifica que a vida é um deserto. Sob semelhante toque, sob semelhante expectativa, nasce uma grande tensão. "Haverá uma saída? Haverá uma solução para a humanidade, para a existência humana? A vitória chegará?"

Esse estado psicológico, essa tensão, provoca interiormente, isso é inevitável, uma sublimação; ou ao menos, a possibilidade de uma sublimação. A fase preparatória terminou, e quando da tensão se elevar a crise, em dado momento, será demonstrado o que fará o homem que pertence a esse grupo excepcional. Deverá ser provado quem desse grupo, dessa multidão, realmente será um discípulo, um discípulo do grande, nobre protótipo, Jesus Cristo, nosso Senhor.

É a isso que se refere o início do Sermão da Montanha, quando afirma:

> "Jesus, vendo a multidão, subiu a um monte; e, assentando-se, aproximaram-se dele seus discípulos".

Jesus, o Senhor, e não poderia ser de outro modo, baseia-se num ponto de vista exclusivo. Ele coloca-se num plano superior àquele a que se está habituado no mundo dialético, e aguarda, em função do desenvolvimento da multidão presente, que os que compreendem verdadeiramente venham a ele.

Partindo do nível dialético do homem nascido da natureza, de nada adianta voltar o olhar para o alto a fim de compreender algo das palavras do Sermão da Montanha. Não, é necessário estar em condição de se colocar psicologicamente no nível da montanha. Somente então sereis capazes de compreender totalmente. Somente então compreendereis o que até então vos parecia absolutamente impossível.

E ouvis uma voz que ressoa: "Ide para a glória!" Um otimismo tão imenso e tão universal vos é transmitido, uma realização tão grandiosa e tão maravilhosa vos é anunciada, que, em comparação, tudo aquilo que tentamos explicar-vos sobre o homem-alma desaparece.

Quem pode elevar-se da orientação do ser nascido da natureza, portanto que pode elevar-se psiquicamente — isto é, interiormente, etericamente —, alcançará o plano superior chamado "alto da montanha" e com isso dará provas de que as qualidades de alma já reunidas são eficientes e estão realmente ativas. Esse homem compreende essas palavras de maneira muito positiva, como um mantra que arde nele: *Bem-aventurados os pobres em espírito, porque deles é o reino dos céus!*

Assim que esse estado psíquico se torna um fato no sistema de vida e o homem estabelece indubitavelmente uma ligação com a Alma do Mundo, ele entra no raio de ação do reino de Deus. Ele entra na bem-aventurança. E apenas lhe resta praticar a correspondente atitude de vida para experimentar a salvação, para percebê-la, para fazer com que ela perdure, qual um *consolamentum*. Desse estado de ser duradouro emana um consolo que possibilitará suportar inteiramente todos os sofrimentos inerentes ao nascimento na natureza.

Semelhante ser é, então, confrontado com o heroísmo da mansidão. Unicamente esses homens vencerão e herdarão a terra. Eles farão desaparecer o flagelo causado pela ignorância e todas as suas consequências. E não há a menor dúvida de que os que vivem nesse estado superior pleno de serenidade têm fome e sede de justiça e que todos eles serão saciados; que os misericordiosos obterão misericórdia; que os puros de coração experimentarão a presença de Deus; e que os pacificadores conhecerão a paz, a paz interior dos filhos de Deus.

Tudo isso não indica um rápido crescimento da alma? Tudo isso não indica um despertar da alma, num crescente aproximar-se do centro do novo reino? É por isso que a bem-aventurança encontra-se também na perseguição por causa da justiça, no ultraje e na opressão. É que a contra-natureza não tolera que a natureza divina se coloque em seu meio e avance rapidamente seguindo seus próprios caminhos. Por isso, o fogo da perseguição serve apenas para provar a fraqueza da contra-natureza e mostrar que ela está batendo em retirada.

É-vos dado viver desse estado de ser superior e entrar nessa grandiosa realidade. Portanto, é necessário que reflitais de maneira clara sobre essa tarefa. Uma tarefa que vos cabe unicamente se vos abrirdes interiormente à voz das bem-aventuranças, se delas sentirdes a força e se estiverdes firmemente decididos a permanecer sem cessar nesse novo nível de vida.

31-VI

O SAL PURIFICADOR

É para os que, estando no cimo da montanha, receberam a bênção das bem-aventuranças e, dessa forma, estão ligados à salvação vivente do Reino, que se dirigem as palavras: "Vós sois o sal da terra". Eles recebem uma missão confirmada pelo compromisso de todo o seu ser. Trata-se aqui do conhecido axioma da Rosa--Cruz clássica, segundo o qual o *sal mineralis* deve transformar-se em *sal menstrualis*.

Sabeis qual estado psíquico é preciso alcançar para assegurar um verdadeiro desenvolvimento e um verdadeiro crescimento da alma. E evidentemente verificareis que se chega a isso primeiro através de uma atitude de vida totalmente nova que possibilitará o crescimento da alma. Com isso queremos dizer uma atitude de vida que se afasta em todos os aspectos do comportamento comum.

Trata-se de uma atitude de vida que interfere profundamente em todos os aspectos da existência humana. Em vosso caso, por exemplo, trata-se, em primeiro lugar, de vossa vida de pensamentos. Trata-se particularmente de vossa atitude de vida íntima, em vossa própria casa, prosseguindo em vossa vida social e em vossos contatos com vossos semelhantes. Quando um ser humano adota semelhante comportamento, dele emana uma radiação. Então, ele age positivamente orientado com a força-luz que o toca.

Já dissemos algumas vezes que a Alma do Mundo influencia todos os homens e os penetra diretamente com seus raios a cada conduta favorável da personalidade. Através da atitude de vida correspondente, o homem conserva essa força da alma e começa a trabalhar com ela. Graças a essa atitude de vida, uma luz emana dele, um influxo, uma força que será percebida e experimentada por todos, sem exceção.

Essa luz age agora como um sal purificador, depurador em todos os aspectos da vida. Podeis compreender agora por que esse sal também estava na bagagem de Cristiano Rosa-Cruz. Como um rosa-cruz, um aluno da Escola Espiritual, poderia trabalhar sem estar de posse desse sal purificador? Portanto, quem deseja fazer algo para a humanidade, deve, no mínimo, possuir esse sal, deve poder particularizar esse raio de luz. Por isso, afirmamos que tudo deve ceder ante a luz da alma. Nada pode resistir-lhe.

Evidentemente, não se trata aqui de qualidade de alma negativa. Já vos explicamos de que forma o homem, sem o saber, pode receber as radiações da Alma do Mundo sem, no entanto, poder fazer algo para outrem, a não ser aumentar suas dificuldades e obstáculos. Nesse caso, a luz é colocada sob o alqueire da ignorância.

Mas, a partir do momento em que, buscando, nos elevamos até o novo plano de vida do qual já vos falamos, a flama do candelabro arde, e sua luz torna-se perceptível na vida. Então, a força da alma torna-se dinâmica e ativa na terra, e o influxo eletromagnético dessa luz está em condição de acalmar, no sentido mais absoluto, as tempestades que devastam o mar astral. Dessa forma a luz deve irradiar, e isso pode ter um único efeito: a glorificação de Deus, nosso Pai.

Não podemos deixar de vos declarar aqui que o único meio de prevenir a grande catástrofe que aguarda a humanidade é através da prática, na vida, do Sermão da Montanha. Fomos enfaticamente encarregados de tentar fazer-vos adotar essa prática de vida nova e superior, totalmente estranha aos hábitos comuns. Trata-se de uma prática impossível de ser aprendida com base no exterior e que não podemos enquadrar em nenhuma fórmula do tipo: "é preciso fazer isso ou aquilo". Essa prática tampouco pode ser descrita em um livro. Trata-se de uma realidade vivente que intervém profundamente na vida do homem, que se dirige a todos os domínios de vida e deverá manifestar-se em todos eles. Ela diz respeito a todas as pessoas com as quais entrais em contato e a tudo o que encontrais. A luz da alma positivamente empregada é uma força diante da qual tudo cede. E deveis aprender a trabalhar com essa arma do amor.

Observai que nos encontramos atualmente diante de um ponto muito decisivo em nosso trabalho. É esperado agora que cada aluno dê provas concretas do novo estado de vida; e cada aluno deve professar seu discipulado de maneira completamente nova. Somente então ele entrará na escola prática da Gnosis. E é nossa esperança e nossa prece que decidais empenhar-vos conosco, realmente, nessa escola prática, a fim de vos preparardes para a salvação do gênero humano.

O Tao é eterno e não tem nome.

Embora ele seja por natureza pequeno e despretensioso, o mundo todo não ousa subjugá-lo. Se os príncipes e os reis conseguissem conservá-lo, os dez mil seres e coisas se submeteriam a eles.

O céu e a terra se uniriam e fariam descer um suave orvalho; e, sem comando, o povo se harmonizaria espontaneamente.

No momento em que o Tao foi dividido, ele recebeu um nome.

Uma vez definido esse nome, devemos saber guardá-lo.

Quem vem a conhecê-lo não corre perigo.

O Tao está espalhado pelo Universo.

Tudo retorna ao Tao, como as torrentes das montanhas retornam aos rios e aos mares.

Tao Te King, capítulo 32

32-I

O CÉU E A TERRA SE UNIRÃO

Apresentamo-vos agora o capítulo 32 do *Tao Te King* para confirmar as palavras da Escola Espiritual da Rosacruz Áurea com a ajuda desse antigo testemunho de um dos grandes, testemunho esse que chegou inviolado até nossos dias através de milênios. Já vos falamos da necessidade da magia gnóstica, da construção do novo templo e de um sacerdócio para que a magia gnóstica atinja plenamente seu objetivo nos templos da Rosa-Cruz.

É por isso que vos trazemos essas antigas palavras de Lao Tsé como uma profecia enunciada no passado, pois chegou o tempo de uma grande revolução mundial e a humanidade encontra-se no limiar de um período totalmente novo. Se os alunos de nossa Escola compreendem realmente nossa época e concebem verdadeiramente as possibilidades que Deus lhes dá, essa profecia poderá ser realizada, levada a efeito pela comunidade reunida na Escola Espiritual da Rosacruz Áurea. Analisemos, portanto, o capítulo 32 do *Tao Te King* para, em seguida, colocá-lo na prática em nossa época, nos nossos dias. Examinemos se as possibilidades de realização estão realmente presentes.

Tao, "Isso", a força que denominamos Deus, transcende sua natureza. Realmente, ele é a força que move e governa o Universo. E tudo o que é criado, sim, cada criatura, traz dentro de si, em cada átomo de seu ser, o princípio nuclear do Tao. Portanto, nada está tão próximo de nós quanto o Tao, a força de Deus, que vem para julgar os vivos e os mortos, mas que é também a força divina que conduz à bem-aventurança.

A humanidade experimenta a força do julgamento do Tao quase em cada hora de sua vida. Trata-se agora de mudar essa força divina do julgamento em força divina da bem-aventurança, em força divina da realização. Esse é o grande problema diante do qual se encontra o homem. E se sois um verdadeiro aluno da Escola Espiritual manifestada setuplamente, sabeis que, juntos, como um grupo de condiscípulos da Rosa-Cruz, podemos resolver esse problema, tanto para nós como para nossos semelhantes, ao colocar em prática a magia gnóstica.

Por essa razão é necessário que, a cada dia de vossa vida, verifiqueis a que ponto os elementos da magia gnóstica estão nela presentes e se vossa atitude de vida está em harmonia com ela, pois a salvação da humanidade depende disto, na vida presente. Se uma parte relativamente pequena da humanidade pudesse conservar o Tao na natureza dialética como um fator de irradiação no sentido previsto por Lao Tsé, a humanidade inteira teria de se submeter a ele. Sim, e ainda mais, *o céu e a terra se uniriam e fariam descer um suave orvalho; e, sem comando, o povo se harmonizaria espontaneamente.*

Sabendo disso e o compreendendo, devemos novamente considerar a essência da magia gnóstica em sua totalidade. E afirmamos que o Tao deverá ser a verdadeira essência, o fundamento da magia gnóstica. Nenhuma força, nenhuma influência, quer na esfera material quer na esfera refletora, poderá tomar o lugar do Tao.

A seguir, o aluno deve compreender que, para receber e transmitir o Tao, para trabalhar com o Tao, ele deve dispor de um veículo adaptado. Ele deve conhecer, possuir e experimentar esse veículo como sendo a alma. Por essa razão, após ter penetrado a sabedoria e a compreensão, seu primeiro esforço se voltará para a realização da alma, do corpo-alma. Pode-se afirmar que todos os alunos possuem o grande e poderoso princípio-alma e já dispõem, em sua maioria, do corpo-alma. Portanto, eles deveriam ser capazes de colocar em prática a magia gnóstica.

Todavia, são justamente os que possuem a alma, os que possuem esse veículo tão delicado, notável e indispensável, que devem zelar com o maior cuidado e inteligência por sua atitude de vida! Porque conheceis as palavras: "A alma que peca deve morrer". Não as considereis como uma espécie de bordão místico que se tornou letra morta num mundo como o nosso, porém como um fato evidente aplicável a todo aquele que adquiriu alguma qualidade de alma.

Quando um ser humano adquire força anímica, através das faculdades da alma, através de suas forças magnéticas, o Espírito, Tao, é imediatamente atraído e torna-se ativo em sua vida. Porque onde está a alma, aí está o Espírito. Torna-se evidente, pois, que se a alma agir, por pouco que seja, segundo os critérios da vida comum e com ela harmonizar-se, o Espírito, Tao, não poderá realizar nenhuma renovação como força divina que concede a bem-aventurança, porém sempre como uma força de demolição, como o fogo do julgamento.

Admitamos por alguns momentos que tenhais alma, que possuais qualidade de alma, e que vos orienteis, seja como for, custe o que custar, para o Tao. No entanto, pequeninos detalhes de vossa atitude de vida permanecem na linha horizontal comum. Nesse caso, o Tao age sempre, sem exceção, como o fogo do julgamento. É por isso que os que possuem alma, os homens de alma sensível, passam continuamente por provas muito duras em suas vidas.

Porque quanto mais forte é sua alma, mais o Espírito trabalha com força em seu julgamento. Quanto mais alta é a corrente, mais forte é o choque. Isto é tão fácil de se conceber que mesmo uma criança o compreenderia.

A força do julgamento é sempre uma força corretiva. É por isso que os que se aproximam dos fundamentos da magia gnóstica, que esperam realmente a força divina da bem-aventurança e, consequentemente, entram na fase da transfiguração e despertam, assim, algumas particularidades da alma, devem vigiar ao máximo sua atitude de vida, a fim de evitar o fogo do julgamento, a fim de transformar esse fogo, essa força, em graça, na graça da bem-aventurança dos filhos de Deus.

A atitude de vida deve harmonizar-se, nos mínimos detalhes, com os desígnios do Espírito, a fim de evitar todos esses tormentos, conhecidos e talvez ainda desconhecidos, e excluir antecipadamente uma estagnação no caminho. E sobretudo para tornar-vos aptos a praticar a magia gnóstica, para tornar-vos dignos de praticar a magia gnóstica, o que se tornou premente necessidade.

Entretanto, avancemos um pouco mais e admitamos que vos aproximais da origem das coisas, portanto do Tao, e que, consequentemente, a alma cresça em vós. E que vossa atitude de vida se harmonize com ela nos menores detalhes, que toda a vossa existência comece a abrir-se para o Espírito e que, por conseguinte, vosso raio de ação e vosso estado de consciência se expandam e vos conduzam, dia após dia, cada vez mais adiante no caminho. Compreendei que, então, vossa atividade mental, vosso estado mental, vosso intelecto, sofrerão modificações profundas e radicais. Em dado momento, pensais de maneira completamente diferente dos outros seres humanos. Coisas que são de grande interesse para todos os demais não fazem mais o menor sentido para vós. Já não podeis interessar-vos por elas. Talvez já tenhais experimentado isso.

Esta é, então, a prova de que estais mortos para essa parte da esfera refletora que denominamos esfera mental. Conseguistes como que abrir caminho através dessa parte da esfera refletora, através dessa esfera mental. E, então, sois capazes de atravessá-la, de por ela viajar sem pertencer a ela ou, como é dito no evangelho

32-1 · O CÉU E A TERRA SE UNIRÃO

gnóstico *Pistis Sophia*, vós a atravessais sem que as forças e os éons dessa esfera vos percebam.

A seguir, vosso progresso no caminho aparece e vossa vida de desejos também muda totalmente e toma um sentido inverso. Muitos alunos sofrem por causa de sua vida de desejos. Todavia, se, verdadeiramente, no sentido mais profundo da palavra, estais orientados para o Tao, todos os vossos desejos, quaisquer que sejam eles, mudam totalmente. Vossos desejos se modificam de maneira tão fundamental que, também nesse sentido, vos tornais estrangeiros no mundo.

Essa modificação refere-se não somente à vossa orientação interior e à progressão de vosso estado de alma, como também tem uma grande influência sobre vosso estado de ser físico. Vossas necessidades físicas vitais se transformarão completamente. Se a elas não vos adaptardes, o corpo se torna doente. Caso tenhais dificuldades com vosso corpo, é preciso examinar o problema também sob esse ângulo.

Isto tudo é a prova de que vosso corpo astral, do ponto de vista do movimento rotatório dos chacras, está se transformando radicalmente. Ao invés de girar da esquerda para a direita, todas as grandes e pequenas rodas do sistema de chacras giram da direita para a esquerda, em direção oposta. Estais, então, em condição de atravessar todos os domínios astrais da esfera refletora sem que as forças dessa esfera vos influenciem ou vos obstaculizem. Na verdade, elas já nem mesmo conseguirão perceber-vos.

O mesmo processo ocorre no tocante ao corpo etérico e à esfera etérica e, finalmente, abris caminho através de todos os domínios das esferas etéricas dialéticas, e estabelece-se uma unidade entre os elementos da trindade composta por espírito, alma e corpo.

Este é o princípio fundamental da magia gnóstica: libertar-vos pessoalmente das esferas etéricas da natureza comum. Como isso pode acontecer? Orientando-vos exclusivamente para o Tao, com todas as consequências decorrentes, após o que vossos interesses e vossas necessidades vitais mudam fundamentalmente. Dessa forma, o aluno abre passagem através de todos os domínios dos arcontes e dos éons da esfera refletora.

Como já o dissemos, disso resulta a unidade do tríplice estado humano: espírito, alma e personalidade; e também por vosso intermédio, com o mundo tal como ele é, com a humanidade prisioneira da miséria e da morte. A partir desse momento, com vosso verdadeiro ser totalmente renovado, vós vos tornais um detentor de poder na natureza inferior, e podereis começar a praticar a magia gnóstica. Estareis, então, prontos para praticar — se nos for permitido expressar-nos à moda antiga — a ioga mais elevada que Deus concedeu a seus filhos.

32-II

O POVO SE HARMONIZARÁ

Suponde que determinado número de homens e mulheres, como expusemos no capítulo anterior, abra uma passagem, isto é, uma via livre, através dos principais domínios etéricos, tanto individualmente como em grupo, e que, portanto, consiga uma grande abertura até o triplo domínio do Espírito, da alma e da matéria, uma passagem por onde todas as forças da bem-aventurança possam afluir ao mundo.

Se essa atividade se manifestasse, não se poderia simplesmente deixar essas forças agirem num mundo como o nosso, pois imediatamente essas poderosas correntes da salvação se transformariam em forças de julgamento, em forças que agiriam destruindo tudo e, em pouco tempo, destruiriam o mundo pelo fogo. Porque as condições da esfera material são tais e a influência das forças da esfera refletora sobre o mundo e a humanidade são de tal natureza, que ninguém poderia, sem mais nem menos, reagir harmoniosamente a essas poderosas vibrações.

Por conseguinte, é preciso que essas poderosas vibrações sejam transmutadas e que os obreiros, cujo anseio é infundir sobre a humanidade as forças da salvação e oferecer-lhe essas forças plenas de graça, tenham primeiro preparado um santuário, um templo, como base, como lugar de serviço consagrado para a aplicação da magia gnóstica.

Esse lugar de serviço deverá, portanto, preencher todas as condições exigidas. Possuir semelhantes oficinas templárias para poder executar o trabalho gnóstico mágico sempre foi a intenção dos homens que se situavam por detrás da construção de muitas belas e poderosas catedrais erigidas no decorrer dos séculos.

Talvez percebais que estamos abordando este assunto como um campo de trabalho totalmente novo, a respeito do qual a maior parte dos alunos de nossa Escola ainda deverá dar os primeiros e hesitantes passos.

Para muitos, esse templo até agora era unicamente um local de reuniões para celebrar os serviços templários, serviços que, na falta de um templo, poderiam ser celebrados em outro local ou, caso o templo estivesse muito cheio, em outras salas que tivessem sonorização adequada. Em suma, esta é a concepção protestante das coisas que diminuiu o significado de um santuário, tornando-o um elemento de necessidade comum.

Se refletirdes sobre isso, verificareis que o desenvolvimento de uma escola como a nossa ainda não terminou e que ainda resta muito a ser feito para uma preparação adequada. Além disso, não devemos basear-nos em formas de cultos já praticados há séculos nem, no outro extremo, em costumes banais e comuns.

Devemos voltar-nos para uma prática que se baseie na qualidade interior e na preparação interior. E por isso, esperamos que compreendais do que se trata e que estejais decididos a tornar-vos, tão rápido quanto possível, aptos para esse santo trabalho templário por meio de vossa preparação interior. Sobretudo porque o tempo já chegou.

O trabalho templário tornou-se uma necessidade. Trata-se de um trabalho interior que deverá emanar de nossos templos como um novo campo de irradiação que envolverá o mundo todo com seus efeitos benéficos.

Podeis agora perguntar-vos qual tarefa cabe aqui à magia gnóstica. Responderemos com estas palavras de Lao Tsé:

> *Se os príncipes e os reis conseguissem conservá-lo, os dez mil seres e coisas se submeteriam a eles.*
>
> *O céu e a terra se uniriam e fariam descer um suave orvalho; e, sem comando, o povo se harmonizaria espontaneamente.*

Examinemos mais de perto estas palavras. Primeiro a expressão: *os dez mil seres e coisas*. Para os antigos chineses, essas palavras indicavam as massas, o conjunto de todos os que nasceram desta natureza. Quando o campo de radiação gnóstico mágico começa a derramar-se e a agir no plano horizontal, estendendo-se até a terra, a primeira consequência é que tudo o que é nascido da natureza torna-se submetido a ele.

A influência dos reis-sacerdotes não intervém para um julgamento: trata-se de radiações que são recebidas e transmutadas pela falange sacerdotal e que têm uma influência tranquilizadora e pacificadora. Essas radiações começam por interditar o acesso a todas as influências provenientes das esferas etéricas do campo de vida material. Como resultado, elas estabelecem no mundo uma nova base para as massas e suas autoridades, com a finalidade de, sem dar ordens nem exercer pressão alguma, resolver conflitos, estender uma ponte sobre o abismo e tornar possível o impossível.

Compreendeis que, dessa forma, o céu e a terra se uniriam, permanecendo apenas uma esfera refletora muito isolada, que naturalmente teria um fim, pois, através do canal que jorraria nos templos da fraternidade gnóstica e através da irradiação supra-natural que se desenvolveria automaticamente como resultado, esses templos, por assim dizer, cobririam a terra com *um doce orvalho*.

Eles fariam desaparecer de maneira natural as grandes oposições que dividem os homens entre a supranatureza e nosso campo de vida. É por isso que a Gnosis e o homem gnóstico não precisam, por exemplo, imiscuir-se em disputas políticas. É por isso que a Gnosis não precisa, como o homem dialético, verter torrentes de críticas sobre o mundo e a humanidade.

Não julgueis os que, de fato, não merecem vosso julgamento, pois compreendeis que as influências da esfera etérica — a qual, devido à sua natureza, assimila todos os pecados da humanidade, os vivifica e os reflete — provocam atualmente uma desumanização que degrada todos os valores humanos naturais e finalmente os suprime. Eis por que as massas vivem e agem como o fazem. E as autoridades agem sobre elas e as dirigem inteiramente segundo sua natureza.

Dessa forma, as massas permanecem confinadas numa prisão criada por elas mesmas. E sua angústia as incita a se comportarem segundo a lei do Antigo Testamento: "Olho por olho e dente por dente". Cada qual busca o melhor lugar para si, irrompem violentas disputas, e todos estão continuamente se ferindo reciprocamente através de críticas virulentas.

Vede claramente que, para ajudar o mundo e a humanidade, não deveis de forma alguma seguir as práticas das massas; que não é necessário vos declarardes contra isto ou a favor daquilo; que não deveis tomar partido a favor ou contra este ou aquele éon da natureza.

Deveis unicamente despertar vossa alma vivente, desenvolvendo uma nova atitude de vida digna e vigilante, mantendo-vos, assim, no templo na qualidade de homem sacerdotal. A partir daí, do centro do templo e do campo de vida que vos envolve, abrireis, com o novo campo de radiação supranatural, amplas e novas possibilidades para inúmeras pessoas. Consequentemente, vossa intervenção será totalmente impessoal nos conflitos pessoais: sim, tornareis as guerras impossíveis e trareis a paz sobre a terra.

Através de vosso comportamento como novo ser humano, cumprireis a vontade de Deus na terra, a serviço de todas as ondas de vida. E quanto às esferas etéricas, elas tampouco serão alimentadas pelo campo de vida material. A ilusão já não poderá tomar forma e assim a esfera etérica será purificada de maneira perfeitamente natural. Todas as formas ilusórias, privadas de sua fonte, se dissiparão qual névoa. Todos os éons da natureza sustentados artificialmente deverão conformar-se com a vontade e a lei de Deus, e eles mudarão totalmente.

Podereis também compreender como em consequência, a total qualidade da natureza dialética será modificada e como a vida terá novamente sentido na onimanifestação. A terra voltará novamente a ser a escola de aprendizagem da eternidade e a roda do nascimento e da morte voltará a ter um sentido profundo. Toda a humanidade, tal como ela existe atualmente na qualidade de massa, será devolvida à sua verdadeira vocação. E tudo isso pela prática da magia gnóstica.

O grande adversário sabe disso! Ele sabe que sua hora chegou e é por isso que será necessário um último combate contra tudo o que é treva. Deveis compreender bem o conceito "combate". Trata-se de um combate totalmente diferente daquele que o mundo conhece e pratica, do combate do amor de Deus, com todos os meios de que ele dispõe para tornar-se vitorioso. Uma vitória da qual todos participaremos e que não tem fim.

Desse modo, introduzimo-vos no trabalho que começa agora; um trabalho empreendido por homens, para os homens, totalmente segundo a lei e a vontade de Deus; trabalho esse sobre o qual ninguém poderá dizer "Fui eu que o fiz!", pois trata-se aqui da utilização da força divina tendo em vista a bem-aventurança de todos. Quem puder compreender que o compreenda!

Quem conhece os homens é perspicaz, mas quem conhece a si mesmo é iluminado.

Quem vence outros homens é forte, mas quem vence a si mesmo é onipotente.

Quem sabe moderar-se é rico, mas quem é dinâmico tem força de vontade.

Quem não se desvia de sua natureza essencial viverá por muito tempo, mas quem morre e não se perde gozará a vida eterna.

Tao Te King, capítulo 33

33-1

Quem conhece a si mesmo é iluminado

Acaso já descobristes que é extremamente difícil alcançar o autoconhecimento? Se examinardes os esforços empreendidos de tempos em tempos nesse sentido, direis, suspirando: "Alcançar o autoconhecimento é totalmente impossível!" No entanto, sem dúvida o autoconhecimento é o primeiro passo para o autoaperfeiçoamento. Por isso é trágico ter de dizer que, apesar dos sérios esforços feitos para isso por muitos, os resultados sejam tão pobres.

Com efeito, como diz a Bíblia: Aquele que vence a si mesmo é mais forte do que aquele que conquista uma cidade. Ou, como diz Lao Tsé: *Quem conhece os homens é perspicaz, mas quem conhece a si mesmo é iluminado.* Observar e analisar o comportamento de outros, e determinar o que neles é bom ou está errado, o que não vai bem, o que é negativo e sem esperança, é a característica da maioria dos homens, porque eles são perspicazes e estão habituados a emitir um julgamento a respeito de tudo, em toda a parte e sobre cada um. Porque eles viram bem, ouviram bem e compreenderam bem! Existem pessoas que podem contar-vos tudo acerca dos outros, nos menores detalhes. Todavia, não devemos dar a menor importância a todos esses julgamentos. Com efeito, esses observadores, tão perspicazes, são incapazes de perceber as razões interiores de certos atos, de certas palavras; eles podem, quando muito, fazer conjecturas.

Para muitos, a única base do tão necessário autoconhecimento é a opinião alheia. Por exemplo, um amigo ou um parente vos dirá claramente como sois. E também quem sois. Acaso as pessoas que vos são próximas não se baseiam em fatos? Que razões teriam elas em apresentar as coisas diferentes do que são? Sabeis, porém, que muitos que assim agiram quanto ao autoconhecimento foram conduzidos por falsos caminhos?

Vossa esposa, vosso marido, vosso irmão, vossa irmã, vosso companheiro, todos vos dizem como sois; e acabais por acreditar neles. E acabareis acreditando nisso. E acabareis estruturando toda a vossa vida e todo vosso estado de ser com as conclusões de terceiros. E finalmente acreditareis que estais muito adiantados em autoconhecimento!

Se fordes suficientemente objetivos reconhecereis que, de tempos em tempos, sois vítimas dessa situação. Disso temos uma prova clássica no fato de que Jesus, o Senhor, bem como outros grandes obreiros e seus sublimes servidores nada puderam fazer com os que lhes eram próximos, com suas relações, em seu próprio país. Pensai nas palavras proverbiais: "Acaso algo de bom pode provir de Nazaré? — Nada! Nós o sabemos muito bem!"

Porque para vós talvez pudesse ser útil conhecer os homens e importante julgar os outros, porém quanto ao julgamento justo, existem em vossa vida mais erros e mal-entendidos do que julgamentos justos. Quem o compreende e ousa reconhecê-lo também sabe, no que se refere ao autoconhecimento, que ainda se encontra na mais total escuridão. E nesse aspecto, grande parte dos homens é ou muito otimista ou muito pessimista, não sendo nada realista.

"Como isso acontece?" poderíeis perguntar. Simplesmente porque o ser humano não possui nenhum órgão dos sentidos, nenhuma faculdade interior para ter uma percepção objetiva de si mesmo em seu comportamento e gestos; e porque ele tampouco é capaz de observar as emoções interiores que o levam a agir desta ou daquela maneira; e muito menos os impulsos de natureza astral que se encontram em segundo plano. O livro das causas e efeitos, o livro do carma pessoal, no mais das vezes, permanece hermeticamente fechado no tocante à sua própria vida.

É também o caso do ocultista, no entanto muito bem informado, segundo se diz, a respeito de seu próprio estado cármico. A Escola Espiritual moderna rejeita o ocultismo porque ele oferece um método que permite penetrar, por meio da consciência-eu, até os mistérios da existência.

Isso é possível, porém apenas até certo ponto. E daí resultam uma consciência-eu dura como pedra e uma existência totalmente misturada com a esfera refletora e ligada a ela. Os ocultistas liberam influências e forças que aprenderam a temer e tentam delas escapar ou neutralizá-las mediante táticas apropriadas e com certa astúcia, o que, ao longo do tempo, torna-se absolutamente impossível.

Um ocultista que se mantenha em nossas fileiras se fará reconhecer pelo fato de não poder ou não querer abandonar a astrologia. Na prática, a astrologia nada mais é do que um meio de dar uma olhada intelectual em nosso carma. Este, então, revela-se à consciência como uma série de bons ou maus influxos e irradiações. O horóscopo mostra-nos a teia em que estamos aprisionados em virtude de nosso nascimento na natureza. O ocultista, suspenso nessa teia, tenta torná-la tão ampla e agradável quanto possível. Sobre a aranha que teceu a teia e sobre a razão de sua existência o horóscopo nada diz. Com efeito, a astrologia é uma ciência que oferece alguns meios de tornar a vida na natureza um pouco mais suportável. E acrescentaremos: talvez. Ela nos torna, sem dúvida, um pouco mais prudentes com relação a situações perigosas e nos leva a aproveitar a ocasião de novas possibilidades dialéticas, caso elas se apresentem.

Quanto ao restante, trata-se apenas de um adiamento que não torna o homem melhor nem pior, mas unicamente um pouco mais hábil e, às vezes, mais astucioso. Todavia, quanto à salvação eterna e à vida real e verdadeira, essa ciência nada pode fazer para o homem. E porque em geral os ocultistas se agarram a essa ciência, nós a abandonamos de maneira radical, pelo menos no sentido em que ela é utilizada no presente.

Talvez saibais que, no passado, demos aulas de astrologia. Durante anos ensinamos aos que frequentavam as reuniões da Rosa-Cruz a fazer um mapa astral e a interpretá-lo. Despedimo-nos dessa prática, porque é exclusivamente quando buscais a alma e desejais desemaranhar a teia do destino que certo conhecimento de vossa momentânea teia de aranha, como imagem da missão de vossa vida, pode ser-vos de alguma utilidade. Todavia, o estudo dos aspectos, suas finalidades e práticas é muito prejudicial, se pretendermos, com sua ajuda, alcançar um maior autoconhecimento.

O ocultista dispõe ainda de outras flechas em seu arco, como, por exemplo, o tarô, a cabala e a quiromancia. Quando éramos jovens também utilizamos essas flechas, mas descobrimos que o caminho do autoconhecimento é totalmente diferente.

Seria maravilhoso se compreendêsseis isso, pois estaríeis a salvo de um longo caminho de experiências, acompanhado de muito sofrimento e tristeza. Trata-se de aprender a conhecer um segredo. E a receita desse segredo é:

1. conhecer a si mesmo e, como resultado, participar da iluminação;
2. vencer a si mesmo e, desse modo, tornar-se onipotente;
3. desenvolver uma nova energia e, como resultado, desenvolver a faculdade mágica da vontade; e
4. no final da viagem através da matéria, entrar na vida nova eterna.

Desejais estudar essa fórmula e, a seguir, tentar aplicá-la e saborear seus frutos? Trata-se de uma fórmula que vem a vós desde o passado primordial e traz em si a glória da infalibilidade.

Todavia, surgem as perguntas: "Como chegamos ao autoconhecimento para participar da iluminação?" E: "Que é iluminação?" Para fazer essa pergunta, devemos ter certa experiência e ter sorvido o amargo cálice da dor, pois é somente devido às experiências que as perguntas chegam ao coração do homem: "Qual é a finalidade da minha vida? Que é o homem na realidade? A que está ele destinado?"

Se vos fazeis essas perguntas, não intelectualmente, mas porque, para vós, trata-se realmente de problemas interiores; se essas perguntas brotam do imo do vosso ser, então surge naturalmente em vós a tendência para a busca. É uma propensão que, desde o início da busca, é sentida como uma necessidade vital, algo como "ser ou não ser". E então toda a Doutrina Universal abre-se para os homens, todo o plano de Deus para o mundo e a humanidade.

Para o aluno, essa pesquisa torna-se cada vez mais fácil. A literatura da Escola da Rosacruz Áurea é totalmente colocada à sua disposição, e ele a estuda porque é levado a isso por uma necessidade vital. Observai que quando falamos aqui de "estudo", essa noção está fundamentada numa base totalmente diferente daquela que lhe é normalmente atribuída. O aluno estuda, ele quer saber, porque é impulsionado por uma necessidade vital.

Ele descobre, então, que a consciência-eu consiste unicamente numa atividade motora cujo papel é, no melhor dos casos, manter viva a personalidade; que a personalidade só pode ser chamada de meia criação, uma mera base para o verdadeiro devir do novo homem; enfim, que a vida da personalidade, tal como ele a percebe atualmente, não é uma vida em estado digno, porém refere-se apenas a uma existência animal.

Assim que o aluno compreende isso — e ele o compreenderá se for movido por uma necessidade vital — um ponto de toque latente em sua personalidade despertará, se abrirá e florescerá: a rosa-do-coração. E nessa rosa fala uma voz, a voz da flama monádica, essa parte do homem superior que, por intermédio da alma, deve ser religada ao homem inferior para que, através desse processo, o homem inferior mude completamente e se transfigure.

Quando esse plano se torna interiormente claro para o aluno, se abre e não é compreendido apenas de modo racional, e o aluno vive e cresce interiormente no desígnio que Deus formou para ele, então ocorre, ao mesmo tempo, a iluminação. Somente então haverá autoconhecimento, o conhecimento de Deus. Então realmente é sabido que "o reino de Deus está dentro de vós".

Eis o que é a iluminação. E nessa iluminação, através dessa iluminação, é possível adentrar o caminho da vitória, da vitória sobre si mesmo.

33-II

QUEM VENCE A SI MESMO É ONIPOTENTE

Observareis que, por mais nova que possa parecer, a orientação agora necessária para o novo dia de manifestação que se aproxima é, todavia, muito tradicional. No final da era de Áries, esta mensagem foi levada à humanidade que lentamente se tornava adulta. Ela foi apresentada e aplicada durante toda a era de Peixes por diversos precursores e mensageiros da humanidade. Na era de Aquário que se aproxima, essa orientação deve ser concretamente seguida pela humanidade toda. Os grandes símbolos desse tríplice período, ou seja, transmitir, exemplificar e praticar, são sucessivamente Áries, Peixes e Aquário, que derrama seu cântaro cheio de água viva sobre a humanidade toda.

O tempo da realização aproximou-se, e esse período pode chegar a realizar-se, porque o ser humano está apto para isso graças às suas possibilidades existenciais. No decorrer de quatro mil anos, ele teve tempo para mobilizar todas as suas possibilidades. É por isso que os alunos da Escola Espiritual devem preparar-se com alegria e gratidão para essa grandiosa tarefa de libertação.

Discutimos o primeiro aspecto do processo de autorrealização que apresentamos na terminologia do *Tao Te King:* o autoconhecimento e, como resultado, a iluminação. Prosseguiremos agora com o segundo aspecto: a vitória sobre si mesmo e a consequente onipotência.

Explicamos que, no homem que durante tempo suficiente bebeu do cálice da amargura e comeu dos frutos da árvore do conhecimento do bem e do mal, desenvolve-se uma nova vida de sentimentos, uma nova necessidade vital, isto é, um intenso desejo de compreender a finalidade de sua vida e o plano que está em sua base.

À medida que ele penetra nesse plano, que seus desejos e seu coração se alimentam dele, que esse coração é, portanto, iluminado pela grandiosa luz da Gnosis, o coração se abre a essa maravilhosa realização. A rosa desabrocha, e o homem superior, que, como microcosmo, envolve o aluno, lhe fala. O candidato entra assim naquilo que nós, tal como os antigos, denominamos o período de iluminação mística, a fase de acalentar o plano que o toca.

Nesse primeiro e novo estado de ser em pleno desabrochar pode surgir uma orientação de vida completamente diferente, portanto, uma faculdade totalmente nova. Tudo aquilo que era considerado muito importante torna-se insignificante, torna-se nada à luz do novo dia. Surge, então, uma nova capacidade moral-racional. Racional porque, através dessa mudança, o santuário da cabeça e, a seguir, o santuário do coração, irão cumprir suas verdadeiras funções. Cabeça e coração, coração e cabeça cooperam num estado de ser moral-racional iluminado. Agora o grande trabalho pode começar. Após o *autoconhecimento* deve seguir-se a *vitória* sobre si mesmo. Qual o significado disso?

Como a humanidade encontra-se no começo da era de Aquário, a era de Áries e a era de Peixes ficaram, por assim dizer, totalmente para trás. Isso significa que, como vosso microcosmo recebe uma nova personalidade a cada setecentos anos aproximadamente, vivestes cerca de seis vidas no decorrer dos quatro mil anos decorridos, e estais agora na sexta ou sétima vida desde a era de Áries.

Com isso queremos demonstrar-vos claramente que num longínquo passado já recebestes e sentistes pessoalmente, em vossa existência material, a mensagem chamando-vos para vossa vocação. Consequentemente, a salvação vos foi trazida e apresentada em condições análogas. Portanto, deveis agora seguir esse grandioso trabalho.

É preciso que seja dito que os alunos de nossa Escola, durante as etapas de vidas passadas e até hoje, não aproveitaram as inúmeras oportunidades de libertação que lhes foram oferecidas. É provável que tenham conhecido pessoalmente alguns dos grandes precursores e seus servidores, e os tenham ouvido falar — sem terem, entretanto, feito uso disso. E, no decorrer de sua última vida, foi a Gnosis dos cátaros que os chamou através de seu poderoso toque.

Durante todo esse tempo, eles talvez ainda não estivessem suficientemente amadurecidos para o caminho da vitória e, consequentemente, se sobrecarregaram com um pesado carma. Transformaram sua camisa de força astral numa completa prisão. Somente agora, portanto, eles se colocaram diante da grande tarefa de iniciar o caminho da vitória. É também possível que, durante esta vida, eles não consigam ir mais adiante do que seguir o caminho da iluminação mística, como é o caso de muitos.

Todavia, suponde que essa iluminação mística seja agora a parte que vos cabe e que vosso coração e vossa cabeça estejam, pois, prontos para seguir o caminho da vitória, que estejais firmemente decididos a isso, pois é disso que se trata! É possível tudo alcançar, pois tendes capacidade para tanto se tão somente perseverardes; então devereis unicamente cuidar para que a cabeça e o coração permaneçam nesse novo estado de ser. Devereis manter a cabeça e o coração "na luz", como dizemos, para serdes capazes de continuar o processo. E não vos deixeis mutilar pelos ataques da natureza.

O homem-microcosmo, mantendo-se na iluminação, forma, por intermédio da personalidade, o ser-alma. Se mantiverdes o coração e a cabeça na luz, desenvolve-se um estado ideal que liga o microcosmo à personalidade. A força que liga, o elemento de ligação, manifesta então a alma.

A alma se mantém sempre aí, no centro, por assim dizer. A alma é o novo corpo que então se forma. A irradiação da personalidade na luz da Gnosis e o microcosmo que desce e intervém de maneira sempre mais radical formam, juntos, a alma vivente. Trata-se de uma existência, de um corpo do qual se pode dizer que está neste mundo, mas já não é deste mundo. É desse modo que o homem se coloca na transfiguração.

Algo totalmente diferente é atingir a onipotência após iniciar o caminho da vitória. Que é onipotência? Fala-se, por exemplo, da onipotência de Deus. Portanto, o Todo-Poderoso é Deus mesmo. Portanto, alcançar a onipotência significa: penetrar até a essência fundamental da Divindade e dela participar.

Como a essência fundamental de Deus está sempre associada ao fogo, sendo sempre comparada ao fogo flamejante, compreendereis que, a partir do momento em que o candidato pode dominar o quinto éter, o éter ígneo, ele consequentemente também domina o núcleo do átomo e alcança, dessa forma, a onipotência absoluta. O domínio do átomo — essa é a onipotência.

Poderá parecer-vos estranho, mas verificareis que, em verdade, cada aluno que percorre o caminho torna-se um reator atômico e provoca uma fissão nuclear. Pelo processo aqui descrito, o átomo, de que sois constituídos, manifestará sua verdadeira natureza e espalhará suas forças mais ocultas. Consequentemente, ocorre essa grandiosa mudança. O controle do átomo é a onipotência.

É provável que tenhais visitado a gruta do Grão-Mestre na Montanha Sagrada em Ussat-les-Bains. Ali, pode-se ver, em algumas linhas simples, o desenho de um barco, tal como era representado no antigo Egito. À guisa de mastro, ele leva uma cruz sétupla. Uma poderosa mão segura essa cruz, erguida de forma que uma forte corrente vertical de força divina possa descer da supranatureza. Os dois braços da cruz formam, cada um, uma tríade. Uma das tríades é levada e sustentada por uma águia, a outra, pelo número nove, os grandes símbolos do fogo divino e da força de Deus. É por isso que dizemos que o candidato é levado nas ondas da onipotência pelo éter ígneo, pelo Espírito Santo, quando este é liberado e pode ser dignamente recebido e empregado pelo candidato. Dessa forma, o barco celeste é dirigido, com mão firme, para o grande objetivo único. Pelo vertical e pelo horizontal. Pelo próprio Deus — a onipotência. Pelo éter ígneo — a libertação.

Compreendereis, portanto, que a fase mística da iluminação deve ser acompanhada pela unificação, a fusão com a flama; e da unificação com a flama, com o fogo, com a luz: a unificação com Deus.

Que diremos, então, da onipresença divina? Pois bem, essa onipresença divina, essa força divina está contida no quinto aspecto do átomo. Se o candidato se abre para essa força, ele então se torna uno com o próprio Deus. Ele se torna uno com a essência fundamental da onimanifestação até o átomo. E, em decorrência disso, a força de Deus, a onipotência, se abre para ele.

Depois disso, vem o terceiro aspecto da fórmula que o *Tao Te King* nos dá: irradiar uma nova energia e, como resultado, desenvolver a faculdade mágica da vontade.

A vontade é a maior e mais elevada força que o homem pode possuir. Por isso ela é denominada "o sumo sacerdote". Quando, pelo processo da transfiguração, por meio da alma, o homem inferior eleva-se a homem superior, a vontade, como verdadeiro poder real e sacerdotal, pode ser empregada, ser ligada ao fogo da divindade. Daí uma cruz ígnea é erguida, oniabarcante e absoluta, uma corrente vertical da supranatureza que se derrama horizontalmente sobre o mundo todo.

Não se trata agora de saber até que ponto já realizastes esse processo, porém de participardes dele, de entrardes nele. Então, os fortes poderão ajudar os fracos e uma unidade se desenvolverá, uma unidade de grupo, da qual vos falamos anteriormente. Então, já não estaremos no mundo na qualidade de chamados, mas, a partir desse instante, estaremos no mundo como um grupo dotado de poder. Em vista disso, ergueremos em conjunto a Escola Espiritual qual poderosa cidadela no grande movimento universal. E então, como resultado da nova vontade, veremos o mundo todo, a humanidade toda, a nossa sociedade toda se modificarem.

33-III

QUEM MORRE E NÃO SE PERDE
GOZARÁ DA VIDA ETERNA

Esperamos que possais ver claramente agora o que Lao Tsé quis dizer no capítulo 33 do *Tao Te King*. Em algumas linhas notáveis, ele dá a receita do processo da libertação de tal forma que sua imagem se projeta diante dos olhos dos alunos. Desejamos apresentar-vos, mais uma vez, esse esboço, a fim de que não o esqueçais, e finalizaremos com o último aspecto dessa receita mágica: o fim do trabalho na matéria e o ingresso na eterna nova vida.

Assim, portanto, o homem material que conhecemos surgiu no mundo material. Esse homem não é o homem verdadeiro, o homem superior idealizado por Deus, porém representa o instrumento que lhe dá a oportunidade de realizar o grande milagre da criação. Para esse fim, o homem superior o envolve, mas falta-lhe ainda o fator animador, a chama que o inflamará.

O fator animador, o elemento que conduz à "vida" verdadeira, ainda deve ser realizado, construído a partir da base. Todos os aspectos devem, portanto, ser colocados em movimento. Todas as possibilidades são reunidas e, devido à emotividade, à sensibilidade e à atividade, ocorre uma combinação, uma interação de forças e de radiações.

Profundas experiências são, então, vivenciadas. E se elas se gravam suficientemente no homem em formação — processo esse, infelizmente, acompanhado de muito sofrimento e dores! — um intenso desejo se desenvolve nele, o desejo de conhecer o objetivo da vida, bem como o de poder responder a ele e de cooperar com ele. Vemos que a busca é a consequência disso. E que o amor nasce no coração para esse objetivo único. Em dado momento, a perfeita compreensão irrompe no santuário da cabeça. Esta acarreta um contato íntimo, uma aproximação muito estreita entre o homem superior e o homem inferior. Desenvolve-se um contato recíproco. A força de irradiação do homem superior ilumina intensamente a cabeça e o coração do homem inferior. Essa força luminosa que religa, une e só pode manifestar-se se o homem inferior satisfizer as condições requeridas, essa força ígnea faz desaparecer o fator de cristalização, também denominado fator glúten.[14]

O fator glúten manifesta-se, entre outras coisas, sobretudo no sangue. O desaparecimento do fator glúten refere-se à transformação atômica já descrita. Essa transformação atômica demole o homem inferior, o instrumento, para a descida do éter ígneo. O homem inferior, envolto em chamas, ornamentado com as línguas de fogo do Pentecostes do éter ígneo: esta é a consequência da unificação, da unidade com o homem superior. Uma nova entidade desenvolve-se. O novo homem cresce dia a dia pelo fogo.

Do jogo de flamas surge então, diante do olhar interior, o homem-alma que se eleva da luz, liberado pelo fogo de Vulcano, revestido com o manto real, a veste áurea nupcial. Chega, então, o momento em que já não se pode dizer: "Este é o homem

---

[14]Essa palavra, utilizada por Karl von Eckartshausen na quinta carta de seu livro *A nuvem sobre o santuário*, tem sua origem etimológica na palavra latina *gluten*, cola; é o nome que ele dá para uma matéria viscosa oculta no sangue, a matéria do pecado.

inferior, aquele, o homem superior". Porque espírito, alma e corpo fundiram, por assim dizer, sob a ação desse fogo, uma nova entidade.

Assim que esse trabalho é realizado e que ressoam os cânticos da vitória, o candidato entra em sua verdadeira Pátria. Ele rejeita as escórias do fogo, a antiga veste, que é então reduzida a cinzas e, dessa antiga morada, consumida até a última fibra, ele se eleva até o Trono dos Tronos e entra na vida eterna.

Os que choram sobre esse monte de cinzas apagadas nada compreendem a respeito do milagre que se realizou. Mas os que entendem elevam os olhos e veem o pássaro de fogo, a Fênix, levantar voo, de asas amplamente estendidas, dirigir-se para o céu e nele entrar através das portas abertas. O novo homem retornou ao lar. A grande e maravilhosa obra foi realizada.

Por isso Paulo diz, na Primeira Epístola aos Coríntios, capítulo 3: "A obra de cada um se manifestará; na verdade, o dia a declarará, porque pelo fogo será descoberta". E Gustav Meyrink diz a esse respeito: "Nós que, no decorrer dos séculos passados, encontramos e combatemos as potestades tenebrosas, podemos agora saudar a luz pelo ato salvador".

Irmãos e irmãs, forjamos a lança. Que o fogo irradiado em nossas pacíficas reuniões amadureça em vós. Nós, ligados à Corrente universal, saudamos, com alegria, todos os que foram encontrados na vitória.

Quem se liberta das aparências
encontra o caminho para o ser interior.
Quem alcança o não fazer
é admitido na Corrente.

Amém.

Glossário

Alma: No homem original tríplice (Espírito — alma — corpo), a alma transmite ao corpo sugestões do Espírito. Unicamente a reconstrução dessa alma original, da qual o último vestígio encontra-se no coração, no centro do microcosmo, pode permitir seu renascimento. O que o homem normalmente chama de alma nada mais é do que o conjunto de ideias, tendências pessoais e do condicionamento a que foi submetido quando sua individualidade-eu foi formada. Essa alma-eu desvia-se, sem cessar, da ideia libertadora da reconstrução da alma imortal, numa ilusória tentativa de se instalar de forma duradoura no além. [27]

Alma-espírito: O caminho da endura, o caminho do discipulado em uma escola espiritual gnóstica, cujo objetivo é despertar a alma imperecível de seu estado latente. Assim que ela acorda de seu sono mortal, é restabelecido o vínculo com o espírito universal, com Deus. Esse vínculo restaurado entre o espírito e a alma, entre Deus e o homem, comprova-se na gloriosa ressurreição do Outro, no retorno do verdadeiro homem à casa do Pai. A alma que consegue festejar essa ligação, essa unificação com o "Pimandro" da arquignosis egípcia, é a alma-espírito. É a unidade Osíris — Ísis, Cristo — Jesus, Pai — Filho, as núpcias alquímicas de Cristiano Rosa-Cruz dos rosa-cruzes clássicos, o casamento do noivo celeste com sua noiva celeste. [209]

Cristo: É o espírito central planetário (vide **Reino original**). Esse campo de irradiação da Fraternidade Universal ou Cristo Cósmico tem sua sede no centro do planeta sétuplo. Ele impulsiona, continuamente, a humanidade a manifestar e a realizar a ideia divina oculta em cada homem. Nesse sentido, desde a origem dos tempos Cristo envia seus impulsos para trazer o filho perdido de volta à pátria original. Quando, num microcosmo, o campo de força e de consciência crística substitui o da consciência-eu ("já não sou eu quem vive, mas Cristo vive em mim"), aquele que seguiu o caminho torna-se um Cristo. Assim o homem-Jesus transformado em Jesus Cristo testemunha plenamente da realidade vivente do caminho do renascimento da água e do Espírito que cada homem devem seguir. [20]

Campo de respiração: o campo de força no qual a vida da personalidade é tornada possível. O campo de ligação entre o ser aural e a personalidade. Ele é totalmente uno com a personalidade nas suas atividades de atração e de repulsão de matérias e forças necessárias para a vida e para a manutenção da personalidade. É o campo de manifestação do microcosmo. [193]

Corpo físico: O corpo físico está envolto pelo *duplo etérico* ou *corpo etérico,* que, por sua vez, está envolto pelo *corpo astral* formado de matéria ainda tênue e móvel, capaz tomar múltiplos aspectos, um dos quais o da personalidade. É nesse corpo astral ou corpo de desejos que tomam forma os desejos e as ilusões de que vive o homem terreno. Finalmente, o *corpo mental,* que deveria reagir conjuntamente na qualidade de veículo da ideia divina do homem, só existe no homem terreno em estado embrionário. O desenvolvimento desse conjunto, segundo o plano de salvação, vive bloqueado pelo domínio do eu sobre o corpo astral em virtude do carma e das tendências "luciferinas" do ser aural ou eu-superior. Todo esse conjunto — corpo, consciência e ser aural — deve, através da endura, que é a dissolução das tendências separatistas, ser revivificado pela consciência do homem-microcosmo renascido. [252]

Dialética: Nosso atual campo de vida, onde tudo se manifesta através de incessantes contrastes: luz e trevas, alegria e dor, vida e morte estão indissoluvelmente ligadas e se engendram mutuamente. A lei fundamental deste mundo dialético é a constante mudança e destruição, que são fontes de ilusão e sofrimento. Os gnósticos sempre apresentaram este mundo como não divino, pois nenhuma vida verdadeira pode aqui manifestar-se enquanto esse aspecto dialético, no qual o homem mergulhou desde sua queda de consciência, não restabelecer sua ligação harmoniosa com o conjunto da criação original sétupla. Este é o duro campo de experiências do homem no qual todas as tentativas sociais, políticas, religiosas, místicas e ocultas de imitar o reino original, do qual ele percebe inconscientemente o chamado, são impiedosamente destruídas para levá-lo a encontrar em si mesmo o princípio dessa vida absoluta e perfeita do setenário divino, do qual sua consciência obscurecida o exclui. [13]

Doutrina Universal: não é um ensinamento, uma doutrina, no sentido literal comum, tampouco pode ser encontrado em livros. Na sua essência mais profunda, é a vivente realidade de Deus; tão-somente a consciência enobrecida, a consciência hermética ou pimândrica pode ler nele e compreender a onisciência sabedoria divina. Esse ensinamento ou filosofia universal é, portanto, o conhecimento, a sabedoria e a força que sempre de novo são ofertadas ao ser humano pela Fraternidade universal, a fim de possibilitar à humanidade decaída trilhar o caminho de retorno à casa do Pai. [15]

Éon, éons: (adj. eônico). I. Enormes espaços de tempo. II. Grupo dirigente hierárquico do espaço e do tempo. A mais elevada formação metafísica de potestades, proveniente da humanidade decaída, que abusa de todas as forças da natureza dialética e da humanidade e as compele à atividade não divina para proveito de suas intenções sombrias. À custa de terrível sofrimento da humanidade, essas entidades se libertaram da roda da dialética — liberdade que elas, em imensurável necessidade de automanutenção, somente podem preservar aumentando ilimitadamente os sofrimentos do mundo e dessa forma, mantendo-o. Em sua coletividade, elas com muito acerto, são indicadas como "a hierarquia dialética" ou "o príncipe deste mundo". [29]

Esfera refletora: Todas as atividades do pensar, desejar e da vontade do homem comum dão origem, em seu campo de respiração, a múltiplas imagens-pensamentos que acabam por pressioná-lo e dominá-lo totalmente. Da mesma forma, a esfera astral terrena está, em grande parte, conspurcada por todas as formas-pensamentos coletivas da humanidade. No decorrer de milênios foi edificado no além um verdadeiro reflexo de tudo o que se pensa e se sonha no aquém. Paraísos e infernos de todos os tipos; construções astrais maravilhosas, palácios e catedrais luminosas formam a imensa armadilha onde, depois da vida no aquém, o falecido encontrará um além de acordo com suas concepções, com um panteão de deuses e deusas, celebridades, cristos, santos e gurus. É nessa esfera refletora que os veículos sutis do falecido, essencialmente o corpo astral com o resto da consciência-eu, acabam de se dissolver antes de uma nova encarnação do microcosmo na matéria. [39]

Fraternidade Universal: Hierarquia do divino reino imutável que constitui o corpo universal do Senhor. É também denominada Igreja Invisível de Cristo, Hierarquia de Cristo, Corrente Gnóstica Universal, Gnosis. Em sua atuação em prol da humanidade decaída, apresenta-se como Fraternidade de Shamballa, Escola dos Mistérios dos Hierofantes de Cristo ou Escola Espiritual dos Hierofantes, configurando-se na jovem Fraternidade gnóstica. [25]

Glossário

Gnosis: a) o Alento de Deus; Deus, o Logos, a fonte de todas as coisas, que se manifesta como espírito, amor, luz, força e sabedoria universal; b) a Fraternidade universal, como portadora do campo de radiação de Cristo e como manifestação desse campo; c) o conhecimento vivo que está em Deus e que se torna parte dos que entraram no nascimento da luz de Deus mediante o renascimento da alma. [9]

Lípica: O firmamento aural, conjunto dos centros sensoriais, centros de força e focos nos quais todo o carma da humanidade está gravado. Nosso ser terrestre emortal é projeção desse firmamento e inteiramente determinado por ele quanto às suas possibilidades, limitações e seu caráter. A lípica representa toda a carga de pecados do microcosmo decaído. [79]

Microcosmo: O homem verdadeiro como resumo de toda a criação, formado de um conjunto de sete esferas, sete campos de força, que se interpenetram e através dos quais o homem original estava em relação harmoniosa com o macrocosmo, o setenário cósmico. Nossa personalidade, com seus sete aspectos, nada mais é do que um reflexo do que foi o homem original. A ruptura da ligação do homem com o espírito pela alma ocasionou a "queda" e a degeneração do microcosmo. O renascimento no "reino dos céus" significa a reintegração do microcosmo na perfeição original e implica na ressurreição da alma original com o consequente restabelecimento da ligação do homem com o espírito. Através dessa ligação, a consciência comum, limitada ao nosso domínio de vida dialético, é abarcada pela consciência imensa do microcosmo, o qual participa novamente do plano divino. O conhecimento desse plano, depositado no coração do microcosmo, é um dos pontos essenciais dos ensinamentos gnósticos da libertação, pois destrói todas as especulações e ilusões religiosas ou ocultistas. A personalidade sétupla é cercada por um "campo de manifestação" (ou campo de respiração) no qual penetram as forças e substâncias provenientes da atmosfera e do grande campo cósmico do qual essa personalidade vive. Todavia, esse conjunto está sob o controle de uma "esfera aural" que forma o "céu" do microcosmo, na qual a soma das experiências das personalidades que se sucederam no microcosmo deu nascimento a uma entidade, um eu superior ou "guardião do umbral", fonte de todas as ilusões ocultistas, aparições e fenômenos místicos que parasitam a personalidade humana e prendem o homem a seus limites terrenos. Unicamente a ruptura dessa canga, através do sacrifício total do eu, pode libertar o microcosmo e permitir que o sétuplo campo espiritual restabeleça o homem em seu esplendor original. [16]

Ordem: Devido à catástrofe cósmica conhecida como "a queda", a criação original foi dividida para a consciência humana em duas ordens diferentes: I. A ordem de natureza dialética que está submetida a um contínuo subir, brilhar e descer. Ela representa apenas um aspecto da criação original, separada do conjunto que lhe dava significado. Uma parte da onda de vida humana, por perder sua ligação com o espírito vivente, identificou-se com essa natureza dialética, da qual a razão está ausente. II. A outra ordem, a da natureza imutável, é conhecida como o reino original, o domínio de vida das almas viventes. Só têm acesso a essa ordem aqueles que são "renascidos da água e do Espírito". A distinção entre essas duas ordens de natureza constitui o fundamento de todo o ensinamento gnóstico. [33]

Pensar: O verdadeiro poder do pensamento era capaz de abranger a razão divina absoluta: a vontade pura dinamizava suas sugestões e o sentimento puro atraía para o microcosmo as forças necessárias para a ação. A unidade absoluta da cabeça e do coração manifestava-se na colaboração dessas três faculdades. O pensar atual, separado do espírito devido à queda, nada mais é do que uma atividade experimental e especulativa. [18]

Pistis Sophia: a) Evangelho gnóstico do século II atribuído a Valentino que foi conservado intacto e que anuncia o caminho único da libertação em Cristo, a senda da transmutação e da transfiguração, descrevendo-o com impressionante pureza em todos os seus pormenores. b) o verdadeiro aluno, aquele que persevera até atingir a meta. [321]

Reino original: Esse reino dos céus existe eternamente em sua plenitude. Essa terra santa original é, como os microcosmos que nela viviam, um conjunto de sete esferas que se interpenetram, sendo que uma delas, a sétima, representa o aspecto dialético do setenário. Ela libera forças a serviço da vida perfeita que encontra sua única e divina expressão no conjunto do setenário. Quem encontra a chave sétupla em seu próprio microcosmo abre sua consciência à percepção desse reino "que está mais próximo do que mãos e pés". [145]

Roda do nascimento e da morte: Processo contínuo do nascer, crescer e morrer de uma personalidade, seguido da vivificação de uma nova personalidade no microcosmo, conforme a lei da dialética. [69]

Livros de autoria de J. van Rijckenborgh

- Análise esotérica do testamento espiritual da Ordem da Rosa-Cruz
  - Vol. I: O chamado da Fraternidade da Rosa-Cruz
  - Vol. II: Confessio da Fraternidade da Rosacruz
  - Vol. III: As núpcias alquímicas de Christian Rosenkreuz - Tomo 1
  - Vol. IV: As núpcias alquímicas de Christian Rosenkreuz - Tomo 2
- Christianopolis
- Filosofia elementar da Rosacruz moderna
- A Gnose em sua atual manifestação
- A Gnosis original egípcia - Tomos I, II, III e IV
- A luz do mundo
- O mistério da vida e da morte
- O mistério das bem-aventuranças
- O mistério iniciático cristão: *Dei Gloria Intacta*
- Os mistérios gnósticos da Pistis Sophia
- O novo homem
- Não há espaço vazio
- Um novo chamado
- O *Nuctemeron* de Apolônio de Tiana
- O remédio universal

Livros de autoria de Catharose de Petri

- O Verbo Vivente

Série das Rosas
- Transfiguração · Tomo I
- O selo da renovação · Tomo II
- Sete vozes falam · Tomo III
- A Rosacruz Áurea · Tomo IV

Livros de autoria de J. van Rijckenborgh e Catharose de Petri

- O apocalipse da nova era
  - A veste-de-luz do novo homem · Série Apocalipse, vol. i
  - A Fraternidade Mundial da Rosa-Cruz · Série Apocalipse, vol. ii
  - Os sinais poderosos do conselho de Deus · Série Apocalipse, vol. iii
  - A senda libertadora da Rosa-Cruz · Série Apocalipse, vol. iv
  - O novo caduceu de Mercúrio · Série Apocalipse, vol. v
- O caminho universal
- A Fraternidade de Shamballa
- A Gnosis chinesa
- A Gnosis universal
- A grande revolução
- O novo sinal
- Réveille!

Série Cristal

1. Do castigo da alma
2. Os animais dos mistérios
3. O conhecimento que ilumina
4. O livro secreto de João
5. Gnosis, religião interior
6. Rosa-cruzes, ontem e hoje
7. Jacob Boehme, pensamentos
8. Paracelso, sua filosofia e sua medicina atemporais
9. O Graal e a Rosacruz
10. A Rosa e a Cabala

Antonin Gadal

- No caminho do Santo Graal

Francisco Casanueva Freijo

- Iniciação. Iluminação. Libertação.
- Transfiguração e transformação: O processo de surgimento de um novo tipo humano

Karl von Eckartshausen

- Algumas palavras do mais profundo do ser
- Das forças mágicas da natureza

Mikhail Naimy

- O livro de Mirdad

Outros títulos

- O caminho da Rosa-Cruz no dias atuais
- O evangelho dos doze santos
- Trabalho a serviço da humanidade

Caixa Postal 39 — 13.240-000 — Jarinu — SP — Brasil
Tel. (11) 4016.1817 — fax (11) 4016.3405
www.pentagrama.org.br
livros@pentagrama.org.br

Título	A Gnosis Chinesa
Autor	J. van Rijckenborgh & Catharose de Petri
Capa	Hugo Rogel
Diagramação do miolo	Marcus Vinicius Mesquita
Formato	14 cm × 21 cm
Mancha	10 cm × 16.6 cm
Tipologia da capa	Adobe Garamond Premier Pro
Tipologia do miolo	Adobe Garamond Premier Pro
Software	ConTEXt, Vim, git, gimp, Atom
Papel do miolo	Pólen Soft 80 g/m²
Papel da capa	Supremo Duo Design 250 g/m²
Papel das guardas	Couché Fosco Branco 120 g/m²
Número de páginas	496
Tiragem	1000 exemplares
Impressão e acabamento	Hawaii Gráfica e Editora · (11) 4234-1110
Data	Julho de 2017